少儿教育文化的
探索与实践

韩其东　著

中国海洋大学出版社
·青岛·

图书在版编目（CIP）数据

少儿教育文化的探索与实践 / 韩其东著. — 青岛：
中国海洋大学出版社, 2021.10
ISBN 978-7-5670-2960-6

Ⅰ.①少… Ⅱ.①韩… Ⅲ.①儿童教育—教育研究
Ⅳ.①G610

中国版本图书馆CIP数据核字(2021)第204626号

出版发行	中国海洋大学出版社
社　　址	青岛市香港东路23号　　邮政编码　266071
出 版 人	杨立敏
网　　址	http://pub.ouc.edu.cn
订购电话	0532-82032573（传真）
责任编辑	魏建功
照　　排	青岛光合时代文化传媒有限公司
印　　制	淄博华义印刷有限公司印制
版　　次	2021年10月第1版
印　　次	2021年10月第1次印刷
成品尺寸	170 mm × 240 mm
印　　张	24.25
印　　数	1—2000
字　　数	326千字
定　　价	69.00元

如发现印装质量问题，请致电0533-8354045，由印刷厂负责调换。

　　韩其东曾是我家乡的镇书记，那个时候我们就认识，也一直保持联系。后来他到市里做了青少年宫主任，干得非常出色，值得赞赏。韩主任不仅是一个卓有成效的实干家，还非常善于总结和思考，在多年积极探索、勇于实践的基础上，他将先进的教育理念和经验概括、升华，完成了著作《少儿教育文化的探索与实践》。他请我作序，虽然我对少儿教育研究不多，但作为多年的老朋友，也一直从事教育工作，还是欣然应允。

　　著名哲学家冯友兰先生认为，人和动物的区别在于，人不仅要活着，还要活得有意义、有价值、有意思。人们做事情的意义构成人生境界。人的人生境界由低到高分四个层次：自然境界、功利境界、道德境界和天地境界，前两个是不学而能的境界，道德境界和天地境界则是超越于人的本能的更高层次的精神追求，需要教化才能提升到这个层次。2018年在中国举办的世界哲学大会的主题就是"学以成人"。有人认为，人就是人，成为人还需要学习吗？是的，人需要学习、教化，才能逐渐摆脱动物性的、本能的冲动和欲望的控制，人的活动才能成为有意识的、自由的活动。

　　人的一生是不断教化、不断发展的过程，在这个过程中，少儿阶段的教育尤其重要。对个人来说，一方面，这是开发潜能的阶段。从人的生命个体的自然生长规律看，少儿阶段仍然是人的生命机能和智力潜能生长、发育阶段，这个时期如果能给予有效的开发、教育，就能够最大程度地激活脑细胞、激发潜能，所以，从尊重生理发育过程、生命机能开发规律的意义看，幼儿教育对人的发展状况非常重要。另一方面，这是奠定基础的阶段。万丈高楼平地起。人的一生的发展，打好基础非常重要，少儿教育的好坏关系到人生教育的状况。对国家和社会来说，少儿教育是关乎未来的事业。国家的发展、民族的强盛不是哪一代人的功劳，而是一代代人传承、努力的结果。"少年强则国强，少年智则国智"，现在社会发展的主体力量在 20 年前还是少年，20 年后，国家、社会的主导力量将是现在的少年。少儿是我们国家未来的希望，少儿教育是我们面向未来的伟大事业。

但少儿教育"教什么"和"如何教"一直是被不断讨论的大问题，也是特别复杂的问题。不少人看到现在的教育出现了问题：孩子的书包越换越大，上课的时间越来越长，家长越来越焦虑。教育的功利性越来越明显，教师最看重的是学生的成绩，家长最期望的是孩子得到好名次，校长评价教学活动的标准则是有没有用。

教育的本质是什么？孩子的天性是什么？人应该怎样生活？这样的本原性的问题都被我们忽视了。这些问题当然是存在争论的，如果一定要回答的话，我认为教育的本质是自由，孩子的天性是好奇心，人应该过有意义的生活。教育自由当然不是教师个人对教育活动、教学安排随心所欲，那样恰恰是最不自由的。按照马克思主义哲学的理解，自由是科学性和价值性的统一，教育应该实现的自由是人类文明、社会进步和孩子的天性的统一。这就要求我们在教育活动中，要将国家的使命、人民的期待和孩子的好奇心、求知欲结合起来，前者注重引导，确定教育方向；后者注重启发，保护孩子本性。二者的统一的教育才能使人成为人，使人能过一种有意义的生活，也能过一种有意思的生活。就生活观而言，很多人的功利心太强了，做什么事情都希望马上达到实用性的目的，用"是否有用"作为评价一切的根本准则。能指导学生考出好成绩的是好老师，能够直接解决问题的才是有用的知识；容易就业、能挣钱多的是好专业；轻松、没有压力，天天躺着数钱的是好工作。而对那些看起来"无用"的知识，不屑一顾。

而那些看起来"无用"的东西，往往有大用，如哲学、信仰、价值观、艺术，它们是超越现实的，具有塑造灵魂的功能，体现着人类更高远的精神追求。如果说，我们在国家刚实施改革开放政策的时候，在生活比较贫困的时候，可以更注重物质需要的满足，更功利一些、世俗一些，更关注科学价值；那么我们在生活水平有了极大提高，生存发展方面没有太大压力的今天，更要注重文明素质、精神享受，更要关注人文价值。哲学、文学、艺术及信仰、价值观教育则具有这样的功能和目标。

因此，少儿教育应该坚持的具体方向和目标有以下几个。

（1）探索大自然，保持好奇心。自然界是人类生存发展的外部环境，神奇的大自然隐藏着人类进步的秘密，人类文明最初的动力来自对自然现象的好奇心和探索的欲望。少儿的好奇心、求知欲最初表现为对神奇的自然界的感叹，这是他们可贵的天性。少儿教育应该激发、保持他们较强的好奇心，而不是压抑、泯灭他们宝贵的好奇心。带领孩子走进大自然，鼓励他们动手做实验，组织他们一起讨论奇妙的自然现象和实验结果，都是保持少儿好奇心的重要方式。

（2）阅读经典，提高人文素养。哲学、文学、历史、艺术等方面的经典著作是人类文明的精华，它们凝聚着一代代人的智慧和思想，蕴含着深厚的历史意蕴，体现着人类的创造性和想象力。这样的著作具有更少的功利性，更多的人文价值；更少的世俗性，更多的人性关怀；更少的自私性，更多的人类情怀。少儿教育应根据孩子不同年龄段的心智、生理的特点，选择不同的经典著作，用孩子感兴趣的形式和多种手段，引导、带领他们阅读经典著作，感受思想的魅力，陶冶情操，提高人文素养、道德修养，形成乐观积极的生活态度。

（3）了解社会，培养正确的价值观。社会关系、人们之间的交往方式中蕴含着共同的交往规则、做人的原则和价值追求，人们正是在社会实践中和认识社会中理解它、尊重它、实践它。虽然，社会关系比自然关系还要复杂，但即使是少年儿童也有一些模糊的、朦胧的规则意识和对社会关系的认识，比如他和同学比赛的平等规则、老师处理同学矛盾的公平原则、表达个人意见的权利意识等。少儿教育应该在教学过程、少先队活动、社会实践中，帮助、引导分析少儿遇到的问题和矛盾，以正确的价值观教育、引导少儿，培养少儿的良好品德、社会公德、公共精神和责任意识，使少儿能够担当起历史责任。

少儿教育是一个需要不断讨论的话题，我们的探索不在于提供标准答案，而在于提出一种教育的新思维、新方式。少儿教育研究永远在路上。

北京师范大学教授、博士生导师 徐斌

2021 年 9 月 10 日

目录
Contents

Chapter
One

第一章

综　述

少儿教育是指对少年儿童德育、智育、体育、美育、劳育等方面进行的教育活动。少儿一般意义上是指 18 岁以下的儿童群体（据联合国 1989 年 11 月 20 日大会通过的《儿童权利公约》）。习近平总书记在党的十九大报告中指出："文化是一个国家、一个民族的灵魂。文化兴国运兴，文化强民族强。没有高度的文化自信，没有文化的繁荣兴盛，就没有中华民族伟大复兴。"① 教育是一个民族最根本的事业，决定着国家未来，影响着民族复兴。我国教育的目的主要是培养社会主义事业的建设者和接班人，首要任务是立德树人。习近平在北京市海淀区民族小学召开座谈会时强调："一个民族的文明进步，一个国家的发展壮大，需要一代又一代人接力努力，需要很多力量来推动，核心价值观是其中最持久最深沉的力量。中华民族有着 5000 多年的悠久历史和灿烂文化，而且中华文明从远古一直延续发展到今天。"② "任何一个思想观念，要在全社会树立起来并长期发挥作用，就要从少年儿童抓起。"③ "少年儿童如何培育和践行社会主义核心价值观呢？要做到记住要求、心有榜样、从小做起、接受帮助。"④

青少年宫是少年儿童校外教育活动的专门场所，是传播智慧、拓展能力、提升素质的快乐殿堂。青少年宫教育是推进五育并举，创新

---

① 《党的十九大报告学习辅导百问》，党建读物出版社、学习出版社 2017 年版，第 32 页。

②③④ 习近平：《在北京市海淀区民族小学主持召开座谈会时的讲话》，《人民日报》2014 年 05 月 31 日第 2 版。

实施素质教育的重要途径，对于进一步促进广大少年儿童的健康成长、全面发展起着不可替代的作用，为培养社会主义事业建设者发挥了积极的作用。

笔者在青少年宫育人领域耕耘多年，作为单位主要负责人，团结和带领广大教职工始终以培育和践行社会主义核心价值观为己任，形成了独特的育人文化，虽不敢言有所建树，但也在多年来的教育探索与实践中，积累了一点心得和经验。这是一代代师生长期积累、沉淀下来的精神财富，是青少年宫历史底蕴、服务特色、发展方向、队伍建设、育人功能等的综合呈现。育人育心，以文化人，文化育人犹如春风化雨，润物无声，能汇聚起无形无声却又无穷无尽的力量。它是少年宫教育的硬核，是少年宫代际传承、蓬勃发展的不竭动力，也是对外展示形象的重要名片。本书将近40年的探索与实践呈现给同行，为少年儿童事业的发展提供交流机会。

一、青少年宫教育的发展历程及其主要任务

青少年宫教育始于大连建立的新中国第一个少年宫，在新中国的发展历程中肩负育人使命，与时俱进。在当前基础教育改革不断深化的背景下，少年宫教育正发挥着越来越重要的作用。它的生命力在于内涵发展，外延扩展，适应社会，从其发展历程和脉络可以清晰地看出其职能和地位的变化。

1957年4月，教育部和新民主主义青年团中央颁布的《关于少年宫和少年之家工作的几项规定》指出："少年宫和少年之家的工作对象，是广大的中学、小学和校外的少年儿童。""少年宫和少年之家是少年儿童的校外教育机关，它的基本任务就是配合学校对少年儿童进行共产主义教育，培养他们具有优良的道德品质；帮助他们巩固和扩大课堂知识，

丰富他们的文化生活；发展他们多方面的兴趣和才能，锻炼他们的技能和熟练技巧。""少年宫和少年之家一般包括以下的工作内容：①群众文化工作；②科学技术工作；③艺术教育工作；④体育工作。"

进入 20 世纪 90 年代，校外培训机构逐渐取代"少年宫"。如 1991 年 8 月国家教委、团中央等 7 部委颁布的《关于改进和加强少年儿童校外教育工作的意见》（教基〔1991〕14 号）中指出："少年儿童校外教育是社会主义教育事业的重要组成部分，少年儿童校外教育机构、场所是社会主义精神文明建设的重要阵地。"1995 年 6 月国家教委颁布的《少年儿童校外教育机构工作规程》（教基〔1995〕14 号）中指出："本规程所称少年儿童校外教育机构（以下简称校外教育机构）是指少年宫、少年之家（站）、儿童少年活动中心、农村儿童文化园、儿童乐园、少年儿童图书馆（室）、少年科技馆、少年儿童艺术馆、少年儿童业余艺校、少年儿童野外营地、少年儿童劳动阵地和以少年儿童为主要对象的青少年宫、青少年活动中心、青少年科技中心（馆、站）妇女儿童活动中心中少年儿童活动部分等。""校外教育机构基本任务是通过多种形式向少年儿童进行以爱祖国、爱人民、爱科学、爱社会主义为基本内容的思想品德教育；普及科学技术、文化艺术、体育卫生、劳动技术等方面知识；培养他们多方面的兴趣、爱好和特长；培养他们独立思考、动手动脑、勇于实践和创新的精神，促进少年儿童全面发展，健康成长。"

2006 年 1 月，中共中央办公厅、国务院办公厅印发《关于进一步加强和改进未成年人校外活动场所建设和管理工作的意见》（中办发〔2006〕4 号）中明确指出："各类校外活动场所要根据学校校外活动的需要，及时调整活动内容，精心设计开发与学校教育教学有机结合的活动项目，积极探索参与式、体验式、互动式的活动方式，创新活动载体，并配备相应的辅导讲解人员，使校外活动与学校教育相互补充、相互促进。"

二、校外教育对少儿文化的影响

文化育人是一种常年量变、蓄积质变的过程积累，使儿童从小耳濡目染，浸润并受益于中国独有的优秀传统文化，将优秀传统文化潜移默化为儿童的情感认同和行为习惯——这就是保存文化种源、传承文化基因。教育是一种社会现象，它产生于生产劳动，是知识创新、传播和应用的主要途径，也是培育创新精神和创新人才的摇篮。杜威认为，教育是社会的，教育的首要功能是社会化。[①]他提出了"教育即生活""学校即社会""儿童中心论"的观点。无论社会怎样发展，教育的直接目的是培养人，是促进人的个体发展，而人的个体发展的最终目的还是促进社会的发展。笔者认为教育的基本社会职能有以下三个。

一是传授生产经验、知识和技能，促进社会生产力的发展。

二是传授社会思想意识、道德和生活规范。教育是文化的组成部分，其最深远职能是影响文化发展。教育不仅要传递文化，还要满足文化本身延续传承和更新发展的要求。

三是指导和帮助受教育者，为受教育者全面发展服务，使之成为符合社会需求的人，提高全民族素质，为国家发展培养人才，服务于国家的政治、经济发展。

学校教育是培养人才的重要途径，主要目的是培养提升青少年的综合素质。学校教育具有职能上的专业性、组织上的严密性、作用上的全面性、内容上的系统性、手段上的有效性、形式上的稳定性。学生是学习的主人，教师是学习的合作者，学识和能力是教师实施教育的保障。

青少年宫教育是校外教育的主力军。它是一种教育活动，这种教育活动是有目的、有计划、有组织进行的，它强调对少年儿童能力的培养，

---

① 王承绪、赵祥麟：《西方现代教育论著选》，人民教育出版社 2001 年版，第 5-15 页。

如学习能力、实践能力、创新能力。随着时代发展，新时代跨界让校外教育更有生命力。跨越学科界限，教育功能不断延伸；跨越文化界限，教育视野更加开阔；跨越行业界限，教育受众面更加广泛。每个人都有创新的潜质，校外教育是素质教育的重要组成部分，对青少年学生的培养教育发挥特殊的功能和作用。校外教育以实践性活动作为教育活动的主要形式，最有利于青少年学生创新创造精神的培养，这种特殊功能是学校教育无法替代的。注重个性教育是校外教育实施素质教育的优势。个性教育，是关注受教育者个体全面、充分、和谐的发展而实施的教育。通过个性教育使青少年学生成为具有良好个性品质的个体，以满足社会发展的需要。个性教育的特征是承认和重视个性差异，着力培养少年儿童的个人素养，满足少年儿童多样化和个性化需求，致力于让每一个孩子健康快乐，是未来人才培养的有效途径。校外教育丰富的活动内容为青少年素质培养提供沃土，为青少年学生自愿参加活动、自由选择项目提供广阔舞台，使兴趣得以满足，爱好得以发展；多样的活动内容和灵活的活动计划可以把最新的科技成果和信息及时补充到活动中来，让青少年学生掌握最前沿的知识技能，领先时代潮流，成为新时代创新发展的领军人物。

校外教育中"师导生创"的师生关系有助于青少年学生和谐发展。良好的师生关系在实施素质教育中发挥着重要作用。青少年学生是实施教育教学活动的主体，是实践活动的主角，参加活动是他们的兴趣。辅导教师既是主导者，又是指导者、辅导员和大朋友。教师和学生之间形成了一种"师导生创"的教育模式，形成了一种新型的、有别于学校教育的师生关系。

青少年宫教育的形式可谓丰富多彩，中共中央办公厅、国务院办公厅在2006年4号文件《关于进一步加强和改进未成年人校外活动场所建设和管理工作的意见》中明确提出："公益性未成年人校外活动场所是与学校教育相互联系、相互补充、促进青少年全面发展的实践课堂，是服务、凝聚、教育广大未成年人的活动平台，是加强思想道德建设、推进素质教育、建设社会主义精神文明的重要阵地，在教育引导未成年人树立理想信念、锤炼道德品质、养成行为习惯、提高科学素质、发展兴趣爱好、增强创新精神和实践能力等方面具有重要作用。"青少年宫教育要突出公益性、不断融合先进的办学理念，走特色化办学之路，充分利用教育资源和品牌优势，增强服务的针对性和吸引力，坚持实践育人、服务育人、阵地育人，提高未成年人各方面素质。"积极拓展教育内容，创新活动载体，改进服务方式，广泛开展思想道德建设、科学技术普及、文艺体育培训、劳动技能锻炼等教育实践活动"，"深入贯彻《爱国主义教育实施纲要》《公民道德建设实施纲要》《中共中央、国务院关于进一步加强和改进未成年人思想道德建设的若干意见》，以贴近和服务广大未成年人为宗旨，以加强思想道德教育为核心，以培养创新精神和实践能力为重点"，"使广大未成年人在丰富多彩的校外活动中增长知识，开阔眼界，陶冶情操，提高能力，愉悦身心，健康成长"。"要充分发挥示范带动、人才培养、服务指导的功能。要利用基础设施好、师资力量强的优势，在项目设计、活动组织、运行模式等方面进行积极探索，为基层校外活动场所提供示范。""要把社区和农村的未成年人校外活动与'四进社区''三下乡'志愿服务的活动结合起来，整合利用各种教育资源，充实活动内容，丰富校外生活。""要充分发挥体验性、实践性、参与性强的优势组织学生开展生产劳动、军事训练、素质拓展等活动，让学生在亲身体验和直接参与中，树立劳动观念，提高动手能力，增强团队精神，磨练意志品质。""要高度重视少先队组织在少年儿童校外教育中的作用，支持少先队利用校外场所开展丰富多彩的实践教育活动，提高少年儿童综合素质。"

三、少儿教育文化的形成及其内涵

习近平总书记高度重视文化建设，多次强调："文化是一个国家、一个民族的灵魂。"① 文化的力量是决定性因素之一，文化力量无形胜似有形，持久而深远。对于国家和民族来说，涵养、培育、传承文化是一项事关长远的重要工程。对于单位来说，更是如此。单位文化在很大程度上代表着一个单位的核心素质，是一个单位发展的内在动力和精神支柱，是单位实现发展战略目标、进行科学管理、广泛吸纳人才、不断创新进步的重要保证。

青少年宫作为公益性文化教育单位，既是教育事业的重要部分，其本身也是文化传承的重要载体。育人文化的方向和水平，直接影响着少年儿童的思想观念、价值取向、精神风貌，也在很大程度上影响着少年儿童的能力素质和成长成才。发挥青少年宫的育人文化功能，建设少儿教育文化，要始终坚持以习近平新时代中国特色社会主义思想和党的十九大精神为指引，以文化育人为抓手，结合自身实际，求真求精，务实避虚，坚定文化自信，传承核心气质，落实立德树人根本任务。

青少年宫文化建设过程发端于事业创办之初，脱胎于校外教育教学活动的工作核心，并经过制度规范和经验积累，不断完善、发展壮大，最终落实到师生内在的情感认知和外在的习惯行为。通过分析其育人文化的设计、提炼、推行和实施，探讨建设特色鲜明的少儿教育文化的方法和手段。

几十年来，伴随着文化理念的孕育和成长、涤荡和升华，淄博市青少年宫风清气正，人心思齐，承载着组织使命，艰苦奋斗，积极进取，着力建设活动阵地，致力拓展服务领域，实现了跨越式发展，描绘了一

---

① 习近平:《坚定文化自信，建设社会主义文化强国》,《求是》2019 年第 12 期。

幅幅壮丽的画卷。校外教育培训工作始终常抓不懈，积极拓展培训项目，丰富教育教学内容，为广大少年儿童开创了丰富多彩的成长空间。青少年宫致力于青少年成长成才，积极体现社会公益性，着力倡树社会新风，努力服务社会发展，为社会培养了大批优秀人才。青少年宫大力倡树人文关怀，提倡"快乐工作，幸福生活"的理念。每年一度的思想作风整顿或思想作风效能建设，利用春节后的一个月集中进行，形式多样，既提高了理论水平，又提高了实操能力，增强了教职员工的职业神圣感和幸福感。

会晤蕴真情，畅谈话语长，书挥五色笔，诗赋谱华章。友谊连着海内外，专家引领你我他。镜头记录下瞬间的永恒，时间谱写着交流的赞歌。四十年潜心耕耘，四十年教学相长；四十年栉风沐雨，四十年桃李芬芳。改革充满着难得一遇的机遇和难以想象的挑战，更有无限蓬勃的生机和活力，淄博市青少年宫坚持创新教育不动摇，倡导按劳分配和按知识分配相结合，薪酬向一线职工倾斜，真正做到人尽其才、才尽其用，极大地调动了大家的工作积极性和创造性。改革已迈出坚实的一步，淄博市青少年宫已初步建立起了良好的竞争机制和用人导向，一定会成为学生安心、家长放心、党委政府满意的青少年校外教育阵地，以充满活力、特色鲜明、创新发展的新形象，展现给全市人民。

下面仅以阵地建设和美育文化为例来阐述少儿教育文化。

少儿教育文化作为一种无形的精神力量，离不开有形阵地载体的支撑，其产生、发展和传承更与阵地载体的产生、发展息息相关。根据物质决定意识的规律，可以说，阵地载体是少儿教育文化的物质决定因素，决定着少儿教育文化的基因和气质。而反过来，少儿教育文化也影响着阵地载体的发展状况，少儿教育文化的产生、形成，必须以阵地载体的历史缘由和内在禀赋为依据。

青少年宫是青少年校外活动的重要阵地和服务平台，是广大少年儿童成长、成才、均衡发展的学校，以生动实践为载体，使更多的青少年感受更先进的文化，是青少年宫工作的核心任务，兼容并蓄是青少年宫的特征之一。其所构建的德育文化、美育文化、传统文化、少先队文化体系主要是能陶冶情操、激发爱国情感、启发审美能力，教育孩子从小就能分辨事物真伪美丑，并且能够欣赏美、创造美。

从 20 世纪 90 年代开始，青少年宫从精英教育迈向了社会教育，现在又迈向了普及教育。现实中农村孩子接受美育教育的机会相对较少，教师不够专业的现象普遍，美育素质程度较低，影响少年儿童全方位、多角度发展，从城市到乡村如何构建美育体系是我们一直在探索与实践的当代课题，为农村孩子做点事情成为大家的一种共识，积极推进校外教育均衡发展，提出了"168"工程，即在 1 个区县建立活动中心，在 6 个乡镇建立活动站，免费培训 800 名少年儿童。工程实施后，推动乡村学校少年宫在全市试点的进程，进而加速了国家乡村学校少年宫事业的突飞猛进。这些艰辛的付出无不凝聚着"爱为魂、诚无限、美致远"的服务理念。每年都坚持无偿帮扶 3~5 所乡村学校少年宫，受益学生达 20 000 人以上。从教师专业水平的现实出发，实施造血功能，分专业精准培训师资力量，形成城乡教师发展共同体。在构建大美育的征途上辛勤地播洒着种子，留下了艰辛的汗水，收获了丰硕的果实。随着外来务工人员的增长，其子女可享受青少年宫提供的课程服务，15年来累计参与免费培训人员达 1500 余人，参与活动 20 000 多人。

以正确的方式教育学生，让学生健康成长，祖国的未来才有希望。青少年时期在人一生中至关重要，在心灵、智力、性格、体态等方面都发挥着重要的作用。实施立德树人，强化美育教育，弘扬优秀传统文化，形成正确的人生价值追求，是少年儿童启蒙时期非常关键的一步，也是重中之重，是早期人格形成中至关重要的环节，在全面实施素质教育发展中起着不可取代的重要作用。

美育课程来自于文化，好的美育课程能把课程看成文化。好的学校一定有好文化，好文化也一定有好的美育课程。美育课程是学校文化核心的重要体现和主要载体。学校课程建设必须思考培养什么样的人，怎样培养人，包括课程主体教师的专业技术能力和精神生活的充盈。美育课程的设置也必须秉承"适合的才是最好的"的理念。文化实践要求美育课程的实施重视师生行为和教学细节。美育在行动中，美育在细节处。学校根据学生自身情况，逐步培养学生的审美能力，同时注重潜能的开发，逐步培养他们健康积极的领悟、判断和创新精神。通过艺术课程和美育教学，学生逐步养成自我欣赏和自我鉴别的能力。自学和小组合作学习，提高了学生的自我学习、与人沟通以及合作协调能力，为日后发展奠基。

因此，通过美育研究可以鉴往知来，可以纠正错误的美育理念、引导美育发展与美育设计，探讨评估美育设计与发展的利弊得失，并将此作为从事美育和美育发展的参考依据。

少儿教育阵地的文化载体支撑与中小学校相比，有其独有的特点，其文化建设与普通校园文化建设相比有相似之处又有明显差异，在满足其适应教育教学特点，实现综合教育功能大目标的前提下，其文化价值体现如下。

一是要符合教育阵地建设的总体目标。少儿教育阵地要围绕实施素质教育，以培养学生的创新精神和实践能力为核心，开展生存体验、素质拓展、科学实验、专题教育、艺术实践、传统文化、思想引领等丰富多彩的实践活动。

二是要因地制宜，统筹规划设计。少儿教育阵地建设者应在建设初期，从选址、规划、设计、建设以及配套设施、绿化美化等环节，结合阵地的文化理念、办学目标、地方特色等，与设计单位、建设单位深入沟通，明确建设目标，统筹规划阵地建设方案和环境文化设计方案，形成统一的文化理念、视觉识别、区域规划和氛围营造方案，以充分发挥环境文化育人的特殊效能。

三是要体现以生为本的理念。少儿教育"阵地"文化是向外界展示的窗口，是育人的重要组成部分。要充分体现"以生为本"的理念，时时处处、方方面面以参加"阵地"实践活动的学生为本。从"阵地"楼外的墙面设计、文字内容；楼内的廊壁布置、墙壁布置等都要体现出育人功能，让学生随时随地、潜移默化地受到熏陶，起到文化育人的作用。还要通过创意设计，使阵地的硬件建设与文化氛围协调统一，让中小学生在实践教育活动课程中如同亲临其境、身处自然，实现知行合一。让一墙一板、一廊一架、一文一字都能说话。少儿教育阵地主要服务对象是中小学生，因此还需要根据他们的心理特点来设计"阵地"文化，形成形式多样、活泼生动且教育性与趣味性并重的"阵地"育人文化。

四是要突出实践育人的课程特点。在文化建设方面，少儿教育"阵地"和学校是有很大区别的。"阵地"应该突出实践育人的课程特点。如在"小工匠"实践教育方面，学校也可以设计相关的主题活动教室或体验区，但一般都比较简洁，侧重展览展示和简单的体验；而在阵地，则要突出"小工匠"的体系化建设与布置，要把相关的"小木工、小金工、小电工、小技师"等所需的教具、工具和耗材包进行陈列展示，还要把相应的操作规范流程、安全标准等进行布置，更要把相关的成果、技术、应用等进行宣传。此外，还需加强对工匠精神、工匠文化等的宣传展示，以起到正向激励作用。

五是要融入地方特色和文化。少儿教育阵地不是独立存在的，要融入地方特色，与区域文化、区域产业、区域自然相融汇；要与环境文化、景观设施、建筑特色、绿化美化相结合；在功能教室、实训教室和主题活动场所，要充分展示地域文化特色、民俗风情；在课程内容设计、活动具体实施方面都要与地方特色和文化充分结合，真正达到实践育人、活动育人的目的。

文化墙是展示教育阵地文化的重要平台，利用好文化墙，需要精心设计，既要有视觉效果，更要有文化内涵。不同位置的文化墙，应彰显不同的育人目的。比如，在人流密集的楼道拐角处，应突出"不拥挤，有秩序"为内容的安全教育，把文化墙设计为安全教育的"防火墙"；在水龙头醒目处设计为"水是生命之源，请节约用水"这种具有因果关系的内容，远比"请不要浪费水"的禁止性规定更能增强学生的自律意识；将操场围墙上设计为"生命在于运动"等倡导运动有益健康的内容更有教育内涵。

六是要融入爱国主义元素，与劳动教育相结合。《新时代爱国主义教育实施纲要》要求大中小学要广泛组织开展实践活动，把爱国主义内容融入各类主题教育活动之中，丰富拓展爱国主义教育校外实践领域。《大中小学劳动教育指导纲要（试行）》也明确规定了中小学生每学期的课程规范、标准要求和实施场所。

运动拓展区和劳动区作为主要活动区域，文化设计应突出运动健身和意志品质锤炼以及更快、更高、更强的奥运精神。在设计时，将场地的墙体进行重点的文化氛围营造，以富有动感的运动符号或人物、丰富多彩的绚丽颜色、规范统一的造型将体育文化传达出来，通过激励标语、图案、队旗、服装设计等营造良好的拓展氛围。

主题教育馆的文化环境设计应根据学生的年龄特点和主题内容，遵循活泼、丰富、多彩、兴趣的原则，通过喜闻乐见的造型、色彩缤纷的颜色、丰富多样的内容、活泼可爱的形象、富有童趣的设计、简洁易懂的语句，再结合主题内容的特点，营造馆内的文化氛围，使其在点滴间浸润学生的心灵与智慧。

七是行为文化设计。理念用以指导行为，行为反过来实践理念。以少儿教育阵地理念文化为基本出发点，将之贯穿于少儿教育阵地行为活动之中，规范着阵地的活动实践教育。少儿教育阵地行为文化的形成，主要来源于三个渠道：一是环境文化的营造；二是建章立制的约束与引导；三是通过一系列的活动，实现理念认同、接纳，形成共识，如开营仪式、表彰典礼、专题活动等。

Chapter
Two

第二章

德育文化构建

古人云："人无德不立，业无德不兴，国无德不威"（《四库全书·战国策》）。德育工作要深入持久地对青少年进行爱国主义教育、集体主义教育和社会主义思想教育，让爱国主义的种子在青少年儿童内心扎根。通过开展中华民族优良传统教育、实践教育、劳动教育，培养青少年开拓进取、自强自立，艰苦创业的精神。在思想政治教育过程中要融入法制教育特别是宪法的教育，以提高青少年社会公德和职业道德。在青少年成长过程中通过多种方式对不同年龄层次的青少年进行心理健康教育和指导，帮助他们提高心理素质，健全人格，增强承受挫折、适应环境的能力。德育要提高教育实效，需要学校教育、家庭教育、社会教育紧密配合，在这个过程中，落实教书育人任务，教师也最关键。德育工作是一项社会性的系统工程，社会各界必须以爱国主义、集体主义和社会主义为主旋律，以科学的理论武装人，以正确的舆论引导人，以高尚的情操塑造人，以优秀的作品鼓舞人，引导青少年追求高尚的道德情操、健康的审美情趣，倡导正确的生活方式。社会转型变革进入新阶段，教育领域多元化发展对教育工作者提出了严峻的考验，呼唤着教育者发挥主动性，做出自己的抉择，成为教育改革的能动、自觉的创造者。校外教育关注青少年儿童兴趣、关注个性差异，注重广泛整合利用各种资源，注重构建社会化多层次展示平台，让青少年生发好奇心，发现兴趣爱好，发展潜能，增强合作交流能力，促进核心素养的养成。构建少儿教育德育体系要全方位设计，对广大青少年进行思想、政治、道德、法律和心理健康等教育，使青少年逐步树立正确的世界观、人生观、价值观，养成科学的思想方法，具有良好的道德品质和健康的心理素质。

第一节 思想政治教育

一、少儿思想政治教育要与时俱进

（一）少儿思想政治教育概念

思想政治（以下简称思政）教育从理论上就是指社会或社会人群应用一定的思想观念、政治见解、道德规范对社会别的组员施加有目地、有计划、有组织的文化教育影响，使他们产生合乎一定社会或一定阶层所需要的思想品德的社会实践活动。少儿思政教育便是社会和人群应用一定的思想观念和道德规范，对儿童施加有目地、有计划、有组织的文化教育影响，使儿童产生合乎一定社会或一定阶层所需要的思想道德的社会实践活动。思政教育至关重要，在任何时刻都绝不允许松懈。习近平总书记在 2019 年的学校思想政治教育理论课教师座谈会的话语掷地有声，他指出："推动思想政治理论课改革创新，要不断增强思政的思想性、理论性和亲和力、针对性。"同时他还指出："青少年阶段是人生的'拔节孕穗期'，最需要精心引导和栽培。"① 因此，青少年思政教育是基于我国思政教育发展内涵基础上，致力于促进我国广大青少年思想政治、爱国情怀等素质的基础上被再次重申。也由此可见，加强青少年思政教育，增强广大少先队员的四个自信，厚植少先队员

---

① 习近平：《用新时代中国特色社会主义思想铸魂育人 贯彻党的教育方针落实立德树人根本任务》，《人民日报》2019 年 3 月 19 日第 1 版。

的爱国主义情怀尤为重要[①]。

（二）少儿思政教育发展历程

我国思政教育经历了从传统思政教育到市场经济和社会主义现代化经济的过渡。中国古代社会都十分注重传统的伦理道德，所以在其发展中早已经形成了一套比较系统和完善的思想政治道德教育的方法。古代思政教育以传统儒家伦理道德教育方法的研究为主，研究内容包括哲学教化与道德修身两个方面。中国古代的哲学道德教化是一种对人们进行有组织、具有教育目的的思想政治道德的教育，它也被称为"上施下效"。具体从对民众的教育方面来讲，教化是一种对学习的模仿，是一种对观念、行为、风俗习惯培训的过程。改革开放以前，由于我国经济发展较为滞后，信息传播渠道较为单一，因此青少年的价值观也较为单一。当时少儿思想政治教育的途径主要依靠家长、老师、社会的正面宣传。改革开放之后，由于电视机、网络媒介的出现，青少年接触信息的机会增多，不仅青少年的价值观朝向多元化方向发展，呈现出了新的特点，而且在思想方面也出现了新的问题。这时期由于迫切需要，出现了专门的指导青少年政治理论的思想政治教育。新时代少先队思政素质教育不再只是一种实践性的经验教育，而是以传统思想道德素质教育的理论为基础，运用特殊思想道德教育的方法来对少先队员进行实践性的教育，是以自身经验为基础，以深化、总结形成的理论、书本上的知识作为教育蓝本，对少先队员们进行的有计划、有针对性的实践性教育。

---

① 吕东阳：《有效加强小学德育的策略研究》，《教育观察》2019 年第 5 期。

（三）少儿思政教育重要性

今日在大家所提倡的品德修养和学生核心素养中，我们可以明显地感觉到，在教育的功能中，大家愈来愈注重的不仅是专业知识，而更是感情、社会道德和意志力。青少年儿童是国家的将来，中华民族的新希望。这也代表着，从教育的功能看来，思想教育的政治影响力愈来愈高了。党的十七大率先提出了"德育为先"的理念，党的十八大随即提出了"立德树人"的理念。党的十八大报告指出："要坚持教育优先发展，全面贯彻党的教育方针，坚持教育为社会主义现代化建设服务、为人民服务，把立德树人作为教育的根本任务，培养德智体美全面发展的社会主义建设者和接班人。"[①] 至此，立德树人成为现在思政教育的初心和使命。关于立德树人，到底立什么德，树什么人，这不仅是关于教育使命的两大问题，也是德育的根本问题。同样针对这两个问题，党中央和国务院通过出台一系列文件，也给予了系统性的回答。总结起来，关于立什么德，就是立大德、守公德、严私德；关于树什么人，就是能担当民族复兴大任的时代新人，德智体美劳全面发展的人，培养爱党、爱国、爱社会主义高度统一的人，培养弘扬和践行社会主义核心价值观的人。习近平总书记在党的十九大报告中指出："要加强和改进思想政治工作。我们要认真学习领会，切实贯彻落实。要充分认识到，中国特色社会主义进入了新时代，思想政治工作也进入了新时代。"[②] 不难看出，青少年儿童思想政治教育是为了更好地适应新时代发展趋势的要求，以产生坚定的理想信念、人生观和价值观。品德高尚、

---

① 胡锦涛：《坚定不移沿着中国特色社会主义道路前进 为全面建成小康社会而奋斗》，《人民日报》2012 年 11 月 8 日第 1 版。

② 习近平：《决胜全面建成小康社会 夺取新时代中国特色社会主义伟大胜利》，《人民日报》2017 年 10 月 18 日第 1 版。

行为规范是考量优秀人才的第一标准。如今，我国正处于对外开放的国际自然环境和文化多样性之中。多种价值观并存，青少年正处于形成人生观、价值观、世界观的关键时期。道德不立，走不远。广大青少年一定要自觉坚持科学运用党的马列主义、毛泽东思想、邓小平理论、"三个代表"重要理论思想、科学发展观理论来武装头脑，不断地增强道路自信、理论自信、制度自信和文化自信，始终坚持维护党中央权威和集中统一领导，高举建设中国特色社会主义的伟大旗帜。中国特色社会主义道路，经受住了中国历史和现代社会经济实践的双重磨练。中国特色社会主义是历史的必然选择。当代的青少年必须在思想上切实提高自己的政治思想觉悟，提升走社会主义道路的自信。当代的青少年必须在思想上明确中国特色社会主义道路是蕴含着重大历史必然性的科学真理之路，必须明确坚持不懈地走社会主义的道路是实现中华民族伟大复兴的科学真理之路。当代青少年，站在历史的转折点上，增强道路自信是确保我国坚定不移地走社会主义道路的必备精神要素。

（四）少儿思政教育的目的和意义

1.促使个人实现全面发展，推动社会进步

个体是人类社会中最小的根本性和基础构成单元，它们的发展潜能是无限的。人们可以根据自身的实际情况构建发展空间，以推动社会繁荣发展。个体发展离不开理念的支撑，只有良好的理念支撑才能激发个体的创造性。思想政治课程教育的一项重要目标就在于，使青少年们更加深刻地理解到：只有中国特色的社会主义才能发展中国。"四个自信"中，文化自信是更基础、更宽阔、更深厚的一种自信，归根结底是要坚定不移地走文化强国之路。思想政治教育的目标是育人，思想政治的教育务必自始至终紧紧围绕着每一个人的思想意识来进行，促使每一个人都基本上完成思想观念的发展与思想素质的提升。搭建健全的思想政治教育课程设置，达到社会发展要求。思想政治教育不但促使个体形成恰当的认知能力，获得优良的发展，而且促进社会的和睦发展，最后做到社会发展和每一个人发展的互利共赢。

2. 实现个人发展与社会发展的统一

思想政治教育在进行的过程中重视个人的行为准则，在发展过程中持续地进行实践活动探寻，推进教育内容更新，促进个人自身发展与集体道德相结合，以做到个人与集体和谐发展的教育实际效果。从人性化服务的视角进行剖析，目前在发展全过程中搭建优良的人性化服务管理体系，处理传统模式下存在的不足，将个人发展和社会发展相结合，鼓励人们深入了解思想政治教育的内容，培育正确的价值观，实现个人理想与社会理想的统一。

二、少儿思想政治教育的方法与途径

（一）少儿思想政治教育的方法与创新

1. 将辩证唯物主义思想教育融入少儿思想政治教育实践

辩证唯物主义的世界观主要是指把哲学辩证唯物主义与科学辩证法有机统一地相联系起来的一种科学的世界观。它诞生于 19 世纪 40 年代，是西方唯物主义的一个高级别的表现。辩证唯物主义认为世界的本质是物质。辩证唯物主义理论还指出：物质世界大都是按照其自己所固有的自然规律进行不断运动、变迁与不断发展的。它揭露出了人类事物自然发展的根本基础，其中就是因为这些自然事物之间必然存在着矛盾。新事物之间矛盾的激化促使这些新的东西不断从较低层次转移而达到更高级的层次。我们在少儿思政教育的实践中就需要贯穿辩证唯物主义思想。淄博市青少年宫的一些思想政治教育实践，也许能给大家的思想政治教育提供一定的思路和启发。

淄博市青少年宫设少先队大队、中队、小队。所以我们在开展青少年思想政治教育时，就针对各级少先队员开展更加系统的辩证唯物主义的思想政治教育。在宫本教材中穿插历史教学，这些教材充满了哲理，是唯物辩证法教育的一个文化宝库。人类在社会发展过程中对于自我本性意识，经历了曲折、反复、漫长的探索道路，隐含了丰富的辩证唯物主义法规则，利用这些知识和内容对其进行专题研究和讨论，不仅促使少先队员更加系统地把握学科中的辩证唯物主义原则和思想，而且促使他们深刻认识到：科学的形成和发展并非依赖于灵感，而是依赖于实践。每个人都有获得成功的可能，只要坚持不懈地发奋努力。

2. 介绍我国古代辉煌成就，开展实践活动

中华民族拥有悠久的历史、灿烂的艺术和丰富的文化。古代中国的医药技术以其卓越的成绩，居于世界领先水平。教师有必要运用讲座的方式向少先队员阐述我国在古代社会科学历史上取得的辉煌成就。为了树立少先队员们自觉爱党和爱国的意识，我们可以通过参观革命纪念馆或者红色教育基地，开展"了解英烈的事迹，继承英烈的遗志，传承他们的红色基因，争做一名新时代的好队员"活动。在活动中，青少年时刻铭记着烈士们为解放这个国家和人民而不懈奋斗、勇于牺牲的精神。活动可以激发少先队员们对革命先烈的深切缅怀之情。例如：青少年宫为提升全市青少年的自豪感，在清明节期间开展了清明节祭英烈的主题活动。组织学习习近平总书记致少先队建队 70 周年的贺信精神，在"六一"儿童节期间举行"六一寄语"等宣传教育活动。这些活动不仅激励全国广大少先队员自觉树立热爱祖国、奉献人民的意识，而且树立"从小学先锋、长大做先锋"的先进理念。少年宫在组织开展"学习'六一寄语'精神，争做新时代好队员"新队员入队庆祝活动时，少先队员们踊跃参加，写出了众多的优秀寄语。

习爷爷在"六一"前夕为我们送上了节日祝福和寄语，让我们这

一代少先队员深受感动。我们理应不辜负习近平爷爷的谆谆教诲：刻苦地认真学习理论知识，坚定党的理想主义信仰，磨练顽强的理想意志，锻炼身体。在可怕的新冠疫情暴发之下，党和国家一直在努力保护我们的人身财产和生命安全，也让我们看到了一个伟大民族的团结和坚强。

——××学校五四中队

当代少年儿童既是实现第一个百年奋斗目标的经历者，更是实现第二个百年奋斗目标的生力军。我觉得自己重任在肩，使命光荣！我一定不辜负习爷爷的殷切期望，做一个有知识、有理想、有信念的时代新人，将来为实现中华民族的伟大复兴贡献力量！

——××学校四六中队

"六一"国际儿童节即将到来之际，习爷爷向广大全国青少年儿童和家长们致以节庆祝愿，对我们的青少年儿童发展提出了新的要求和殷切期望。我们必须坚定自己的理想信念，从小就树立自己远大的人生目标，刻苦学习，听党话，跟党走，做一名能够担当时代复兴大任的好队员！

——××学校四一中队

音乐教育在爱国主义情怀培养过程中拥有关键功效。培养少先队员热爱祖国的情怀是思想政治教育的关键一部分。为将音乐教育融入思想政治教育，淄博市青少年宫还大力开展了红色歌曲巡回演唱主题活动。我国，爱国歌曲文化艺术有悠久的历史，其中就包括诸多具有爱国主义情怀的歌曲。这种歌曲一直以来都鼓励着少先队员爱国爱党，不忘国耻。比如在"九一八"事件的思想政治教育课中，教师正确引导少先队员收看有关影像后，播放视频歌曲《松花江上》，点燃了少先队员的爱国精神。《义勇军进行曲》《黄河大合唱》这一系列爱国主义的歌曲，不但使少先队员真正感悟到抗日战争时期我国人民的英勇作战精神，激起了少先队员的爱国主义情怀，并且使少先队员真真正正认识到我们现在幸福生活的得来不易。

（二）新形势下开展少儿思政教育的途径

1. 加强教师队伍建设，提高教师思想政治觉悟

校外教育的活动大多具有很强的实践性，所以应该着手培养具备理论和技能双优秀的新型教师。加强教师队伍建设，加强思想政治课教师的培训力度，首先要不断增强思想政治课教师的思想觉悟，其次思想政治教师也要加强自我学习，真正实现教学相长。第一，思想政治教师要不断增强自身文化修养与思想政治理论水平，树立正确的社会主义核心价值观。端正课堂教学的客观态度，牢固树立以广大青少年为学习主体和教学核心的正确课堂教学观。第二，及时观察青少年动态，与青少年沟通交流，拉进与青少年的距离，进一步掌握青少年心理需求。提升青少年思想政治的正确引导，遏制欠佳社会风气给青少年产生的负面影响，与此同时教师要留意自身的言行举止。青少年会在耳濡目染中效仿老师的一言一行。教师要弘扬社会正能量，以身作则，促进青少年思想观念、品德修养及文化修养的提升，提高青少年的职业道德修养，促使少先队员们全方位健康地发展。

2. 深入挖掘思政元素，促进与活动的有机融合

在进行教学设计时，教师一定要寻找恰当的衔接点，充分地揭示自己的专业知识和思想政治要素之间的内在关联。在进行教学设计时，一定要立足青少年身心发展特点，确保授课内容的准确性和多元性。教师切忌教学过程中生搬硬套，要从专业课中深挖思政元素，进行合理设计安排。例如，淄博柳泉艺术学校的少先队进行的"开笔启蒙 立德树人"一年级的学生入学礼系列活动。中国历来就是礼仪之邦,崇尚"礼"。入学礼这一活动主要是按照中国传统文化中对青少年的阅读识字、习字礼仪等各种形式活动的一种称呼，是对少年儿童心理进行一种启蒙性心

理教育。淄博柳泉艺术学校积极联合中国课本博物馆，精心组织少先队员开展活动，以展示中国古典文学礼仪系列活动形式为主，寓意深刻。例如，在庄重热烈的小学一年级新生入校的典礼仪式上，引导小学生继承中华民族优秀传统文化，增进爱国主义情怀，践行道德行为准则，争做一名富有爱国理想、品格高尚、充满活力和具有创造精神的新时代少先队员。为了大力培育和深入贯彻学习践行以马克思主义理论为指导的社会主义核心价值观，在疫情期间，淄博柳泉艺术学校坚持爱国主义教育，组织开展线上升国旗仪式、少先队云课堂。在线组织升国旗仪式，儿童通过在线视频的方式，在家举行升国旗仪式。当少先队员坚定地高高举起右手，当鲜艳的红领巾在胸前飘扬，当庄重的队礼在眼中凝聚，这一刻，每个少先队员的心连在一起。队员们参加庄重而神圣的"云"升旗仪式，向伟大的中华民族、向逆行奋斗的英雄致敬。

　　社会主义文化是推动我国社会主义事业发展的一种精神基础，也是增强中华民族的凝聚力、向心力的来源。对少先队员加以社会主义的引领，核心目标就是为了使更多的少先队员认真践行社会主义核心价值观。这既能够通过自己在我们党和团体中优秀的历史文化中汲取精华，也使他们能够从革命文化中得到智慧的滋养。只有将科学知识的传输和以价值为导向的思维方式进行有效的融合，才能够更好地充分发挥对社会主义先进文化的指导作用，使当代少先队员明确社会主义建设是正确的，强化少先队员对社会主义文化的认同，最终促进少先队员形成对社会主义建设的自信心。开展少先队云课堂，淄博柳泉艺术学校在少先队云课堂中，开展了"从小学先锋长大做先锋""你好，红领巾！你好，少先队！"为主题的网络少先队课，在辅导员的帮助下少先队员充分了解到中国少先队的发展历史、中国共产党的发展历史，认识了中国共产党、中国共青团的旗帜，学习了"六知六会一做"，认识了很多先锋和模范人物。网络少先队课使得少先队员能够铭记革命史、继续革命事业，从而营造出一种崇尚英雄、捍卫英雄、学习英雄、关爱革命英雄的良好环境和氛围。"入队第一课"使得少先队员能够爱党爱国爱人民，传承我们的红色基因，扣好人生第一粒扣子，实现争做新时代接班人的美好愿景。

在党的生日、国庆等重要时刻，举行大型的演唱会也是促进思想政治元素与活动有机融合的一种有效形式。如淄博柳泉艺术学校就是通过表演《义勇军进行曲》《黄河大合唱》《龙的传人》歌曲，激发了少先队员的爱国主义情怀。

讲述革命故事，培育少先队员的爱国意识。革命文化即为中国的红色文化。红色文化是在社会主义国家建设和中国改革开放时期，不断继承和发展的中国集体主义的核心，是甘于无私奉献的民族爱国主义先进文化。红色文化教育具有丰富的文化内涵，可以为少先队员党建教育提供更多的文化载体，为促进少先队员党建教育与红色文化宣传教育的有机结合创造了有利条件。在新的教育实践过程中，凸显了我国红色文化教育的独特优势，使我国红色文化教育更具针对性。开展中国红色文化宣传教育，需要采取多种形式。丰富文化活动内容，需要在文化教育活动形式上进行重大创新，从而使广大少先队员在教育过程中牢固形成党的红色文化教育理念，积极学习理论知识，树立正确的核心价值观，获得更深刻的思想情感文化体验，最终可以使广大少先队员的理想信念和信心更加坚定，培养广大少先队员良好的政治、思想道德素质，实现传承红色基因的根本目的。党的红色文化的宣传在党建教育中，发挥着文化教育的导向作用。通过革命文化的教育与宣传，不仅使广大少先队员受到新思想的启发，促进广大少先队员思想的健康发展，而且使广大少先队员学会理性分析，加深少先队员对中国共产党的认同感，充分认同中国红色革命文化。

3. 建立完善思政教学改革评价机制, 实现思政课育人目标

推进思政教育, 除了要提高教师政治素养, 加大思政教育教学改革, 建立完善的评价机制, 还要切实提高青少年的职业道德教育, 提升青少年对思政课程的重视, 将思政教育贯穿于整个思政教学活动中。我们要积极引导广大少年儿童自觉地践行以马克思主义为基础的社会主义核心价值观, 积极地推进青少年的思想道德素质建设, 树立一批可敬、可信、可学的青少年道德榜样, 让全体少年儿童有学习上的榜样、道路上的楷模。在学校里, 努力营造崇德向善的浓郁文化氛围, 将评价机制贯穿于教育过程中, 实现思政课程育人的目标。教育者要确立思政教育是一个全面性、繁杂性的系统工程的思想。除完善少先队员课堂教学评价体制外, 还需要提升对思想政治教师的研修力度, 不但要有提升教师的业务能力的培训, 也需要有提升教师的品德修养、思想政治素质的学习培训, 使少先队员在教师陶冶下遵循优良道德规范。教师在提升课堂教学评价时也需要提升少先队员在举办活动时的评价。对于主题活动期内少先队员的主要表现开展详尽观察、记录, 进行动态性、合理的评价, 而且将评价结果列入毕业考评中。这就规定思政教育工作人员在对思政教育评价全过程中, 要在高度重视判定评价的同时, 加强全过程评价, 不可以简易地搞"一刀切", 要对少先队员开展多方位、综合型的评价, 完成学科教育、艺术教育与思想政治理论协同育人总体目标。重视对少先队员的鼓励, 确保每一个总体目标都能够完成, 协助少先队员增强信心, 提供物质保障, 加大教学设备投入, 保证思政教育顺利进行, 助推思政教育发展趋势, 打造出全新升级的发展模式, 塑造全面发展的综合性优秀人才。要完善教师的职称评审考核机制, 完善优秀教师的激励制度, 并在教师评优、评先中反映出来, 以此来激发思政教育工作人员的积极性, 使思政教育课程的实施更加顺利。

（三）合力奏响少儿思政教育的"乐章"

1. 教师示范引领

教师的一言一行都会对青少年产生潜移默化的影响。教师具备优良的思想政治素质和道德情操，才能够在教育工作中担当起立德树人的重要任务，才能够进一步影响青少年的社会价值观念。因此需加强教师的师德建设，提升教师的品德素养，在未来教育中真正做到对广大青少年的示范引领。

每个青少年的天性都是不一样的，要按照每个青少年不同的心理状况进行进一步的正确引导工作，使青少年的情绪能够得到最恰当的宣泄。对于部分青少年来说，由于其自我控制能力较弱，所以可能很小的情绪波动都会导致其失控，这就要求教育工作者要及时帮助青少年宣泄一些不良的情绪。例如，在少年宫中，部分青少年不合群，不愿意参加体育活动，甚至出现叛逆的问题。青少年的叛逆表现是青少年长期积累的情绪发泄不出去，加之父母、老师平时引导不到位，不经常与青少年进行沟通，久而久之使青少年不善与人沟通[1]。青少年不良心理行为产生的原因有很多，主要是由于其处于叛逆阶段。教师首先要端正态度，充分了解这一阶段青少年的心理情况，要运用多种方式对青少年的心理健康行为进行引导，增强对青少年自身调控能力的培养。

2. 家长言传身教

家长要明白，青少年之所以会产生不良心理行为主要是因为其成长的阶段性特点。特点并不是缺点。当青少年出现"不良"行为之后，家长要有充分的耐心去引导青少年，不要"以暴制暴"。要以冷静的态度说服青少年，要给予青少年一定的鼓励，多关注青少年的心理状况。

---

[1] 邓镇毅：《加强小学教师师德师风建设的途径分析》，《教育现代化》2018年第51期。

树立良好的家长形象。在平时的言传身教中端正自己的态度，不能对青少年进行言语或是身体上的攻击。家长要深刻地认识到自身所存在的不足，改变自己的生活方式。增强对青少年心理健康的教育，使青少年提高自控能力。青少年作为祖国的未来，青少年的心理教育出现偏差，在一定程度上会对我国国民素质产生影响，所以在青少年教育阶段要高度注重青少年的心理素质健康发展，帮助青少年提高自我心理疏导能力，增强青少年的自信心。

3. 家校"同频共振"

为了更好地促进青少年的思政教育工作，少年宫可加大家校"同频共振"。教师和家长应该加大沟通，积极相互了解青少年在校外与家庭中的具体表现。例如：淄博市青少年宫为了加大家校"同频共振"，积极地培育和贯彻践行中国特色社会主义核心价值观，引导广大党员干部、共青团员、少先队员铭记革命历史、学会感恩，继承革命先烈的遗志，发扬革命的优良传统，在清明节期间组织了"弘扬孝道 慎终追远"主题实践教育活动。活动具体流程如下。

上午10点，邀请所有少先队员及其家长一同来到革命纪念碑前，少先队员及其家长敬献鲜花、行鞠躬礼、瞻仰纪念碑，为烈士默哀3分钟。在默哀的过程中，大家保持安静，神情肃穆，充分表现了对革命烈士的敬仰之情。教师代表发言时明确表示：英烈的牺牲精神，既是在中国革命战争时期青年先烈们的最后纵身一跳，也是在新时代的"最美逆行"。作为一名年轻教师，作为一名共青团员，作为一名共产党员就是要时刻做好准备，为祖国奉献一切。随后少先队员家长代表也进行了发言。少先队员代表大队部发出倡议并带领全体少先队员宣誓：我们的优秀少先队员们，我们都深知这来之不易的生活就是由先辈们以自己的一腔热血换来的，作为一名优秀少先队员，我们更加应该时刻铭记先烈的的遗志，时刻不忘英雄。现在请在场的所有的少先队员一同举起右手跟我一起宣誓——

> 人民为先，祖国至上，
>
> 诚实勇敢，自律自强，
>
> 奋发有为，誓作栋梁，
>
> 振兴中华，再造辉煌。

随后大家一起清扫了革命烈士纪念碑，瞻仰革命烈士纪念碑，全体少先队员乘车前往黑铁山人民抗日武装起义烈士纪念馆。在纪念馆中一幅幅关于中国历史的全景图片，一本本详实的现代历史文献资料，都记录着无数革命先烈的革命英雄事迹，时刻告诉我们必须要珍惜现在生活的来之不易。通过这次活动，大家意识到先烈们对祖国的忠诚热爱值得我们敬仰和学习。大家纷纷表示，将珍惜先烈们用鲜血和生命换来的幸福生活，传承和发扬革命烈士的英勇顽强精神和艰苦奋斗作风，不忘初心，牢记使命，敢于担当，积极作为。通过活动的开展，不仅加强了少先队员对革命先烈事迹的了解，提升了少先队员政治思想觉悟，在活动过程中也增强了老师、家长、青少年之间的互动，对塑造青少年良好思想政治意识具有重要意义。

三、让思想政治的"种子"开花结果

（一）教师思想政治素养好

立德树人的教育使命，赋予了新时代少儿思想政治教师新的历史使命。思想政治教师必须不断地提高自身的思想和政治站位，必须把这个家国天下的伟大发展格局更好地融入自己的小课堂，厚植一种家国的情怀，勇挑重担，才能为党育人，为国育才。如淄博市青少年宫认识到要想育好人，教师必须先行。通过一系列举措加大了对优质专业教师队伍的打造与培训力度，不断提升教师的综合素养，保证教师

具备良好的思维、视野、人格、思想、能力等，提升教师队伍教育水平。通过这种让教师走出去、学回来的方式，极大地提升教师的思想政治素养，打开了教师现有思维，使教师的成长更好地适应了新时代的背景，从而为当代少先队员——这些祖国未来的建设者，播种真善美，传递正能量，引领少先队员站在党和国家的立场去认识审视问题，促进少先队员形成正确的世界观、价值观、人生观，形成正确的理论研判能力，能够自觉地践行以人为本的社会主义核心价值观，为实现中华民族伟大复兴的中国梦而努力奋斗。

（二）少儿思想政治觉悟高

淄博市青少年宫通过开展举行一系列的思政教育实践活动，例如举行庄严的升旗仪式，唱响中国国歌，举办"讲革命故事 祖国发展我成长"的手抄报比赛，举办"我和国旗合个影"活动，观看红色影片《唱支山歌给党听》，举行爱国歌曲传唱、雷锋精神世代传承、文明就餐"光盘行动"、养成教育微信专栏等一系列的主题教育活动，引导少先队员深刻地了解并认识中华民族的光辉历程，感受到在中国共产党的带领下祖国正在发生着巨大的改变，体会到在党和祖国的关怀教育下我们能够健康、快乐成长的幸福，实现青少年思想政治觉悟的不断提高。[①]

我们要自觉地深入践行以建设中国特色社会主义事业为核心的价值观，为不断实现中华民族伟大复兴的梦想而奉献自己的美好青春。青少年的正确思想政治价值观直接关系着未来我们国家和社会的思想价值观念取向，而青少年是思想价值观的初步形成期，抓好这一关键阶段的培养十分重要。"凿石之井者，起于三寸之坎，以就万镒之深。"（《刘子·崇学》）我们的知识青年要从现在做起，从我做起、从自己的一件

[①] 任春莉：《走进新时代，教师德为先——浅谈小学教师师德建设的重要性》，《才智》，2018 年第 34 期。

事情开始做起，使弘扬中国特色社会主义为核心的核心价值观逐渐发展成为自己的根本思想。广大青少年要通过勤学、修德、明辨、笃实的政治理论和社会实践来为方法指明路线，知行合一，自觉地践行社会主义的核心价值观，让社会主义核心价值观内化成为自己精神的最高追求，外化成为自觉的实际行动，努力在实现美丽中国梦的伟大征程中不断创造自己的精彩人生。

（三）思想政治教育社会影响力显著提升

随着校外教育改革的深入，规定校外教育课程内容也需要紧随时代步伐，创新教学方法，以达到少先队员发展趋势要求。在进行思政教育全过程中，校外教育者要以少先队员为中心，增加当代互联网技术运用，创新教育模式，完成思政教育课程内容创新。不断创新教育理念，提升与少先队员之间的沟通交流，利用微信聊天群等互联网交友软件提升与少先队员的互动交流，创建优良的师生关系。与此同时在开展思政教育的全过程中，教师依据少先队员身心发展的规律性、追求完美人生的思维特性，激励少先队员积极参与到课堂教学设计方案与执行中。与此同时紧紧围绕少先队员个人爱好创建适合少先队员的教学方式。协助少先队员提升兴趣爱好，培养优良的生活方式。淄博市青少年宫联合当地的社区敬老院，以"传承红色基因加大助老行动"为教育主题，扎实地组织开展了丰富多彩的老年文化事业宣传教育，引导社区青年和少先队员们进一步大大增强了他们助老爱老的服务意识和敬老情感，积极组织他们去当地的社区敬老院参加各种文体活动和劳动实践活动，帮助社区老人们打扫卫生、整理内务，编排娱乐表演活动，为老人们进行表演，极大的提升了淄博市青少年宫的社会知名度。

第二节 文明礼仪教育

一、少儿文明礼仪教育

（一）少儿文明礼仪教育概念

"礼仪"就是一种礼节和仪式。它是一种自律和对于别人充分尊重、正确理解的活动过程和技巧。人们在各种社会生活和交往的活动中，在其仪容、姿势、仪表、风俗习惯、仪态、言语举止等各个方面都应该得到充分的尊重，也是行为标准。"少儿文明礼仪教育"主要指幼儿园、学校、家庭、社区以及公共场所正常的互动中都必须严格遵循的一些简易文明的行为与礼仪准则。培养少年儿童遵守自己在社会交流活动中，为了彼此的尊重，在其仪容、姿势、仪貌、风格、礼节、言语举止等方面约定俗成的共同接受和认可的礼仪。简而言之，就是要具有文明、有礼貌的言行举止与行为习惯。

（二）少儿文明礼仪教育研究背景及历程

礼仪制度本身是我们国家人类文明进步发展的必然进化产物，是我们在人类社会文化生活中不断进行的各种人类社会文化互动，或者交往时所必须遵循的一种行为准则和伦理规律，是我们国家用来衡量一个国家人类历史社会文明发展水平的重要标尺，伴随着人类历史社会文明进步而逐渐发展形成。中国本身就是世界上唯一的文化史脉从未被彻底中断的传统文明古国，素有"礼仪之邦"之称，礼仪文明作为我们继承中华民族优秀传统道德文化的重要组成部分，对于书写中国国民经济社会的发展历史和文明社会发展的重要意义至为深远。孔子曰："不学礼，无以立。"（《论语·季氏》）清代著名的国学思想家颜元说："国尚礼则国昌，家尚礼则家大，身有礼则身修，心有礼则心泰。"（清代·颜元）当时的中国人一直都在努力向往和不断提出自己所大力倡导的"文质彬彬"这一中国君子生活礼仪，这样的生活礼仪和行为规范通常被人们认为这就是君子立身为人之本、处世之则。

中国当代的教育把提高全民族素质作为根本目标，素质教育的首要任务是教会学生做人，培养学生具有良好的思想道德品质，养成良好的行为习惯。《中共中央关于深化教育改革全面推进素质教育的决定》中指出："要重视对学生进行中国优秀文化传统教育，对中小学生还要注意进行伦理道德以及文明行为的养成教育。"中共中央颁布的《公民道德建设实施纲要》也明确指出："开展必要的礼仪、礼节、礼貌活动，对规范学生的言行举止，有着重要的作用。"这些规定和纲要，让我们的文明礼仪教育有了明确的目标和方向，有了切实的内容。由此可见，文明礼仪教育对于每个人的修养，以及社会的和谐也是一项极其重要的工作。

我国社会正处于不断发展时期，构建社会主义文明型社会，是我国经济不断发展下的迫切需要，文明水平的提升将有助于促进我国社会的进一步发展。我们要构筑一个文明的社会，就要引起对少年儿童的文明和礼仪方面教育的重视。淄博市青少年宫对文明礼仪教育十分重视，对少儿文明礼仪教育研究历时十五年，其历程大致分为两个阶段。

第一阶段是从2006年到2016年，实验性的探索阶段。2006年开始，幼儿园和小学就先后就把文明礼仪课程引入校园。文明礼仪这门课程的产生源于当时学校对德育和体制教育的迷茫，在当时校园化的教育中，本来应该做到德育先行、协调发展，但在以测评分数决定成败的巨大压力面前，出现了重智育，轻德育的状况。在当时的家庭教育中，受"望子成龙，望女成凤"风气的影响，家长们对学生的智育成绩和期望值都太高，放松了对子女的思想道德教育，加之独生子女这种身份导致学生逐渐养成了性格孤僻、意志薄弱、矫情、傲气、校园霸凌、违反校规校纪等特殊现象。教育者决定以礼仪教育为切入点，对学生进行中国传统美德教育，让少年儿童从懂礼仪、讲诚信、说文明话、办文明事做起，逐步提高道德修养。为了能够让教师在实践中学习到更多的社会礼仪知识与管理理论，淄博市青少年宫每年都会派教师前往北京、上海等高校学习，参加由心理学家协会主持的北京大学学生身体健康顾问服务培训课程，并走访了北京市许多重点小学，通过学习、考察、调研，指导老师基本掌握了开展传统文明礼仪课程教育的相关基本知识，并在淄博市青少年宫校外教育、小学课程教育和幼儿园一日活动中开展各种优秀传统的文化活动，并在实践中获得了宝贵的第一手资料。

开展文明和礼仪教育有利于少年儿童身心健康成长，高尚的道德和素质的养成，对于少年儿童树立强烈的自信心，培养社会责任感，构建良好的家庭和人际关系，提高他们的学习积极性和主动精神具有积极影响。通过传统的礼仪和习俗教育，逐渐养成了讲文明、懂礼貌、乐于助人的优良品质，自信心也增强了。

第二个阶段从2016年至今，总结完善推广阶段。2016年组织申报幼儿文明礼仪市级课题，并且在这一课题的引导下，先后推行开展了多项关于礼仪教育的活动。

2016年7月，淄博市青少年宫幼儿园孩子们身着汉服，怀着对中华优秀传统文化的崇高敬畏之心，共同参加了以"明德善思，和谐尚美"为主题的幼儿园开笔礼。仪式主要内容包括正衣冠、朱砂启智、启蒙描红、饮茶敬师、经典背诵、击鼓鸣志、升国旗等环节。开笔礼能让孩子们直观地感受中国古代文化礼仪，激励幼儿勤奋学习，弘扬中华传统文化。

2016年韩其东、车玲著的《文明宝宝》教材一书，作为淄博市青少年宫各幼儿园同时开设礼仪课程的教材，我们进行广泛调查摸底，制订《师生文明礼仪"三张名片"主题教育指导意见》，践行师生礼仪"三张名片"——"微笑、感谢、赞美。"让师生在日常生活中，随时随地待人面带微笑；感谢父母，感谢老师，感谢同学，感恩身边每一个人；师生之间多鼓励、多肯定，随时竖起赞美的大拇指，并以此内化为礼仪涵养，外化为一种自然的习惯。教师崇尚文明礼仪，教育培养幼儿真正成为一名文明礼仪小天使，将弘扬文明礼仪作为宣传教育实践活动和引导幼儿自觉践行礼仪行为转变成为讲文明、重礼仪的浓厚文化氛围。

2017 年决定选择申报"十二五"省级规划课题，并制订实施方案，着手编订《文明宝宝》教材第 2 册、第 3 册。做好了课题的申报和立项等相关工作，并召开了开题论证会和课程研讨活动等。

对幼儿园的全体教职工进行礼仪学基础知识的专题讲解和辅导，要求所有的教师做到为人师表，为青少年树立文明礼仪形象。在课堂教学中进行文明礼仪教育，为青少年宫的每个人讲文明和懂礼仪提供良好的环境。在各个园内的教师、幼儿及其家长中对文明礼仪教育进行了广泛的宣传，明确了幼儿的文明礼仪教学工作的重要性、必要性和可行性，形成了共识。努力创设师生之间的互动与家庭之间的互动，形成了相互监督、相互推动的良好环境与氛围。

（三）少儿文明礼仪教育的重要性

少儿文明礼仪教育关系着一个国家与民族的未来，少儿礼仪教育属于少儿的社会化教育，我们必须紧紧抓住少年儿童良好习惯培养的敏感期，对其进行文明礼仪的教育。在少年儿童时期如何加强传统礼仪教育，并非是单纯地完全实现学校、幼儿园等各种德育活动的目标，同时也要求我们必须提高少年儿童的道德品质素养，培养正确的思想和行为习惯，帮助少年儿童进行人格塑造。

当今社会正处于不断地发展中，建设中国特色社会主义文明社会，是我国经济社会不断发展之下的迫切要求，文明水平的提高将会推动社会进一步地发展。我国要构筑一个文明的社会，就要对少年儿童的文明礼仪教育引起重视。当前我国社会的发展需求逐渐趋向多样性，人们开始努力追求友善、和谐的自我生存环境，在人际交往中体现礼仪的周全能够赢得他人的赞赏和称颂，表现出一个人的品格素质和形象。在我们的社会实践活动中，必然离不开礼仪，而且礼仪教育对于一个人的培养和教育是一项重要的教学活动，社会的繁荣发展也离不开礼仪教育。礼仪文化教育的全面实施，有助于培养和提高我国各族群众的道德品格素养，促进我国精神文明建设，同时也是我国建设文明社会的必然要求。

（四）少儿文明礼仪教育的目的和意义

少儿模仿性强，儿童时期是养成良好礼仪行为习惯的最佳时期。淄博市青少年宫以少儿文明礼仪养成教育为突破口，通过学校、幼儿园的教育活动培养少儿的生活礼仪、交往礼仪、学习礼仪；组织少儿走进社区，开展丰富多彩的活动，让学生懂礼、知礼、用礼。使得少年儿童能够在学习中受到启发、懂得道理，在实际活动中学会以礼待人，文明交往，形成一个真善美的良好礼仪气氛，构筑良好的校园文化，为少年儿童将来第一次踏入社会奠定良好的基础。

开展少儿文明礼仪培养与教育相关研究，以促进少儿个人健康发展活动为本，结合德、智、体、美、劳五大领域中与少儿文明礼仪培养密切相关的教学目标、内容、形式，充分探索淄博市青少年宫各校外服务人员、淄博柳泉艺术学校，以及青少年宫各幼儿园的文明礼仪养成教育的内容、途径和方法，使学生养成良好的礼仪规矩，促进少年儿童身心的全面发展，为未来学习生活奠基。同时由学校辐射到家庭，做到家校共育、家园共育，最终形成文明有礼，理解包容的良好学校、幼儿园氛围。

二、少儿文明礼仪教育的方法与途径

（一）立足少儿发展，优化教育观念

优美的校园生态环境不但仅仅是干净整洁、鸟语花香的一种校园生活自然环境，更是属于校园内部的自然人文环境和校园生态环境与自然环境的有机完美融合。我们要注重在校园中组织开展丰富多彩的礼仪教育活动，积极营造讲文明、重礼仪的人文环境。

无论是小学还是幼儿园，都会将礼仪教育的内容、方法、口号、日常文明用语等悬挂在宣传窗、校园及班级醒目的地方，积极暗示学生和教师使用礼貌用语。班级中制定"礼仪标兵""校园文明礼仪先进班集体"等专项评选考核条件，通过考核考评奖惩以及激励机制建设来有效促进校园文明礼仪道德行为观的养成。设置班级文明礼仪工作考核栏和评比公告栏，选出"文明礼仪先进班集体"，班级每月一次筛选"文明好学生"，每学期一次筛选"礼仪标兵"。树立有关文明礼仪的教育榜样，充分发挥其作为榜样的教育示范性引领作用，激励广大学生积极地学习参与到开展学习文明礼仪、实践文明礼仪、展现文明礼仪和课堂宣传文明礼仪整个课堂的教学宣传和教学实践活动中，推动有关文明礼仪的课堂宣传教育和教学实践活动的深入开展，使少儿在实践中学礼、知礼、懂礼、用礼。

幼儿园从开展幼儿一日礼仪活动的各个环节入手，挖掘幼儿礼仪教育的内容，为开展幼儿一日礼仪活动设置标准，使得幼儿的礼仪教育与幼儿的日常生活和工作需要更加紧密地贴近。教师根据不同年龄阶段制订不同方法和实施途径，将礼仪习惯养成教育放到幼儿一天的活动中。以幼儿园一日活动中各个环节作为活动契机，并进行充分的挖掘，整理提炼出了贴近幼儿生活和实际所需要的各种礼仪宣传教育内容，制订一日活动行为规范，使得幼儿能够在实践中学礼、懂礼、用礼。在

幼儿入园环节中，从大班的每一个班级中挑选出四至六名礼仪小标兵，每天早上轮流接待刚入园的孩子及其家长。这些礼仪小标兵们着装得体、使用礼貌文明用语等给中小班幼儿们树立了良好的榜样，也向幼儿和家长们展示了幼儿良好的思想道德风貌。通过"入园礼、离园礼、餐前礼、盥洗礼、起床礼"等让幼儿形成有意识的行为，从而将文明礼仪内化为幼儿自身文明道德修养。

自古以来，人们一直认为优秀的教师本身就是一种文明礼仪的精神化身，教师的思想修养本身就是为人师表的重要组成部分，对于学生的道德品质与审美水平都将产生很强的影响。教师们从"三张名片"开始用和蔼可亲的语言、条理清晰的话语来与孩子进行交流与沟通，做到俯下身子与孩子说话，从孩子的视角出发，尊重学生人格、用优雅的语言塑造孩子的美好心灵，给学生以美的享受。学校、幼儿园定期策划组织对优秀教师进行各类专业礼仪素养方面的专业技能知识培训和理论学习，更新对优秀教师专业礼仪素养方面的专业教育知识观念，提升教师修养。幼儿园带领教师们解读《幼儿园教育指导纲要》等多本礼仪教育书，查阅了韩国、美国、日本与少儿礼仪教育有关的文献和相关论文，进一步提高教师的理论水平。同时通过组织开展爱岗敬业师德讲座、"我心中的师德楷模"等宣传教育，增强教师的职业道德，为教育事业做出榜样。在本次课程的研发中，注重与老师之间的沟通和研讨，增强老师的授课和科研能力。为了有效地提高科研工作的效率，学校、幼儿园定时、定人专业地进行沟通。拟订相关课题研究方案、家庭教育指导活动方案，适时调整礼仪文化教育专项方案。在课题研讨中，教师将自己在课题的实施中遇到的经验、疑难或是困惑都提出来大家一起探索和讨论交流，共同分析和解决存在的问题，如果有解决不了的，学校、幼儿园还会邀请专家进行指导。通过以上一系列措施，学校、幼儿园的课题研究在潜移默化中提高了教师的课程开发及实施水平，促进了教师的专业成长。

文明礼仪进社区活动中,淄博市青少年宫幼儿园开展"小手拉大手"活动,向社区居民发放"文明礼仪倡议书",让学生把良好的礼仪风貌带进家庭,带进社区,扩大文明礼仪教育的影响面。(附:活动案例)

【活动案例1】

种一棵小树绿一片净土

(一)活动的目标、意义

阳春三月,草长莺飞,3月12日这天是一年一度的植树节,选择在具有重要教育意义的关键时刻"植树节"来开展这一活动,此举不仅可以美化环境,更能培养和提高大家珍稀自然绿色和生态家园的认识和责任心,让广大少先队员共同携手,创造天更蓝、水更绿的生态环境,将绿色留在山野间。由山东省淄博市国土生态环境保护局、张店区妇女联合会等单位组织的作为主要活动指导单位,山东省互联网传媒集团公司鲁中网学院联合山东淄博柳泉艺术学校以及鲁中网学院联合举办了2021"种一棵小树绿一方净土"植树节活动。

(二)活动主题:"种一棵小树绿一方净土"

(三)活动时间

2021年3月12植树节。

(四)活动对象

淄博柳泉艺术学校少先队员。

(五)准备工作

开幕式桌椅、树苗、铁锹、水桶、心愿卡、横幅。

(1)开幕式。领导致辞,发表"绿色环保倡议书"。

(2)大手拉小手一起来行动,少先队员和爸爸妈妈共同种下小树

(3)写寄语。

(4)共同悬挂我的心愿卡,祝福我与小树共同快乐地成长。

【活动案例2】

金风飘菊蕊，共享重阳乐

（一）活动目标、意义

农历九月初九是我国的传统节日——重阳节，重阳节也被人们称为"老人节"，尊老、敬老一直是我们中华民族的一大优良传统文化美德，所以学校积极结合老人节实际，组织开展关于"尊老、敬老"文化为主要教育目的的各种社会性文化活动。平时那些经常忙于家庭生计的父母，把教育孩子全权托付给老人。老人们在寒风酷暑里接送儿童；戴着老花镜在为孩子们辅导作业，他们都在无怨无悔地奉献。而这些小朋友们却一直熟视无睹，觉得这样是理所应当。

我们特别选取了一个具有教育实践价值和教育意义的时刻——"九月九日重阳节"开展系列活动，让孩子们真正亲身体验感受到与老年人和亲人间的浓厚敬老亲情，用自己的肢体言谈和表达方式来充分体现表达他们对孝敬父母和敬爱长辈的深厚情感。能把这种让人享受"长辈的爱"的老人情感活动进行空间迁移，爱身边的每个高龄老人，帮助身边的每个弱者，在生活中自然而然地走进他们充满深厚情感的世界，体验并感到享受幸福生活的喜悦，同时也希望可以做到让更多老人们为每个小孩的健康快乐成长而感到欣慰与自豪。

（二）活动主题

"金风飘菊蕊，共享重阳乐"。

（三）活动时间

2016年10月9日。

（四）活动对象

全体幼儿。

（五）准备工作

条幅、节目、茶艺（壶、茶杯、菊花茶）、小茶杯、托盘、礼物。

（六）活动过程

（1）12：30全体布置人员就位，布置活动场地。

（2）14：30放音乐各年级有序带出。

（3）15：00主持人宣布活动开始，幼儿园园长讲话。

（4）小朋友代表讲话送祝福。

（5）活动由我为爷爷（奶奶）敬杯茶开启，由茶艺表演小朋友为爷爷（奶奶）敬茶。

（6）节目演出。

（7）系列活动安排：我和爷爷一起唱红歌、我为老人送报纸（200份）

（二）注重礼仪内化，创新教育方法

俗话说"三岁看大，七岁看老"，3—6岁幼儿的独立思维具有可塑性和独立自主性及模仿性强的特点，是各种情感正在逐步形成的关键期，充分说明幼儿期不仅是智力发展的重要阶段，也是人性格形成的重要时期。从幼儿阶段进行文明礼仪的养成和教育，帮助幼儿形成良好的文明礼仪和行为习惯，有助于对幼儿进行健全个性的塑造，为幼儿未来成长奠定基础。

在幼儿园游戏化课程观念的教育理念引导下，游戏在幼儿基本活动中起到了非常重要的作用。我们把难以接受和理解的现代社会伦理道德概念设计成为一个个幼儿易于参与、趣味性浓的游戏，使得幼儿在欣赏中进行模仿，在实际行动中进行学习，让孩子们在游戏活动中受到启发和教育，将文明礼仪课程的内容真正做到了游戏化，"我听到了，就忘记了；我看到了，就记住了；我做到了，就理解了。"不断给幼儿创造生活情景，让全班幼儿从各种生活环境中进行学习与演练，强化对生活的情感经历，复习、巩固和充分运用传统礼仪文化教育的内容，通过情景式学习提升幼儿园文明礼仪的认知。将文明礼仪课程内容做到情景化，通过童谣、故事启迪等多种方法进行有效地启迪和教育，对于幼儿进行文明礼仪教育具有良好效果。在开展少儿文明礼仪课程的教学实践中，不断总结实践经验，最终形成文明礼仪典型个案集。

比如，淄博市青少年宫各幼儿园根据幼儿年龄段认知规律，整合五大领域中有关礼仪教育的目标、内容与形式，编制形成了一套适合幼儿园的园本礼仪教育课程《文明宝宝》（共3册）。园本教材中，每册教材为幼儿文明礼仪教育设置了三个主题，分别是"生活礼仪""交往礼仪""学习礼仪"。每个主题都是围绕幼儿自身或者周边日常生活事物，根据幼儿的认知特点，结合图片、故事、诗歌等形式，讲述了该文明礼仪的中国传统内容，整合了部分中国传统文明礼仪的教学。教材设计适合本地区3至6岁幼儿使用，为幼儿开展文明礼仪教育提供了借鉴和指导，并在五所幼儿园中推广使用。教材中包含小、中、大三个学段的教学礼仪，有"您好""再见""谢谢""不客气"，学会说"请""对不起"和"没关系"等18节课。针对幼儿年龄和认知特点，采用分主题螺旋上升的方式学习。幼儿文明礼仪采用以游戏为主的教学方法编写教案，经过反复推敲最终用生动、简洁、有趣的语言把复杂的教学过程和内容表现出来。在每个节日即将到来之际，我们都对幼儿园孩子们开展各种形式的节日宣传教育。结合妇女节、劳动节、儿童节、中秋节等重大节日开展感恩主义精神宣传教育；同时结合中国传统节日清明节、端午节，教育引导全体幼儿莫要遗忘感恩先人，寻根问祖。幼儿园文明礼仪的宣传教育引导活动工作是进行社会主义文化素质教育的一个重要具体组成部分，采用这种以素质教育活动为主要基础和各种先导手段来不断引导和帮助教育孩子，并逐步渗透到各个领域。例如，在一些社会性的活动中，学习了礼仪"三字经"，孩子们在朗朗上口的背诵中学会了生活礼仪、交流礼仪、学习礼仪。在开展艺术教育活动中，通过手工粘贴画《国旗》，"三八节"为妈妈亲手制作的贺卡等，使得孩子们真正懂得了爱国，爱他们的朋友和亲人，理解不同的节日会有不同的文化和礼仪。健康教育实践活动中，结合幼儿进行日常活动的时间，如进餐、盥洗等环节，教孩子们有秩序排队等候，养成节约用水、不浪费粮食的习惯。在科学活动中，了解不同科学实验的要求和规则并自觉遵守，学会与他人合作，并了解与他人打交道时的礼貌用语。在语言和音乐活动中，通过故事演示、歌曲演示、音乐游戏从情感上理解礼仪的含义。

（三）转变家庭观念，形成教育合力

"家长是孩子的第一任老师。"孩子在生活中表现的行为如同是一面镜子,折射出来的正是家庭中父母的言行举止。为了实现家校思想统一，步调一致，教师要让每个家长都能够充分了解学校做法，加强和家长之间的沟通与联系，增强少年儿童文明礼仪课堂教育工作的有效性。学校应主动面向广大家长们举办关于礼仪方面的知识宣传讲座，发放关于礼仪养成的教育倡议书，充分利用家园栏、主题墙向家长宣传礼仪教育的开展情况。定期组织开展文明礼仪养成课，家长参与课堂教学与孩子一起学习成长，向家长征求意见，不断优化教学内容和教学形式。一方面对未采取文明礼仪育儿理念的家长给予正确的引导，另一方面向采取文明礼仪育儿理念的家长学习，进一步增进家园互动的实效性，为学生文明礼仪教育活动的顺利开展夯实基础。充分利用星闪耀广播站、微信公众号等传播媒体向学生和家长做好宣传，这样能够让的家园、学校及时进行交流，为的实施礼仪文化教育工作提供信息。（附：选自家长的反馈信）

【反馈信】

<h1 style="text-align:center">春风化雨润物无声</h1>
——文明礼仪伴我成长

中国自古以来就素有"文明古国、礼仪之邦"的称号，孔子亦曾这样说过："不学礼，无以立。"讲究文明礼仪是我们整个中华民族的一大优良传统美德，文明的校园礼仪道德教育在促进幼儿的健康成长中往往起着至关重要的引导作用。青少年宫幼儿园一直非常注重文明礼仪的教育，让每个孩子能够真正带着一种文明礼仪精神走向新时代，这不仅仅是我们整个家庭的幸福，更多的也是我们整个国家和整个民族的幸福！

青少年宫不仅注重课堂教育，注重开发孩子的特长和兴趣，更注重文明礼仪素质的培养。我家的孩子今年近六岁了，在青少年宫健康快乐地学习、生活已经两年了，这两年的点滴成长历历在目，这与老师们的辛勤教导和耐心培养是分不开的，特别是对孩子们在礼仪和文化方面的教育，这些都对孩子们的身心健康成长很有意义，我欣喜地看到：我的孩子从拱在我的怀里撒娇、扭扭捏捏，到现在已经能大方自信地走到众人面前，礼貌地问好，自信地展示，快乐地与小伙伴合作分享。孩子变得越来越懂礼貌，开始有上进心，有集体荣誉感，有担当，交上了好朋友。看着孩子一天天地进步，作为家长的我们很欣慰，也很感恩。

知名中国教育家叶圣陶曾经这样说："什么是教育？简单一句话，就是养成良好的习惯。"孩子在青少年宫开始接受教育学习的这两年，我在他身上也真正看到了什么才是真正教育，教育的真正根源到底在于哪里。有一天孩子跑的时候摔倒了，自己勇敢地爬起来对我说："身有伤，贻亲忧"。这是孩子在礼仪课上学会的句子，竟能运用自如了，那一刻我惊喜万分，学校的礼仪教育真是渗透进了孩子的心底。晚上孩子进入洗手间洗漱，我在外面听见里面传来平平仄仄、不急不缓、音韵谐美的吟诵："天地玄黄、宇宙洪荒、日月盈昃、辰宿列张"，这对仗工整、文采斐然的千字文，孩子一本正经地背了出来，一下子就吸引了我，周围的一切都变得儒雅起来。从《弟子规》《三字经》到《千字文》的学习，孩子们从中汲取了历史文化、道德伦理等丰富的知识，以圣人为师，修身立德。青少年宫的礼仪教育就这样润物细无声地融进了孩子的血液中！

不仅在学习方面，孩子在生活方面也有了很大的进步。在路上遇到熟人，孩子会主动向长辈问好；会主动向老师、家长和朋友问好，"早上好""谢谢""再见"，走在校园里，师生们的相互问候及主动对外来客人的招呼，展示了青少年宫孩子们知书达理的气质和教养。

此外，在家、游乐场里，文明礼仪也随处可见。家里来客人时，孩子会主动向客人问好，并给客人倒水、端水果。爸爸妈妈有一些工作或者是打电话时，孩子都会做到不打扰、不吵闹；爸爸妈妈累了的时候，会主动地给自己的爸爸妈妈捶背；在吃水果的时候，会主动地给长辈大的水果，自己也会选择食用最小的，是"孔融让梨"这个故事让我们的孩子们从中学会了谦让。在游乐场时，孩子会主动排好队伍，做到有秩序、不推挤，还会和小朋友们分享玩具。当看到自己的小朋友正在草地上踩踏时，孩子就上前走过来告诉他不要这样，因为那些小草也可能会害怕疼；当看到一个大同学随手一扔了一个零食袋，孩子会迅速快步地跑上前："大哥哥，你好，请把那个零食袋扔进垃圾桶里好吗？"这个大同学很快捡起一个零食袋扔进了垃圾桶里："谢谢你，你真是一个好孩子。"是啊，一声"谢谢"已经拉近了每一个人与他人彼此之间的距离；一声赞美，滋润着每个人的灵魂。

幼儿礼仪教育应是人之初的必修课。孩子在学习和生活方面的各种进步，让我真正体会到了青少年宫文明礼仪教育的含义，相信孩子在未来的日子里会更快地成长，展示他们大爱、真诚、果敢、坚毅、奉献的优秀品质。

让我们一起为孩子们的美好人生播下文明之种，静待礼仪之花的绽放！

淄博市青少年宫 ×× 妈妈

三、少儿文明礼仪教育之花处处绽放

（一）文明之风长拂，礼仪之风日新

××市青少年宫各幼儿园编制形成了一套适合园本礼仪教育课程《文明宝宝》（共3册）。每册教材为幼儿文明礼仪教育设置了三个主题，分别是"生活礼仪""交往礼仪""学习礼仪"。每个主题都是围绕幼儿自身或者周边日常生活事物，根据幼儿的认知特点，结合图片、故事、诗歌等形式，讲述了文明礼仪的中国传统内容，整合了部分中国传统文明礼仪的教学。教材设计适合本地区3至6岁幼儿使用，为幼儿开展文明礼仪教育提供了借鉴和指导。

形成适合幼儿学习的幼儿礼仪规范实施方案。利用研究过程中收集的资料，整编出"文明礼仪典型个案集""论文集"结题报告等并向《山东教育》等期刊发表论文。通过研究活动，规范幼儿礼仪行为，形成了一套适合幼儿学习的幼儿礼仪规范实施方案——"幼儿文明礼仪养成教育的实践与研究"，包含开题报告、五所幼儿园子课题、礼仪教育养成活动和教学方案、教师日常教学活动中的教育故事、教学反思以及家庭典型经验案例等。

淄博柳泉艺术学校制定《学生文明礼仪手册》等来深入细化这项教育活动，将文明礼仪的要求贯彻到每一位学生的行为细节中，进一步培养和提升学生的综合能力。多年来，在"润物细无声"的全校文

明礼仪课程建设中，学生的文明礼仪知识素养得到了明显的提升。我们很惊喜地看到，学校整个的学生团体在文明礼仪和行为习惯方面都有着比较明显的改变。"我要做一个文明人"已经逐渐成为大家的普遍认可，大多数学生已经养成了良好的家庭、校园基本习惯。

改善校园里的文明礼仪。碰见教师热情地向老师问好、和全校师生亲切地打声招呼，文明礼貌用语不绝于耳，"请""谢谢""对不起"已经成为在整个班级中听到使用用语次数最多的一种表达语言，在班级里进行的课间文明教育实践活动中要求文明上课守纪，做到轻言简语，不随意追逐打闹；中午学生就餐时做到盘内无剩饭剩菜，桌面上无任何饭粒，场地上全无垃圾；下午放学时的路上学生队伍也是整齐有序，没有追逐打闹的现象；整个校园环境整洁美丽，赏心悦目。大家在行为上举止文明，讲话彬彬有礼，相互尊重、互相谦让，老师、同学之间的友好互助都已经取得了新的进展。

促进家庭文明礼仪的持续培养和不断改善。礼仪亲子教育已经成功获得了广大学生家长的广泛认可，建立了良好的亲子关系。在对各位家长的回答中、在自己对孩子家庭文明礼仪的亲身体验中，我们也真正看到了中国传统文明礼仪教育方式给我们的家庭社会生活带来了越来越多的和谐声音：孩子们学会了孝敬长辈，不跟长辈顶嘴；学会尊敬长辈，家中每次用餐都要请长辈首先上桌后自己再就位；平时主动为长辈、父母分担力所能及的繁琐家务。在学校门口，每天上学以及离校礼仪都同样成为一道独特的美丽的风景线。

改善了社会文明礼仪。每次外出综合实践活动过程中，全体学生都能够自觉地严格遵守道路交通规则。学生定期组织参加一些具有公益性的教育活动，比如校园护绿、敬老。从孩子们在活动中的各种语言、表情以及其行为举止中也都可以充分体现和看出较强的公共文明意识，他们对公共环境细心保护，自觉地严格遵守各项公共秩序，举止文明，得到了孩子家长和附近社区以及全体附近居民的高度重视和一致评价。学生良好的文明道德言行为学校师生树立了良好的社会文明形象，得到了社会的广泛认可和高度赞誉。

形成了礼仪规章制度，孕育了整个校园的文明礼仪文化。根据各个阶段的文明礼仪课堂教育的内容及其评价标准，经过研究提炼，形成一套符合本校实际的运行管理制度，用制度规范自己的行为。该校各个学期扎实推出"文明礼仪示范班""文明礼仪标兵"等评选工作。通过对表扬先进者树立榜样，以点带面，实现了全校各位同学文明修德品格素质的共性提高，使得全校上下牢固地形成了班班争创"文明礼仪示范班"，个个争做"文明礼仪标兵"的良好局面。在对学生进行文明习惯养成的过程中，孕育出了学校特色的文明礼仪和传统文化。

（二）文明浸润童心，礼仪相伴成长

为了真正实现我们家、园、校之间的高度统一的小思维和大步调相通与协同，让广大学生家长充分认识和看到其在学校、幼儿园的礼仪行为，加强与广大学生家长的交流沟通及联系，加强对校园文明礼仪宣传教育开展工作的有效性。我们定期组织家长到青少年宫听文明礼仪养成课，家长参与课堂教学与孩子一起学习成长。教师向家长征求意见，不断优化教学内容和教学形式。家庭环境是培养孩子的基础，我们推荐家长与孩子一起进行文明礼仪活动。通过互动，给家长与孩子提供了共同知礼仪、懂礼仪、学礼仪、用礼仪的机会和条件。一位父亲告诉我们："你们的礼仪教育就像一条有规则的线，把各种教育都串联在一起来，真正做到了现代文明所提倡的增强孩子的整体素质。"这一理念充分地表明了幼儿良好的礼仪和行为正在悄悄地直接影响着家长，并且他们也会主动地配合学校和教师的工作，自觉地注意他们的言谈举止，逐步地提高他们的整体素质。文明礼仪课程的开展得到了广大家长的一致好评，不断有家长发来反馈信。家长积极参与文明礼仪等课程的具体实施，不但增强了凝聚力，更是让广大家长们获得了先进的教育理论方法和现代化的教育理念，提高了他们的科学育儿能力。

（三）礼仪之花常开，社会文明常在

淄博市青少年宫文明礼仪课题研究团队从 2006 年开始深入研究一直到 2019 年省级课题圆满完成结题，经过多年来的不断探索、实践和不定时的课题教研讨论，着重推动了幼儿的认知能力和社会性发展，整理有关图片资料，构建适合幼儿发展需求的文明礼仪教育资源，让一线教师有合适的教材可作为参考。礼仪教育课程《文明宝宝》（共 3 册）为青少年宫五所幼儿园的文明礼仪实施提供理论支持，也为区域姐妹园提供了文明礼仪教育资源。

淄博柳泉艺术学校"以艺启智、以美净心"的办学特色，把全面实施素质教育作为工作重点，积极开展"大手拉小手"等文明礼仪活动。该校从每名孩子小学一年级起就始终着力牢牢抓住学习、生活习惯与道德品质的培养，为每个孩子今后人生中的成长发展打下了良好的教育基础。学校先后被共青团中央授予"全国红旗大队""全国民办教育示范学校""全国学校青少年道德培养实践基地""淄博市名牌学校""淄博市绿色学校"，连年在小学教育教学评估中名列前茅。经过多年来的磨练，学校已然成为张店区民办基础学校的标杆，为文明和谐的社会氛围贡献出了自己的一份力量。

第三节 心理健康教育

一、少儿心理健康教育背景与现状

少年儿童是祖国的花朵，是祖国的未来，关注、关爱少年儿童的身心健康对家庭、社会乃至国家都有重要意义。2021年3月13日，《中华人民共和国国民经济和社会发展第十四个五年规划和2035年远景目标纲要》面向社会发布，其中强调要加强少年儿童心理健康教育和服务，由此可见普及心理健康知识，开展心理健康教育不仅关系少年儿童个人的健康成长，也关系着社会和国家的发展，因此在少年儿童群体开展好心理健康教育已成为教育过程中不可或缺的重要环节。

多数人提到心理健康都会强调很重要，但是当事情发生到自己身上的时候往往有了逃避的态度，这就导致心理问题的前期预防面临很大的困难。而消除这种根深蒂固的偏见除了面向社会开展科普之外还有很多工作要做，其中在少儿阶段开展广泛性心理健康教育是前瞻性和基础性的方式。

1. 少儿心理健康教育的概念

谈起心理健康教育大多数人想到了大学生和高中生，认为这一年龄段的学生情绪波动较大，有开展心理健康教育的必要。但是对少儿心理健康教育大多数人可能还是比较陌生的，或者认为这个年龄段的群体心智不成熟，所以没有开展的必要。这其实是一个错误的观点，就像树木的成长是有关键阶段的，越是树苗阶段外在因素对它的影响越大。

少儿心理健康教育的实施需要多学科的积累，所以它涵盖的范围还是比较广泛的。想了解少儿心理健康教育需要先知道几个概念，即什么是少儿，什么是心理学，什么是心理健康教育。说起少儿普通人可能认为就是通俗说的"小孩"，但在这里少儿是少年和儿童的简称，泛指 2—18 岁的少年儿童。

心理学是研究心理现象的科学，它主要研究人的认知、情绪和动机、能力和人格[1]。这里的心理现象包括心理过程和个性心理。心理过程就是通常说的知、情、意三个过程，知是指认知观念，情是指情绪和情感，意是指思维模式，并形成固定的观念与意志。个性心理主要包括两个方面，个性倾向性和个性心理特征。个性心理倾向性包括需要、动机、兴趣等，它是人的行为的潜在动力，是人的积极性的不尽源泉。个性心理特征包括气质、性格、能力，它比较稳定地反映了个体的特色风貌。心理学随着社会的发展目前细分出多个流派，比较典型的有行为主义心理学派、认知心理学派、人本主义心理学派、构造主义心理学派等。

心理健康教育和心理学又是什么关系呢？心理健康教育是指运用心理学知识和方法在受教育群体心理各个层面施加积极影响，以促进其心理发展与适应、维护其心理健康的教育实践活动[2]。在实践中具体来说它包含两个方面：一方面是以课堂教学形式将心理学理论知识传授给受教育者；另一方面是运用心理学方法开展心理咨询与辅导以提高心理健康水平。

明白了以上几个概念后就对少儿心理健康教育不陌生了。少儿心理健康教育顾名思义就是运用课堂教学、个体咨询和心理素质拓展的方法，将心理学理论知识及心理调适方法教授给少儿群体（少儿是少年和儿童的简称，泛指 2—18 周岁的适龄人群），以促进其心理发展与适应，维护其心理健康的教育实践的过程。

2.少儿心理健康教育的背景

根据相关调查发现我国儿童行为问题的检出率为 12.97%，幼儿的

---

[1] 彭聃龄：《普通心理学》，北京师范大学出版社，2004 版，第 37 页。
[2] 陈建新、鲁婷：《中小学心理健康教育》，华中科技大学出版社，2020 版，第 5 页。

不良行为、抑郁、自卑、忧虑、紧张等成为"重灾区"。除了儿童群体，在青少年群体中出现的叛逆、厌学、反社会行为甚至自杀更是时有发生。

随着经济社会的发展，心理问题在各个年龄段日益显现出来，但是少儿这一特殊群体由于其年龄跨度较大，人格等多项心理素质尚不成熟，而且受外界因素影响较大，导致其容易出现心理问题。但是少儿心理的可塑性也使得及时干预具有良好的效果。同时，我国目前大部分地区还存在"应试教育"的现象，仍普遍存在成绩第一位的思想，无论学校还是家庭都不同程度地存在着重视知识传授，而轻视心理健康的教育。由此可见，我国少儿群体的心理健康现状不容乐观。

3. 少儿心理健康教育的内容

少儿群体由于其年龄跨度大、问题种类繁多等特点决定了其心理健康教育方式要区别于其他年龄段的心理健康教育和心理辅导。少儿群体涵盖幼儿阶段、少儿阶段（这里专指 7—14 岁群体）、少年阶段及青年阶段的一部分人群。群体规模的广泛性导致其产生的心理问题种类相对复杂，所以开展的教育方式要根据不同阶段的心理特点具体问题具体分析。

在这里探索的少儿心理健康教育的内容主要分为三个方面，即心理健康知识普及教育、心理调控方法教育和心理素质拓展教育。心理健康知识普及教育是指以课堂教学的形式将基本的心理知识传授给少儿的过程。少儿群体覆盖范围广，不同学龄段侧重点也有所区分。对于低年级的 5—10 岁儿童心理知识的选择上多是趣味性较强的记忆方法等学习方法的教授。10—18 岁的群体其认知水平已接近成年人，注重心理发展历史、心理问题类型等系统性知识的传授，引导其全面认识心理学，提升自我心理健康水平。

心理调控方法教育通过向少儿教授情绪调控方法或指导少儿进行放松训练等的方式来疏解负面情绪，提升心理健康水平的方法。具体的方法要根据少儿的接受水平及问题具体分析，比较常用的方法如矫正错误认知法、呼吸放松法、音乐放松法、运动宣泄法、暗示调节法等。心理素质拓展是指在专业人士的指导下给少儿群体开展融入心理元素的拓展活动，让其在拓展中增加认识、提升领悟能力等心理能力的过程。

4. 少儿心理健康教育的目的和意义

少儿期是一个人身心健康发展的奠基时期和定型时期，从小传授心理学知识和培养健康的心理建设能力具有极其重要的意义。其中，年龄在3—6岁的儿童阶段是心理发展速度最快、最易稳固的阶段。因此在少儿阶段加强实施心理健康教育，维护和促进幼儿的心理健康是非常重要和必要的。

从心理学的角度来看，儿童教育的问题与成人的问题是一样的，都可以归结为自我认知和自我引导这两个问题。心理问题的产生类似于水桶灌水的过程，不良的情绪、错误的教育、缺乏安全感的环境等负面因素时时产生，也时时进入我们的身体，如果任由其不断地进入而不用科学的方法将其引导出去就会导致心理承受能力"水桶"最终装满溢出，最后产生了心理问题。

认知指人们获得知识或应用知识的过程，或信息加工的过程，这是人的最基本的心理过程。它包括感觉、知觉、记忆、想象、思维和语言等[1]。通俗地说自我认知的方法就像是过滤器，可以选择性地让身体接受想要的信息。这是非常重要的一个环节，试想选择不同的过滤器可以过滤出不同物体，那么可以通过调整自我认知的方法选择自己想要或者身体需要的观念，就可以从根本上杜绝负面情绪的产生，将心理问题扼杀在摇篮中。

但是少儿的心智不成熟特点必然导致自我认知上的不完整，所以通

---

① 彭聃龄：《普通心理学》，北京师范大学出版社，2004版，第2页。

过调整认知方式来获取有益的认知结果就可以有效地避免不良情绪的产生。当然，不是所有人都可以做到游刃有余地调整自己的认知，既然不能避免不良情绪的产生那么我们可以选择运用科学的方法将不良情绪疏解出去，这就需要认识什么是自我引导。

自我引导就是将已经蓄积在体内的不良情绪通过科学的方式发泄出来的一种方法。目前，运动、心理咨询、心理治疗是比较常用的方式。谈到运动可能有很多人不以为然，认为运动效果不大。其实这里提到的运动是区别于日常生活中所指的运动。这里的运动是指经过心理教师、心理咨询师等专业人士的评估后，通过类似于"处方"的形式精准指导的运动。例如，轻度焦虑的运动处方是在评估焦虑水平和身体健康水平基础上指导来访者通过每天 20 分钟每周 5 次的有氧运动，形式可以是慢跑、游泳等。心理咨询是心理咨询师协助求助者解决心理问题的过程[①]。自我调整无法恢复到正常状态的一般性心理问题及严重性心理问题可以通过此方法进行调整。心理治疗的治疗对象以神经症等为主，综合运用物理疗法、药物疗法等进行干预。心理咨询和心理治疗的运用一般需要根据病情需要进行干预。

二、少儿心理健康教育的方法与途径

人的健康不仅指身体健康，更包括心理健康。少儿阶段正处于长身体、认知世界，心智由低到高发展的关键时期，健康的心理在少儿阶段应有如下表现：远大的理想、健全的人格、积极向上的兴趣爱好、乐观的性格、坚强的意志等等。在少儿阶段中普遍存在着或多或少的心理问题，意识突出的以自我为核心的现象非常普遍，独生子女群体

---

① 刘康：《心理咨询师》，民族出版社，2012 年第 2 版，第 418 页。

中长期娇生惯养的骄娇儿气思想严重，同时少儿遇到问题时的心理辨别力和心理承受力还很低。因此提升少儿心理建设能力显得尤为重要。

1.运用优秀文化提升心理建设及案例

国家22部委共同发布的《关于加强心理健康服务的指导意见》要求，鼓励开展以中国传统文化为基础的心理健康相关理论的技术研究，逐步形成有中国文化特色的心理学理论。

优秀传统文化是中华民族经过几千年的文化积累与沉淀，将中华民族的优良传统继承下来的一种文化总和，是中华文明成果根本的创造力，是民族历史道德传承、各种文化思想、精神观念形态的总和。因此，将优秀文化贯通心理健康教育中将起到事半功倍的效果。中国优秀传统文化是建设新时代中国特色社会主义先进文化的宝贵资源，把优秀传统文化融于少儿心理健康教育中，通过诵读、研学等形式增加对古人乐观向上、坚韧不拔、奋发图强等优良品质的认识，在感悟中提升自我心理建设水平，为伟大的中国梦的实现打下坚实的人才基础。

【活动案例】

重走长征路

（一）活动目的

促进少先队员对长征的了解，让少先队员在游戏中知道长征过程艰难困苦，在挑战中培养百折不屈的品质，引导少先队员爱党爱国，珍惜当下和平时代。

（二）活动人员

30～40人。

（三）活动时长

1小时。

（四）活动内容

所有人员分成两队，每队10～20人，每队分成3组。

（五）活动规则

设置三个闯关，分别是列举长征经过地名、爬雪山过草地、突破封锁线，每队一二三组按顺序依次挑战，上个项目挑战成功方可进行下一项目，完成用时最短视为挑战成功。

（六）组织实施

第一关，要求背诵《七律·长征》并列举五个长征经过地市。第二关，队员手手相连做指定攀爬动作10个（期间手不能断开），然后肢体不接触地通过虚拟草地（可提供泡沫板等用具）。第三关，所有队员在"虚拟封锁线"高度以下依次通过，"封锁线"高度50厘米，要求身体任何部位不准接触"封锁线"（可给予不超10分钟的练习机会）。

（七）总结反思

队员活动分享，教师或教练点评。

传统文化冬夏令营

淄博市青少年宫在心理健康教育教学中进行融入传统文化的有益尝试。自淄博市青少年宫模块化管理以来成立专门的传统文化和心理健康模块，每年定期开展传统文化研学冬夏令营，并在研学过程中将传统文化与心理健康教育相结合进行有益尝试。

2018年2月4日，"做新时代的好少年"淄博市青少年传统文化研学冬令营在淄博市青少年宫开营。寒假伊始，时值"立春"节气，"做新时代的好少年"淄博市青少年传统文化研学冬令营开营式暨拜师礼在淄博市青少年宫孔子广场举行，全体营员齐唱国歌，诵读《孟子语录》《诫子书》，并描摹《诫子书》，"夫君子之行，静以修身，俭以养德。非淡泊无以明志，非宁静无以致远……"寥寥86字所阐述的修身养性、治学做人的深刻道理将成为营员在新年伊始修身立志的第一课。

2019年1月28—30日，××市少工委和××市青少年宫联合主办的"爱祖国·知家乡·做新时代好少年"2019××市青少年传统文化研学冬令营在××市青少宫举行。此次冬令营加入心理健康沙龙环节，课程将拓展项目赋予长征等红色文化含义，通过挑战分享让少儿在"游戏"中领会革命艰辛，培养坚韧不拔、百折不挠的意志品质。

2.结合实践教育促进少儿心理成长及案例

当下综合实践教育在新时期的教育中扮演重要角色。综合实践教育以其主体性、综合性和开放性的特点被越来越多的学生及家长认可，也对学生的全方面发展发挥越来越重要的作用。综合实践教育是通过组织、引导人们积极参加各种社会实践活动，从而不断提高人们的思想觉悟水平和认识能力的教育方法。综合实践教育对心理素质提升具有积极促进作用。

谈到综合实践教育笔者想起跟一位心理学领域资深前辈沟通中的一个有趣的实验：20世纪30年代美国某心理学家曾做过一个有趣的心理实验，将一般性心理问题样本群体采用随机分组的方式分为两个对照组，一组采用心理咨询及药物辅助的方式常规治疗，另外一组采用无心理咨询及药物辅助的单纯运动方式治疗。在实验进行一个月以后对两组样本进行评估，有趣的是运动方式样本群体总体水平要好于心理咨询及药物治疗样本群体。在当时这种特殊情况引起众多心理专家的兴趣与探索，也为运动疗法在心理治疗领域的发展奠定了基础。

综合实践教育课程多是以动手为主，通过体验式教学虽说达不到专业运动疗法的强度，但是动手动脑的过程将少儿的注意力吸引到课堂中，避免了个人意志在主观世界的长期停留，增加了主客观世界的联系。同时课堂中的感悟分享及挑战成功体验也将正面情绪充分调动起来，有效地避免了负面情绪的长期积累，在一定程度上对少儿心理问题的出现起到预防作用。

【活动案例】

淄博市青少年宫综合实践基地课程建设

淄博市青少年宫主动担当、积极作为，为更好地服务淄博市青少年综合实践承接了淄博市青少年综合实践基地运营工作。通过整合过往教育教学经验和现有资源在综合实践基地创新开发出一系列综合实践课程，为丰富实践内容、提升少儿实践乐趣做出有益尝试。

目前综合实践基地课程形式是多种多样，主要分为七大类，分别是国防军事类、科技类、应急救护类、户外拓展类、团队熔炼类、劳动技能类及传统文化类综合实践课程。其中拓展类和团队熔炼类的课程与心理健康教育关系密切，对少儿提高心理能力、提高综合素质效果明显。这里简单以团队熔炼类中的"不倒森林"项目为例进行分析介绍。

"不倒森林"项目规则就是要求参与挑战的学员每人一根塑料棍或者木棍，在保证其不倒和不用手抓的前提下按顺序依次交换，直至完成指定数目的挑战。这个拓展项目看似简单，但是在实际操作中难度较大，会反复失败再挑战。期间少儿的情绪会有明显的波动，短时间内体验到兴奋、焦虑、气馁和成功的喜悦等多种情绪，对了解情绪产生和情绪控制方法教学具有重要作用。

2020年4月17日、18日，由淄博市文明办、团市委、市文联、市教育局、市财政局、市少工委等部门联合举办，淄博市青少年宫具体承办的全市"托起乡村少年梦"系列活动之"情暖童心·关爱行动"淄博市"流动少年宫"综合实践活动在淄博市青少年示范性综合实践基地顺利举行。拓展课程"不倒森林"挑战项目中五年级某女生所在小组在经历七次失败后挑战成功，从开始的焦急争吵变成后来的口令统一行动直至成功。分享环节该女生从失利中总结团队和个人的问题，谈及个人感受时更是忍不住流下激动泪水。通过活动中少儿表现来看课程效果较好，对提升少儿接受失败、融入团队等心理品质具有较大的促进作用。

3. 深化家校结合营造良好环境及案例

随着我国科学技术和经济的快速发展，人民生活水平的显著提高，快节奏的生活状态往往会让家长忽略对孩子的关注和教育，所以这个阶段的孩子心理健康问题日益突出。对这个阶段的少儿发展来说，心理健康教育至关重要。但现在当少儿出现心理问题的时候，大多数家长还是比较依赖学校和教师，如果家长能够参与到少儿的心理健康教育工作中，将更有利于营造良好心理支持环境，所以，实行少儿心理健康家校合作教育策略势在必行。

学生产生心理问题的原因多种多样。第一，父母是孩子的第一位老师，所以，家庭教育在学生形成良好的心理状态中起着不可忽视的作用。如果学生是在和谐的家庭氛围中成长，那其心理健康水平会得到良好的发展。但现实中很多家庭父母有很大的工作压力，无暇顾及孩子心理健康教育，有些家庭父母离异或者外出务工等等，这些客观因素导致孩子缺少父母关爱，再加上这个阶段的孩子几乎没有心理社会支持，不愿意跟别人诉说自己的心事，时间久了，孩子难免会产生心理问题。第二，繁重的学习压力也会极易导致孩子出现焦虑等心理问题。望子成龙，望女成凤是很多父母的期望，父母期望过高，让孩子参加很多的兴趣班、补课班，但是父母本身能力有限，很难协调孩子学习与生活的关系，家长缺乏正确教育的方式方法，有时难免态度恶劣，有时冷漠对待，还有些家庭对孩子过于宠溺，有求必应，孩子的抗挫折能力极弱，这种不良教育方法严重打击了孩子的自尊心和自信心，引发心理问题。第三，有些教师深受传统教育和应试教育的影响，在工作中仅仅注重成绩，忽略学生的心理健康，对于成绩比较差的学生并没有采取适当的措施进行干预，这些不合理的教学行为也会影响学生的心理发展。除此之外，有些学校并没有开设心理辅导课程，这就导致学生出现心理问题时，难以得到及时的帮助和引导。

在少儿心理健康教育中深化家校合作。第一，协助家庭树立正确的教育认知观念。家庭环境是少儿生活的开始，也是伴随一生的重要组成部分，在少儿的心理发展方面起着不可替代的重要作用。同时，家庭中的言语和行为会潜移默化影响孩子的发展。家长应该充分全面地了解孩子，并与孩子有良好的沟通，以朋友的身份和孩子交流，保持平等的姿态，尊重孩子的选择，鼓励孩子表达自己想法。学校适时面向家庭开展心理健康科普及指导工作，提高家庭成员的心理认知水平和问题处理能力。同时，当孩子出现心理问题时家长应及时与老师反馈，和老师一起帮助孩子，解决问题。第二，减轻学习负担和压力，给予孩子充分尊重与关爱。现在很多学校为响应国家呼吁，减轻学习压力，采取提前放学、减少课后作业量的措施。然而，部分家长认为这是浪费时间，不顾孩子感受，给孩子安排很多培训班，给孩子带来很大负担，这很可能会让孩子对家长和学习出现叛逆和厌恶心理。因此，家长应在尊重孩子选择的前提下根据孩子的具体情况来安排课后培训班。当然，在学校中教师也要尊重每一位学生，给予关心和爱护，不仅关心学习情况，也需要关注学生心理健康，结合学生身心情况合理安排教学内容。第三，学校应加大投入，建立科学完善的心理教育体系。学校是学生接受教育的主要场所，为给学生提供更好的心理健康教育，有条件的学校需要组建专业的心理教育教师队伍，也可以聘请心理教育专家对在校教师进行培训，提高全体教师的心理教学能力。第四，成立家长学校，营造良好环境。很多家长由于缺乏心理知识不知道如何教育问题孩子，所以有时会采取不科学甚至极端的教育方式，这无疑阻碍了孩子的心理成长。搭建学校与家庭的桥梁，加强双方的交流，不断提升和改善少儿的学习生活环境非常必要。随着时代进步，传统的教育方法已经不适应当下的教育情况，学校可以组织家长共同探讨心理教育的重要性，向家长普及科学有效的心理疏导方法，帮助家长正确引导和教育孩子。

【活动案例】

淄博市青少年宫心理健康家长公益大讲堂

淄博市青少年宫在深化家校融合方面进行了有效探索，尝试开展家长公益大讲堂的形式增加家长对学校、学生的了解，提高对心理健康的重视，营造关注心理、关爱孩子的良好家庭环境。

心理健康家长公益大讲堂讲师由淄博市青少年宫专职心理健康教师或者××大学的社会优秀心理从业者中担任，内容从少儿心理发展特点到科学家庭教育全面的覆盖心理健康在家庭教育中的方方面面。活动每年定期组织讲师为少儿家长开展不同主题宣讲，场均参与人数100人。通过举办心理健康公益大讲堂增加了家长对心理健康的深入了解，为家长与少儿的沟通及教育提供了科学的参考，在一定程度上营造了积极健康的家庭环境。

2018年12月23日下午，"关注心理健康 和谐幸福家庭" 2018淄博市青少年宫家长学校大讲堂在宫四楼会议室召开，近百名"公益课堂"的家长、学员参加了活动。活动特邀山东理工大学教育与心理研究所副所长王××教授主讲。王教授以"心理学视角下的家庭教育"为主题，结合青少年心理案例，对青春期学生的叛逆、焦虑、早恋等常见的心理问题和行为表现进行了剖析，解释了各类心理问题背后的行为动机，建议家长坚持"倾听、共情、引导"陪伴青春期的孩子顺利度过"过渡期"，并对家长现场提出的问题进行了解答。家长们对如何开展家庭教育有了更深的认识。

淄博市青少年宫心理教师在"抑郁自评量表（SDS）测试"中，对抑郁产生的原因、预防和治疗的措施等知识进行了讲解，进一步阐明了心理健康对幸福家庭建设的重要作用。活动后，家长们表示，通过聆听专家的讲解，对自己和孩子的心理世界有了新的认知，在今后的生活中，一定程度上避免和纠正了错误的家庭教育方式，让每一个家庭更加和谐幸福，让每一个孩子的身心更加健康。

4.健全硬件设施开展个别辅导及案例

少儿群体的心理问题有其特殊性，也有心理问题的共性，都需要在特定环境中面对问题、解决问题。心理问题跟他的近亲"精神问题"有许多共性，在社会上往往引起人们过度敏感。所以，心理问题的面对及解决往往在相对私密的环境中进行，也就是通常所说的心理咨询室及其他治疗室。只有在这样的环境中少儿的戒备心理才更容易放下，更有利于深入分析产生心理问题的原因，制定解决方案。

在我们国家环境对人的影响其实古人早有领悟。古人有云："与善人居，如入芝兰之室，久而不闻其香，即与之化矣。与不善人居，如入鲍鱼之肆，久而不闻其臭，亦与之化矣。"（《颜氏家训·慕贤》）环境对人情绪等心理特质的影响是潜移默化的，也是持久深远的。因此，工欲善其事必先利其器，开展心理健康工作必须有相关的硬件设备及配套环境，不然就成为"巧妇难为无米之炊"了。

一般来说功能健全的心理健康中心可以分为接待室、个体咨询室、心理测评室、情绪宣泄室、音乐放松室、团体活动室、沙盘室等功能室。学校可以根据心理健康中心场地面积的大小，以及结合学生现阶段的心理健康状况，选择相应的功能室。

【活动案例】

阳光心理小屋

淄博市青少宫积极关注少儿心理健康，筹备成立"阳光心理小屋"，为心理健康教育投入大量人力、物力、财力，聘请经验丰富的专职、兼职心理教师组成强大师资团队，为心理教育和心理疏导提供人才支撑。同时对标高校成立心理健康中心完善阳光心理小屋配备，在营造温馨教育及咨询环境的基础上加大投入，购入音乐放松训练、心理沙盘等心理设备，为来访少儿提供了完善的软硬件条件。

为体现淄博市青少年宫作为团属青少年活动阵地的公益属性，中心投入使用以后免费面向社会少儿群体开展心理咨询与心理服务。同时积极发挥专业优势组织教师积极参与社会上心理公益服务，在服务少儿群体的同时为其他年龄段群体提供心理服务，得到了社会的认可。

通过近几年的探索实践"阳光心理小屋"逐渐建立起以少儿个体心理辅导为主兼顾服务社会的运营机制，为地区内心理科普及少儿心理问题的解决贡献了力量。随着影响力的扩大，来访少儿人群覆盖幼儿园至高中生学龄段，来访者所在地域范围从张店主城区逐渐延伸至博山区、高青县，累计接访人次超过200余人次，有效地为地区内少儿心理健康事业作出贡献。

心理健康大集

心理问题目前多是"拿不上台面"，不能让更多的人坦然面对，所以产生许多有问题但不积极咨询的群体。这类人群有非常迫切的心理知识和心理服务需求，但是往往碍于情面选择隐忍。为针对这个特殊群体，淄博市青少年宫心理健康工作尝试采用贴近生活的"大集"形式提供心理科普。

2019年春季开始淄博市青少年宫每周六在院内面向来往的少儿及家长以"闲谈"的方式开展心理健康知识科普教育。通过绘画心理测验、心理知识科普、家庭教育等形式进行少儿心理健康状况摸底，针对有突出问题的家庭及时建立联系方式并跟进进行家庭教育指导。

5. 教师提升与教学应用探索

教师与学生的关系是紧密的，教师对心理健康的认识水平决定了对心理健康工作的贡献程度，间接地决定了少儿群体在教学过程中获得的心理支持水平。通俗地说就是教师的心理知识储备决定了在教学中遇到少儿心理问题能否及时发现并干预；甚至说不懂心理学知识的教师在教学过程中的某些言语和行为都可能会给少儿带来心理上的创伤，导致出现心理问题。因此，一名合格的教师不仅需要在专业上精益求精，也需要在心理知识储备上下功夫，在温暖和谐的教学环境中传授知识、教书育人。教师心理储备及心理素质的提升是漫长的过程，需要自身的努力，也需要专业的指引，如开展教师心理健康大讲堂等形式。

三、少儿心理健康教育的影响

1. 少儿心理素质水平显著提高

心理素质是以先天禀赋为基础，在后天环境和教育的作用下形成并发展起来的稳定的心理品质。心理素质以生理素质为基础，将外在获得的东西内化成稳定的、基本的、衍生性的，并与人的社会适应性行为和创造行为密切联系的心理品质。少儿心理发展有其年龄阶段特征，不同年龄阶段学生心理素质教育和心理素质结构的重点应有所不同，社会适应性行为与创造性行为并非对所有年龄的学生都同等重要。

从心理学角度讲心理素质包括情感、信心、意志力和韧性等。心理素质水平的高低应该从以下方面进行衡量，性格品质的优劣、认知潜能的大小、心理适应能力的强弱和内在动力的大小及指向，对内体现为心理健康状况的好坏，对外影响行为表现的优劣。

淄博市青少年宫通过优秀传统文化研学与心理健康教育相结合的方式发掘其中哲学内涵，在实践中让参与的少儿激发出积极而强烈的内在动力，养成具有兴趣广泛、理想远大、坚定科学信念等品质。经过摸底调查发现，参与综合实践课程的少儿通过该课程全面地调动感觉、知觉、记忆、思维、想象、注意力等心理特质，其人际交往、心理应变、竞争协作、承受挫折、调适情绪、控制行为的心理适应能力得到锻炼和提升，智力水平得到一定程度提高。

2. 营造了关注心理健康的良好社会环境

社会环境对少儿心理发展具有重要的熏陶作用，所以在不同层面创设良好的社会环境可以促进少儿心理健康发展。少儿群体的生活环境是多点结合的，单一营造某个环境是不够的，需要建立学校、家庭、社会三方联动机制，少儿经常接触的环境全面改善才是对少儿心理健康发展持续有益的。

淄博市青少年宫从教师素质提升入手，进一步加强学校心理健康教育，设置心理健康咨询室、配备心理咨询教师，加强心理健康教师的培训，积极关注学生，为学生搭建积极向上的平台。同时加强家校合作，鼓励专业教师广泛参与社会公益心理健康服务，全方位的关注支持少儿群体的心理健康发展，为少儿的健康成长保驾护航。

研究表明，在民主文明和睦的家庭中长大的孩子，往往表现出情绪稳定，情感丰富且细腻、性格开朗、团结友爱、有信心等特征。家庭环境与孩子的心理健康息息相关，家长要不断更新教育观念，提高家长的教育水平，改善教育方法，帮助孩子形成良好的心理健康水平。经过系列家长大讲堂活动，家长主动咨询的数量明显提升，由原先的年度主动咨询几十人次增加到几百人次，家长关注少儿心理健康的意识显著增强。

此外，少儿心理健康成长环境还有很多工作要做，本章节介绍的现有经验和探索还是区域性的、不全面的，一线城市和三、四线城市地区间资源配置还是存在巨大差距的。在净化网络环境、防止少儿接触网络游戏、网络赌博，进一步宣传引导树立良好社会风尚，弘扬社会正气等方面还有大量提升空间。尽管现状不太完美，但全社会重视和关注少儿心理健康的趋势是不会改变的，相信随着经济社会发展，关注少儿心理健康教育的氛围会更加浓厚，资源配置会更加健全，多方联动的有利于少儿心理健康成长的良好社会环境会更加完善。

第三章

美育文化构建

美育，即审美教育或美感教育，是让少儿学会发现美、体验美、创造美、欣赏美、爱好美，拥有正确的审美感知和辨别能力，这是属于精神层面的享受。大美育范围比较广泛，涵盖艺术、自然、社会、心灵等多个方面的美感教育。这里指的美育就是对少儿开展各种艺术教育活动，让少儿对美产生广泛的兴趣，走进大自然、走进社会，发现世间万物的美。提升眼界，学会欣赏美的事物。通过开展与社会实践紧密联系的美育活动，唤醒学生的求知欲，以兴趣代替鞭策，丰富少儿的情感，深化少儿的体验，增生少儿的灵性，凝聚少儿的智慧，保护少儿的个性，助推少儿的成功。让学生自身的能力去探索知识的海洋，帮助少儿增强欣赏艺术和表达艺术的能力，感受新时代的美好，感知幸福生活来之不易，感恩党和祖国的伟大壮举，提升自身生命价值，更加珍惜美好生活。

中共中央 1993 年颁发《中国教育改革和发展纲要》中指出："美育对培养学生健康的审美观念和审美能力，陶冶高尚的道德情操，培养全面发展的人才具有重要作用，要提高认识，发挥美育在教育教学中的作用，根据各级各类学校的不同情况，开展形式多样的美育活动。"纲要中明确了审美教育的重要意义和作用，为日后美育教学工作理清了思路，指明了道路。1999 年，中共中央、国务院作出的《关于深化教育改革全面推进素质教育的决定》中也指出："美育不仅能陶冶情操，提高素养，而且有助于开发智力，对于促进学生全面发展具有不可替代的作用。要尽快改变学校美育工作薄弱的状态，将美育融入学校教育全过程。"会议决定中明确指出要改善教育教学环境，强化提升教育教学重点薄弱环节。

2015 年 9 月 15 日，国务院办公厅以国办发〔2015〕71 号印发《关于全面加强和改进学校美育工作的意见》（以下简称《意见》）。该《意见》分"总体要求""构建科学的美育课程体系""大力改进美育教育教学""统筹整合学校与社会美育资源""保障学校美育健康发展"5 部分 21 条。党的十八届三中全会通过的《中共中央关于全面深化改革若干重大问题的决定》提出，"改进美育教学，提高学生审美和人文素养"。

从学科定位的角度而言，美育属于人文学科，其目的不是对客观规律的追求，而是对价值的一种诉求。价值的范围非常广泛，美育主要表现为两个方面。首先是对审美价值的诉求。美育之所以称为审美教育，是使受教育者按照一定标准培育过后具备一定鉴赏、接受和创造美的能力。其次是对伦理价值的诉求。美育属于情感教育，以美好为载体提高人的审美情趣，最终引领社会持续稳步前进。因此，美育的本质既有其以美为根本，独立、超功利性的一面；又有其以人为根本，改造社会、功利性的一面。从这个角度而言，美育的意义十分广大，它是一种对人们的审美技能所进行的培养，学生能在幼年时期建立正确的人生观、价值观将会一生受益。

美育对人精神方面需求的满足有两种体现：一种是满足情感和观念方面表达的需要，属于内驱力中自我肯定和认可；另一种是满足情绪和心态方面宣泄调试的需求，属于自我感官体验与内心满足。我国当代著名历史学家、哲学家和东方学家朱谦之先生认为：美育对于人个体方面的影响绝不仅仅限于精神层面，而是会引发身体气质的整体提升，这与中国近现代以来美学界受西方美学片面影响，总是把艺术、美育之于人的影响全部归结于精神的观念，是完全不同的。美育对于一个人的影响不仅仅是审美层次的影响，而是对整个人的影响，即使是较为侧重精神层面影响的纯粹的视听艺术，也注定会引发全身的反应，尤其是气质的美好更是从身体之上体现出的综合表征。美育活动会促进人与人之间的交流、交往，提高交往的频率，并且在人际交往活动之中增强对同一对象感受的同时性——其实就是"共鸣"之中所必然具有的时间性或者时间特性，这一切都源自对纯粹艺术作品欣赏的无功利性。朱谦之先生坚守美好传统并不断创新的美育理论是非常珍贵的。只有这样才会如先生所言，"创造美好的世界公民。"① 从美育教育环境的角度来看，美育可分为家庭美育教育、学校美育教育和社会美育教育。这三类美育教育的关系是显而易见的，家庭美育教育是学校美育教育和社会美育教育的本源，社会美育教育是家庭美育教育和学校美育教育的发展，但美育教育在学校中的渗透则是最重要的，它可以连接好家庭和社会，让美育教育更高效的协作，发挥更大价值。作为一种情感类的教育，没有大开大合的张力，它渗透在学生的各个领域，引导着人的方方面面。

从美育研究的观点来看，美育并不一定是教育行政机关由上而下，事前规范并要求学校照章执行的规定或命令计划；美育也可以是一种协助教育工作者进行行动研究方案的参考架构。教育工作者可将各个学科中蕴含的教育理念加以加工提炼，从美育观点的实际处出发，并将其视为可以进一步探究的研究假设，进而根据美育行动研究结果修正课程中的教育理念，检验美育当中所蕴含的教育理念的价值性与可行性。甚至，美育可以是教育实务工作者，特别是教师，透过由下而上的美育发展或是由内而外所建构的教育行动研究方案，不仅可发展适合学校情境的美育意义，并可转型为合乎学校情境的美育发展行动研究方案，以落实学校本位美育发展理念。以专业的观点而言，研究美育的培养和发展是永续经营的工作。美育在正式实施之前，要在学校情境中试用，检视并修改美育的发展理念，作为决定是否进一步推广的依据。

---

① 刘彦顺：《中国美育思想通史》（现代卷），山东人民出版社 2017 年版，第476 页。

从美育艺术创作来看，艺术美育是集多种形式之所长形成的一种综合性教育，学校教育中美育也是将各学科间的特点相融合所呈现的一种综合性教学体系。不断提升学生发现美和辨别美的能力，发掘学生身上对美的理解和情怀。美育教学不是直观的传授美感教育，而是要启发学生善于发掘美并展开联想进而创造美。人的审美感受能力会有阶段性的变化，由最初的直观感受发展为渐渐加以理解和加工，最终在实践中获得真知。

从学科研究的角度来看，美育又是交叉性非常强的一门学科，它以哲学、美学为基础，以艺术教育为手段，同时还要运用教育学、心理学、人类学、社会学、脑科学等学科知识为辅助，并具有很强的实践性品质。因此，总的来说，美育是以美的研究、人的发展及人的教育紧密相联的一种整体性研究，既各有范围和侧重，又浑然一体而不可分割，它需要美学、教育学、艺术学、心理学、脑科学、社会学和文化学多学科的探讨和相互交叉，需要丰富而深刻的艺术和审美体验，更需要健全的人格和对人类及自然的深深关怀。从我国著名文学家、艺术教育家、美育理论家丰子恺理论的艺术实践活动来看，他所从事的正是以美的研究、人的发展及人的教育紧密相联的一种整体性研究，是建立在艺术教育、艺术实践、艺术创造等多方面基础之上的以弘扬美育为根本的实践性活动。他说："艺术教育，就是教人以这艺术的生活的。"[1] 在这些艺术活动中，通过对大众实施鉴赏美、接受美、创造美的能力培养而进行各种艺术教育活动，以真正达到艺术化的生活状态。

---

[1] 丰陈宝等：《丰子恺文集》（第二卷），浙江文艺出版社 1990 年版，第 226 页。

第一节　音乐舞蹈艺术教育

一、少儿音乐舞蹈教育的历史起源

（一）少儿音乐教育的历史起源

我国的音乐艺术文化既拥有悠久的历史又拥有其丰富多彩的内涵，它不仅是中华民族世世代代共同努力探索研究、创作的光辉艺术成果，并且也在当代音乐艺术中占据着非常重要的位置。关于我国音乐的历史渊源，能够追溯至十分古老的洪荒时期。在当时人类尚未完全掌握自己的语言技能，就已开始了解如何通过利用声音的速度、高低以及其强弱来正确地表达自己的思想或者感觉。随着近年来我国现代经济社会的迅速进步和不断发展，逐渐地产生了劳动号子，这也就是原始音乐的雏形。所以当人们为了庆祝其劳动收获并与朋友们一起分享其劳动成果的愉悦时，往往都会通过使用手敲打一些小石器或者其他木制品等的形式来充分地表达自己喜悦、快乐的心情，这些形式就是早期音乐发展的基础和雏形。从这个意义上来说，音乐就是直接从劳动和生活中产生出来的。

音乐教育从人类古代音乐出现之日就产生了。从"昔葛天氏之乐，三人操牛尾，投足以歌八阕"[1]的古代民间传说中，我们不仅可以直观地想象葛天氏家族的人民手拿着一只只的牛尾，踏着音乐的节拍，配合着各种动作，载歌载舞的美好生活情境。当然在现代社会生活中，人们会通过欣赏这类的音乐比如歌舞剧或者其他的艺术表演，不自觉地接受到这种文化和艺术的教育。《尚书·舜典》中曾经有一段话这么说："夔！命汝典乐，教胄子。"《史记·五帝本纪》载："以夔为典乐，教稚

---

[1] 马东风：《音乐研究》《音乐舞蹈》1990年第3期。

子。"夔是尧舜时代最著名的古代民间音乐家、歌手和曲调演奏者，他的主要工作就是通过和谐、平和的传统民间音乐和曲调，教育王公贵族及其儿女，使他们都能够拥有高尚的社会伦理道德情操和善良健康的心灵，以达到"天下大服"。所谓"典乐"就是泛指在祭祀、庆典活动中所采取的各种歌舞类型的音乐。上述的历史故事或者传说，足以充分说明我国在尧舜统治时期就已经出现了一批专职或半专职的音乐教师，表明了我国音乐教育传统由来已久。

我国少儿音乐是现代音乐艺术之一，主要针对的是少年儿童。少儿音乐的艺术活动是在少儿成长的过程中一种重要的思想启蒙方式和手段，通过欢快的音乐节奏以及富有民族文化内涵的歌曲和教育性意义的歌词，能够有效地对少年儿童的人生观、世界观和核心价值观等方面进行正确的塑造，从而有效地促进少年儿童的全面健康发展。经过历代优秀音乐家的不懈努力，时至今日，国内对于青少年音乐的教育已经逐步建立起了较为完善的内容框架，其中包括道德品行教育、演唱艺术教学、音乐欣赏教学、器乐艺术教学、音乐创造性教学和各种课外音乐艺术活动。少儿音乐艺术教育行业已发展成为构建我国整个现代化的国民教育制度体系的重要组成部分及其素质教育的主要内容，并逐步形成了特定的教育门类，越来越受到全社会的重视。

（二）少儿舞蹈教育的历史起源

根据我们的研究，在古代人类开始产生语言之前，人们通过动作和姿势向他人传递不同的信息和方式，以便在情感和思想上进行交流。在声音演变成各种语言和声调之后，许多诗歌和音乐相继诞生。随着人类的进化，其思维技能和对事物的认知程度得到了进步。曲艺、小说、戏剧等作品层出不穷。

一些舞蹈研究者认为，由于不断的模仿，人们逐渐有了一种本能。

舞蹈是指一个人不断模仿各种动物的身体动作和生活习惯，以一种非常有规律的节奏进行的身体动作。一些传统舞蹈也是对自然和人体的艺术模仿，其中一些主要的场景。人们曾经认为，可以在过去的学习模仿中，学习表演这些舞蹈。

兴许有些学者以为，在艺术的发生和来源中，尽管模仿十分重要，但并不是真正的本源。艺术的产生和其原因大致可以认为是"游戏的冲动"，就是一个人对于自己个性的一种表达，是人类最终摆脱动物世界的一种标志，比如说人们在游戏中模仿动物的行为和舞蹈，借助这种虚构的幻觉进行游戏，以获得快乐，发泄情绪。

此外，由于早期人们的思想无法区分各种主观概念和客观对象的界限，认为所有的自然事物都应该具备自己的精神和灵魂，完全信仰原始宗教、巫术和祭祀等都是从艺术中衍生和发展出来的，这些都离不开传统舞蹈，甚至传统舞蹈也被视为巫术的主要形式和最重要的艺术体现方式。王克芬在《中国古代舞蹈故事》中说"一切舞蹈都是宗教的"。

当今，我国许多专家学者认为舞蹈起源于劳动理论，由于劳动是人生活和发展的第一需求，是工作提升的目标。它与动物世界是分开的，是劳动所促进的对象创造了整个人类社会。在原始舞蹈中，表现出了狩措与种植和各项劳动生活所占有的部分。

从我们在学习舞蹈的第一天之时开始，便已经开始产生了对中国舞蹈的传统教育和舞蹈模仿。舞蹈本身也非常离不开流行音乐、诗歌、艺术、社会和环境。舞蹈既可以用来表达一个人的感受，也可以用来表达一个人的思维。从中国传统文明诞生的那一刻起，舞蹈和音乐之间的联系就已经像是一对双胞胎，是密切相连的。

当今，随着人们对日益增长的物质、文明的需要，愈加重视素质教育，它是一种面向将来的教育，是一种衡量社会全民素质的标准。少儿素质教育存在的问题千差万别，其中，舞蹈教育有着一种不可取代的良好素质教育活动效果。舞蹈艺术是一种通过以人体的各种行为动作节拍作为主要情感表现的一种艺术，它通过人体各个形体的不断发展变化而逐渐形成各种姿势来充分地地表现和突出一个人的主体意志和各种情感，是由一个人的各种动作及其姿态、节奏及其各种表情形式组合而来，构成一种自然蕴藏在整个人体律动之中的艺术审美。少儿舞蹈活动就是实施基础素质教育的一种良好方式。

少儿舞蹈与成人舞蹈具有相同的音乐特征和节奏规则，但与少儿舞蹈相比，音乐的节奏和舞蹈的节奏是最快乐、最简单、最清晰的，其中蕴含着少儿的"儿童兴趣"和对少儿"真、善、美"的理解，以及对自己社会美好生活的真实内心感受和深刻理解。少儿舞蹈的艺术教育在很大程度上对培养少儿舞蹈的整体身心发育智力健康发展、道德品质素养、意志素质品格的不断培养和人格形成，气质的不断提高，审美观和技巧表达能力等都进行了有效培养，具备了一切其他同类课堂艺术教育都不可代替和难以实现的积极教育效果。

二、少儿音乐舞蹈教育的现状分析

（一）少儿音乐教育的现状

现如今随着新课标和教育体制革新的不停深化，少儿音乐教育仍然处于一个改变传统应试教育，全面推动素质教育的关键期。在推进素质教育的全面落实时，不可轻易忽略音乐教学的重要性。我们不再单纯关注学生的课业成绩，对于其各个方面素质的培养也越来越重视。随着我国现代音乐教育在少儿多方面能力的训练和发展中的作用不断提高，需要有效地开展多样化的音乐课堂，为提高学生的综合素质和能力提供有效的支持。少儿心理成长阶段的音乐课程既是实施少儿美育的一个重要阶段，也是落实少年儿童素质教育工作的重要手段，能够促进少儿全面健康发展。

在我国的音乐课堂教学的实际进行和开展中，教师们需要清楚地认识到我国音乐教学的现状，针对我国音乐课堂教学的现状选取有效的对策，以便于开展更加科学的教学，使得音乐课堂的教学水平和课堂的教学质量都能够实现有效的提升，满足实际的教学需要。

1. 校内少儿音乐教育的现状

音乐课程是我国高等院校促进素质教育发展不可忽视的内容和基本方法，其对于培养广大学生的感知能力、创新能力和综合素质都具有重要而又不可取代的意义。音乐作为艺术教育中十分重要的部分，尽可能地丰富了学生的审美体验，提升了其艺术欣赏才能与表现力，培养了其丰富的情感世界。学校作为培养学生在音乐中获取和运用所学知识、培养健康人格和全面发展的最重要阵地，以开展音乐课堂教育、音乐活动等形式作为教育载体，淡化了说教的痕迹，用潜移默化的手段和方式对学生进行疏导和教育，促进他们对音乐和文化的情绪感知和认识，更有益于增强他们的德育和文化教育，是新型教育任务的表现。同时依靠学校健全的教育体制和完善的课程体系，能够更好地展开校内少儿音乐的教育教学任务，丰富少儿音乐实践活动，营造浓厚的音乐氛围。所以，学校要牢牢把握住校内音乐教育的便利条件，在素质教育和美育培养的大背景下加强渗透校内少儿音乐教育的路径。

2. 校外少儿音乐教育的现状

校外音乐教育主要指除了学校以外个人所参与的各类音乐活动、文艺事业单位组织的活动等而言的，其所需要的服务对象大多数是幼儿及青少年。校外音乐教育作为培养我国少儿音乐和文化素养的一种重要途径，是培养我们国民音乐素养强有力的基础和保障，对于我国少儿音乐教育的建设起着至关重要的推动作用。改革开放之后，随着教育体制的不停变革以及人们对素质教育、审美教育的注重，使校外教育在新形势下得到快速发展，包括政府等有关部门开办的青少年宫、文化馆以及私人创办的各种类型的音乐教育培训机构。校外音乐教育作为我国艺术教育体系中很重要的一个组成部分，其不单能够说是对家庭教育的一种有效补充，并且也是对校内音乐教育的一种有效延展，在一定意义上对于提升当前我国的音乐教育技术水平与学生的整体综合才能发挥着至关重要的作用。

少儿音乐教育包括指校内和校外音乐教育。相对校内音乐教育规范系统、在制度内的教育教学而言，校外音乐教育又有哪些优势和弊端呢？优势表现：首先，它要求从每个学生的自身出发，发现学生的音乐天赋和特点，发掘他们的音乐潜质，并且需要教师有针对性地去加强和培训，让每个学生都了解和认识到他们自己感兴趣的音乐内容，享受到音乐带来的乐趣，使其创造出他们真正的音乐才华；其次，它是立足于促进学生长远发展，从培养学生良好的音乐素质入手，用心去培养和提升学生的声乐表演能力和提升他们的声乐造诣，而不只是简单地教会学生演唱几首歌曲、弹奏几首乐曲、掌握几种乐器那么简单；最后，能给广大学生提供更为多层次、全方位的音乐教育，使得我国广大学生的音乐文化课程教育不再仅仅局限于窄隘的空间和大型学校的功课中，让广大学生所接触和理解的音乐文化领域也得以拓展，不仅能够让广大学生储备音乐学科的知识量，还可以打开他们的音乐文化艺术视野，提升其音乐鉴赏的才能，从而激起广大学生无穷的音乐创造力。

然而，校外音乐教育仍然存在一些不同层次上的问题，比如在课堂管理、教学形态、教育目的、课堂质量和评价等方面均有待提高和完善。那么校外音乐教育又存在着那些弊端呢？首先，校外少儿音乐教育的功利性色彩浓厚。因为受市场经济的冲击，校外音乐艺术培训机构不合理的课堂教学影响，使得校外的音乐教师和学生家长期望学生的音乐专业技能能够在短时间内获得较大的提高，但是疏忽了音乐综合能力的培养。盲目地拔高,致使学生对音乐专业知识的把握和学习的不全面,最终违背校外艺术教育的主旨。其次,少儿校外音乐教育参与表演的商业化趋势严重。一定比赛活动的组织和举行,可以有效地激起学生的自主学习兴趣,提高学生的表演才能。但校外音乐教育机构往往通过过度地组织学生参加各种商业性质的演出而达到盈利的目标。这就会在某种程度上影响校外音乐艺术教育课堂的正常秩序,违背素质教育的初衷和理念;再就是忽视少儿接受音乐教育的身心发展和实际需求,使音乐教育出现严重的技能化倾向。最后,少儿校外音乐教育缺乏严谨的教学管理制度。校外音乐类教育机构在其教学和管理方面往往缺少一个正确的、科学的教学和管理体系,如在教学质量的评估上也无法达到明确的标准,教师招募聘请制度不严格等等。

但无论是校内音乐教育,还是校外音乐教育,它们都共同组成了少儿音乐教育这一庞大的教育体系。尽管各有利弊,但也彼此依存、缺一不可,在各自的领域共同为少儿的音乐教育做着不懈努力。

（二）少儿舞蹈教育的现状

如今,中国注重舞蹈表演而无视舞蹈教育。随着当今社会对物质和文化需求的日益增长,舞蹈作为一门关乎人类身心健康的艺术,必将被更多的人认可和接受。在学校里,越来越多的孩子学舞。舞蹈教育应从儿童入手,使儿童的情感、表现自我的能力和对舞蹈美的初步欣赏,以及创作能力等方面得到充分地发展。当前,我国多数学校设立了舞蹈专业课程,为学生提供优质的舞蹈教育。然而,现阶段我国舞蹈教育水平仍与发达国家相差甚远,虽然在新课改背景下,各院校均对舞蹈专业教学采用了新方法及新教育模式,并收获正面评价。然而综合实际情况来看,当今的舞蹈专业人才培养模式并不能满足实际需求,需结合实际情况方可得以有效处理,从而使学校舞蹈专业教学得到新提升。

儿童舞蹈教育具有塑造品格、愉悦身心的功能。随着中国加强对年轻一代的培养,舞蹈被更多的青年人们所认识,并且越来越受人喜欢。少儿舞蹈艺术教育的主要目的是通过他们教授这门新的学科,来充分反映他们各自的思想、情绪以及他们的日常生活,使得许多少儿可以对舞蹈产生浓厚的兴趣。对于中国舞蹈之美的感觉感受能力、表达能力和初步的艺术欣赏性和鉴别能力的培养,会更有利于培育我国青少年健康的心灵和体魄。日前,我国青少年学习舞蹈的兴趣在少儿群体中不断增加,然而,当今社会的人们完全忽视了儿童舞蹈的教育,忽视了教师的主体,即忽视了舞蹈对儿童的意义和重要性。其原因是优质资本的实力太弱。从师范大学毕业的教师虽然能够准确捕捉儿童的心理,但他们没有接受过系统的舞蹈技能培训,而从高职院校毕业的教师在课堂只是教授一些程式化的舞蹈动作,忽视了幼儿的心理和生理健康教育。由于我国舞蹈的普及程度并不够高,所以现在很多舞蹈教师对于舞蹈尤其是青少年舞蹈,缺乏足够的了解,因此教师在教授少儿舞蹈课程之前还是会出现一些困难和问题[①]。

1. 少儿舞蹈学习过程中的兴趣培养

心理学家认为,兴趣就是一个人试图接触和理解某种东西的一种认知偏向。兴趣的内在机制是一种通过定向检测人脑反射的机能,它们可以被认为是与人类大脑中皮层最大规模的兴奋中枢相关联。每一个年轻人只要在生活中能够遇到自己真正感兴趣的一些东西,感官和知觉就一定可能会随之变得更加灵敏,理解能力也一定会得到大幅度增强,而且能够主动地去探索并找出适合自己的操作方法和使用手段。这就是为什么有的小朋友虽然他们的整体身材和面部形体健康状况并都很适合学习舞蹈,但是强烈的学习兴趣会帮助他们以后会学好这门

学科。在历史上许多曾经具有突出学术成就的人，他们成才的一个主要驱动力，那便是学习兴趣。华罗庚自小就酷爱数学、聂卫平对于中国围棋的兴趣浓厚、乌兰诺娃对芭蕾舞有着浓厚的兴趣。但是对于青少年也一定要非常注意他们的年龄特征及其接纳和认识的程度，只有针对其自身的特殊性，引发其学习兴趣，这样才会得到实效。

2. 少儿舞蹈学习过程中观察力的培养

儿童好动、好奇、爱模仿，所以一定要注意培育小孩子的观察才能：首先要让他们认识舞蹈，对于生活中的舞蹈也有着敏锐的观察力，少儿的观察能力是了解和认识这个世界的第一步，是掌握知识、学习技巧、进行逻辑思维的前提。在艺术领域中，观察能力是影响人们审美、感染美、表达美、创造美的主要能力。任何职业的艺术家都必须具备敏锐的视觉和细致的观察力。然而不同的艺术家在自己的知觉与观察方面也具有自己的专长。舞蹈本身就是一门动静结合的艺术，没有了运动就不会出现《天鹅湖》中女演员展现天鹅在高空中腾空翱翔的美好形象。所以善于观察不同物体的动态性质特点是培养少儿舞蹈学习过程中观察能力的重要核心。

3. 少儿舞蹈学习过程中注意力的培养

在课堂教学中常常可能会发现一些学习注意力不集中的孩子，那么，在少儿舞蹈的课堂教学中应该怎样做才能真正培养他们良好的学习注意力呢？首先，教师应该更加高度重视具有组织性的课堂教学。所谓有组织性的课堂教学，就是教师试图通过引导和调动学生在课堂上的注意力，并将其放在自己的教学中。例如，当一名学生刚开始进入课堂时，笔者会在课堂上花几分钟仔细观察班上的孩子，检查他在课堂上的参与情况，关注他的心理变化。教师应该根据小学生实际课堂学习的情况，合理地调整。第二，形成教学秩序。对于一般少儿而言，组织课堂教学活动应该将学生融入整个课堂教学管理过程中，不仅仅只是局限于他们开始准备上课的几分钟，这些都应该是对学生参与课堂纪律规范建立起来的重要保障。所以教师要做到情感饱满的走进课堂，最好将班上每一位孩子们的动作、姿势、精神风貌都了如指掌。在学习中，教师必须充分强调有目的的要求，而不是从儿童趣味的角度出发。如舞蹈元素的某些动作（或芭蕾舞的各种程序动作）是简单和耗时的，但仍然要好好学习。一些小学教师经常采用一般课堂教学模式，导致学生对教师的课堂不感兴趣。他们每天至少需要30分钟才能通过有意识地集中注意力进入学习的状态，超过这个时间，儿童就很有可能会因此感到非常厌倦，注意力逐渐涣散。因此教师需要及时改变上课的练习形式和训练方法，使得舞蹈练习的整个操作过程既要由松到紧、又可以由紧到松，也可以有主有次，也可以让每个学生自己讲解一个小故事，让教师给学生提问，也可以选择一个学生做几个动作或者是一个舞姿，让大家一起来进行评价，在可以引导学生及时评价别人的练习同时也可以帮助学生及时纠正自己的问题。如果一个教师的课堂教学既满足了教学提纲的具体要求，又能充分地吸引学生的目光和注意力，那将会获得很大的成功。

4.少儿舞蹈学习过程中表现力的培养

教师在舞蹈课堂上进行舞蹈教学必须要更加精心和注重通过训练来培养和引导提高小学生和孩子们的各种舞蹈艺术表演和技巧，教师在舞蹈课堂上也可以多讲一些比较卡通好听的各种舞蹈语言或者更加贴近学生的方式来进行教学，这种卡通形式的舞蹈更加生动具体，并且每个乐句最好做到整齐，有利于每一个少儿在舞蹈中的具体形象的塑造和情感的表达，比如少儿舞蹈《数鸭子》中的歌词，简单的音乐就能够充分做到激发学生的视觉艺术表现力。教师应根据不同的心理特征，用一些有趣的舞蹈语言来引导和教育启发学生，唤醒他们对视觉艺术的表达和渴望。

三、少儿音乐与舞蹈的区别和联系

（一）音乐与舞蹈的联系

随着舞蹈的时代更迭，音乐也得到独立的发展，并逐渐形成不同的风格。不同音乐搭配不同的舞蹈，二者彼此支撑，形成完整的艺术作品。舞蹈离不开音乐，从舞蹈艺术发展历程来看，二者都是相互衬托和促进的。可以说音乐是完整舞蹈作品表达的重要组成部分。

1. 情感的艺术

在现今所有艺术类型中，能够强烈地表达自己情感的艺术类型主要为音乐和舞蹈。音乐艺术是由各种声音构成的，易于使人产生认同和共鸣。而对于现代舞蹈艺术来说，是以肢体活动为主，在表达自己的情感时，可能会更为强烈。音乐之所以能够准确而强烈地表达我们自己内心的感受和情绪，主要是因为它在音调和声乐的音色上都会存在着很大的差异，在喜悦、愤怒或者是悲伤中往往会对其进行特定的体验和表达，这时人们内心的感受和情绪都是通过音乐才能够得以体现。舞蹈特殊的技法和技巧是随着音乐的高潮而跌宕起伏的，使得音乐节奏和舞蹈节拍严密地联合，给人一种视觉上的冲击，从而引起共鸣。

2. 表演的艺术

音乐和舞蹈也并非同雕塑、绘画那样，只要一个艺术家和其他创作者完成了作品就可以欣赏，它必须通过艺术表演这一个环节来使得它们的作品在艺术上得到充分地体现和表达。音乐与舞蹈的主要创造力是艺术家，通过创作一部艺术作品的音符和动作，再由专业的表演者在舞台上对它们进行一次次的演奏和表达，对这部艺术作品的形式和内容进行二度创造，从而被当时的人们所广泛地接受，才真正实现了它对于艺术审美的认识和价值。

（二）音乐与舞蹈的区别

音乐与舞蹈，从古代开始就是彼此相互影响和有机结合的，而现在随着其课程教学体系的建设，把传统的音乐艺术与现代舞蹈艺术进行了差异化的区别，促成了更多的专业性艺术型人才。

1.声音的艺术，肢体的艺术

虽然人们在世界各地接触到的音乐的主要形态和方式都是声音，但与整个人类和自然界的声音不同，它们的形态和声音必须都是具有组织性、非自然界、无语义性的，这些都需要经过创作者自己的构思和创造。而对于这种舞蹈的视觉艺术而言，和其正好相反，音乐虽然也可以直接地贯穿在整个舞蹈之中，但主要的组成部分仍然是舞蹈的动作，即肢体形象的具体表现。

2.听觉的艺术，视觉的艺术

对于舞蹈来说，它主要是由人类各种肢体和动作组成，形成一连串流畅的舞蹈，但如果仅仅从视觉上单纯欣赏这种舞蹈就很难理解和明白它所呈现出来的内容，即便其表现者对它的演绎非常完美，也不易使人产生共鸣。因而舞蹈的主要表现和技巧绝大多数都是和音乐相互融合，舞蹈只有同音乐进行相互交织和融合，才能够较为生动地展示出舞蹈者在实践中所需要提取得到的生活素材，充分地表现出作品中的内容，通过视觉和听觉两种方式去激发人的情感。

3.时间的艺术，空间的艺术

舞蹈的艺术表演一定要由人的各种肢体活动所组成和演绎，在舞蹈作品演绎的过程中，作品的主题和情感会通过舞蹈技巧得以体现。舞蹈都是流动的，技术的特殊性加强了对于空间的应用，促进了舞蹈表现的张力，保证了画面的美感。

四、少儿音乐舞蹈教育的目的和意义

（一）少儿音乐教育的目的

1. 音乐教育是德育的有力手段和重要方式

德育即对学生进行思想品德的教育，包括政治、文化、道德品格的教育。思想品德的教育对于人才的培养具有尤为重要的价值。我国青少年的文化和思想品德并非是自发形成的，而是随着社会、家庭及学校教育的熏陶和影响，在他们的实际行动中进一步地形成并发展壮大起来的。音乐教育与德育的其他教育技术手段进行比较，更加容易激发受众的情感，从而能够做到以情动人，其运用特定的思考方式，把旋律、节奏等有机地结合起来，将美好的情感和音乐的价值付诸于声音的表现，使音乐的价值与受众的情感融入了整个环境之中，从而对音乐课堂教育独特的价值观进行感染。

2. 音乐教育促进学生智育和体育的发展

智育就是一种传授社会文明科学知识和社会发展人才智力技能的教育，文化知识和人才智力技术是一种推动人们了解世界、改造社会的力量，是为我们国家建设而培养和引进人才的一种重要途径。音乐教育对于开发人的智力，培养具有创造性的人才都会起到很大的促进作用。人的头部被划分为两个半球，左半球具有语言、思考等机能，称为"语言区"；右半球具有表达情感、音乐等功能，被称为"音乐区"；两半球之间轮流运行，就会获得较高的效率。

3. 音乐教育的主要目的是提高整个民族的音乐文化素质

音乐教育系列活动旨在使年轻人不仅能够通过对这些经典歌曲、乐谱的深刻感受和细致欣赏，熏陶自己的思想和审美心灵，发展自己的文化审美观和才干，推动自己不断努力学习追求美好的东西，享受美好的家庭生活。它最容易成为激励和间接启迪现代社会人们对人类科学与自然真理的一种文化热爱与精神追求，并且往往能够直接引起现代社会人们一种精神上的自我升华，在内心深处产生共鸣，以至于在各种情绪的共同推动下也更会使人产生扬善抑恶的内在文化力量。音乐艺术作为一种独立的民族文化传播艺术，其神奇的文化魅力主要体现的就在于其"主情"性的属性，比起其他的文化艺术，音乐无疑更加密切地贴近了每一个现代人的身心，它的种种情思所至，触及了整个人类身体和精神的各个领域。优美而又动人的旋律一定能够使一个人的身体乃至灵魂得到净化，感情也一定会因此获得充分升华。

（二）少儿音乐教育的意义

少儿的音乐教育在人们终身的教育阶段的地位和作用是相当重要的，青少年正处于少儿发展健康成长与世界观形成的重要阶段，音乐教育对于培养具有崇高的道德情操、高尚的思想政治文化修养和审美艺术修养的新一代社会主义接班人来说有着十分重要的意义和作用。

1. 音乐教育的必要性

应试教育下的少儿，绝大多数以学习和追求成绩为主要目标，这样不能够满足社会对素质教育改革的需求。在这样一个人才创新意识日益陡增的大环境下，单纯地依靠自己书本上的知识往往是行不通的。而此时音乐教育的功能作用便凸显出来，它以音乐形式，直接对少儿进行了教育，无形中也培养了少儿的逻辑思维和创新意识，使其得到全方位发展。

2. 音乐教育的作用

素质教育主要是包含了德智体美劳五育，真正的素质教育本身也就是应该五育并举、彼此渗透、彼此有机地结合起来的，而我们的音乐课程在这一点上是功不可没的。音乐教育既可以充分地丰富儿童的音乐基础知识，同时又使我们充分地了解和认识各种主要的题材、风格特点的优秀音乐作品（主要内容包括中国的历史歌曲、革命之乡歌曲、民谣、儿歌等），这些优秀的音乐作品大多都被认为是各个国家在不同的时期、不同地区的优秀音乐作品的艺术精华，通过音乐的不同表现形式，既可以使少儿拓宽眼光，从中吸取知识，也可以使得他们更正确地理解和认识客观世界，形成良好的意识形态和品德。

3. 音乐教育的意义

音乐教育具有重要的思想教育功能。它作为我国社会主义教育体系的重要组成部分，对于推动我国特色社会主义国家精神文明的繁荣建设意义重大。在众多学校的音乐课程中都已经明确要求要通过音乐对学生进行一种爱国主义、集体主义的教育，但只有多多地认识和了解音乐作品和作品产生的历史背景等，才能让他们真正有所体会。如一首《歌唱祖国》不仅唱出了我们党和全国各族人民的真实爱国心声，也最终使得少儿在多次的传唱中完全融入了这种爱国的民族情怀当中，热爱祖国的许多思想感情也就牢牢镌铸在他们的心中。

所以，音乐教育在少儿身心健康成长的过程中起着十分重要的意义和作用。作为一名艺术教育工作者，我们首先应该做到的就是加强对于青少年音乐艺术教育的学习与探索，才能更好地为广大少儿服务。

（三）少儿舞蹈教育的目的

舞蹈自身就是一门科学。和其他的舞蹈文化一样，我们的民族也有着悠久的文化与传统。自原始社会以来，舞蹈逐渐开始发展和成长为一门艺术的雏形，就是最初出现在整个人类经济社会文化历史进程中的一种具有特殊性的音乐艺术，舞蹈职业教育在那时就已经开始诞生了。

我们都知道我国的教育目标就是把受教育者培养成为一定社会需要的人的总要求。而且舞蹈艺术教育的宗旨寓于教学的目标之中。它有利于增加多数受教育者对艺术的欣赏力和社会参与能力，值得注意的一点就是，在这样的教育中，不可忽视少儿的舞蹈教育。这主要是由于现代舞蹈艺术的思考表达方式一般都是从动作思维出发的，少儿的舞蹈天性最强。在普通学校最讲究升学率的现象，使得少儿所在学校的年级越大，美育力度也就越低，致使在我国的普通人当中，舞蹈的意识和能力与年龄呈正相比，年龄越小，那么舞蹈的意识就会越强。

在我国小学声乐课程的教学过程中，增加了舞蹈课程。当今社会广泛倡导素质教育，大力推进素质教育中的艺术教育，小学教育中的艺术教育非常重要。艺术是人类的语言，是最吸引人的表达方式。我们理应重新打开思路，真正落实德智体美劳全面发展的教育方针。在推进素质教育中一定不能将各学科目标和整体发展对立起来，要深刻意识到只有整体发展，才会继续朝着更高的目标方向前进；掌握他们的知识和课程，必须充分挖掘和利用开发学生的创造力和潜能，使他们在心理和精神上得到充分的培养和发展，在这种情况下，"减少必修课，增加选修课"成为中国教育战线共同寻求的一个方法。

（四）少儿舞蹈教育的意义

1. 培养少儿拥有一个健康的体魄离不开舞蹈

仅就关于少儿的身心健康成长来讲，舞蹈教育能够促进青少年的生长和发展，提高其运动系统的功能，增加其肌肉力量，使其骨骼变得更为强壮。同时也可以帮助改善与提高人体中枢神经的功能与活动。舞蹈是一种研究人类身体动态与造型美的艺术形式，科学、协调的舞蹈会大大地增强青少年身体各个组织和器官之间的协调程度和灵活性，增强青少年对于食物的消化功能，提高他们的身体素质。其中有一些小朋友原来有"驼背""含胸"等不良体态，老师在课堂上要及时地提醒、要帮助他们自觉改变。经过很长一段时间的舞蹈训练，他们的这些不良体态被有效地改正。接受过舞蹈教育的孩子，都行为端庄得体。

少儿在能够保持一个健康的心理和体魄的前提下，拥有一个良好的品格和形象，这是每一位教师和父母所期待的。

2. 培养充满活力的孩子离不开舞蹈

少儿时期正是我们每个人思维、学习和创造最积极的一段时期，对所有事物都会充满着浓厚的兴趣。舞蹈课程作为我国社会现代化思想素质教育的重要内容和组成部分，尤其是在现代社会中，它具有其他传统学科所不能够代替的地位和作用，通过舞蹈教育，可以让少儿积极主动地参与各种关于舞蹈的情境和故事的创编，组织各种关于舞蹈的动作和各种舞蹈表演，让少儿深刻地去体会对事物的感觉以及想法，激发他们发现、探索的欲望。这种教育形式对于培养少儿的创造力是必不可少的。舞蹈教育为培养艺术和创造力做出了巨大贡献。

3. 舞蹈是让少儿从中获得审美的最佳方式

舞蹈充分地调动着人体的所有活动、表情、姿势、情绪，以及人们自己内心审美和生理体验等，为多数少儿构建了一个充满着丰富的孩子们童心的多种审美知识鉴赏和多种思想创造性的空间。少儿舞蹈潜移默化地促使他们逐渐形成一种习惯，他们珍视世界上所有的美好事物，憎恨所有的错误做法，以其独特的创作手法和表现形式寓教于乐，通过这些精彩的舞蹈，再将这些形象展现出来，让孩子们重新认识多彩的世界，认识真正的善和美，从而充分培养孩子们感受美、欣赏美、创造美的良好能力。由此可见，舞蹈教育对于我国少年儿童各方面综合素质的提高仍然有着重要影响。少儿通过优秀的艺术舞蹈教育课程可以进行艺术训练和舞蹈表演，不但能够磨砺精神和强化体魄，还能促使他们在生活中积极探索和不断发现美、感受美并与他人分享，这无疑是一种在其他专业或者课程中很难获取的美好经历。

4. 舞蹈能够培养少儿形成良好的集体观念

少儿舞蹈教育活动是集课堂教学、训练、检测、表现等于一体的综合教育活动。跳舞作为一种普遍性的综合型艺术活动形式，需要小组与团队配合，一旦孩子们开始跳舞，培养他们的团队意识和礼貌、文明、责任感等价值观和思想品质就尤为重要，学生的精神和优秀品德就会在舞台上得到很好地展示。现在，优越的社会工作和生活条件以及舒适的生活环境，使一些少儿普遍缺乏团队精神，甚至缺乏相互合作的行为。而传统的教育形式，如少儿舞蹈就是培养团队意识的有效途径。对于接受教育的少儿来说，是艰苦的，也正是因为他们经过这样艰苦的舞蹈学习过程，获得了吃苦的精神和顽强意志。

可见，舞蹈已经逐渐成为实施少儿美育工作的一种重要方式和途径，正确的舞蹈艺术教育课程和教学体系是对孩子们进行德、智、体、美、劳等教育的最佳手段之一，是培养和提高我们全民群众综合素质的一个重要方面。

五、少儿音乐舞蹈教育的方法与途径

（一）少儿音乐教育的方法和途径

对于少儿的音乐教育与培养，中小学的音乐课堂就显得尤为重要和关键。在实际的课堂教学中，教师可以通过不同的方式对音乐进行展示，通过与同学之间的积极交流互动，使同学们都能够充分参与到音乐的课堂教学中活动中去，充分地发挥他们的主体性。学生学习的积极性也会得到相应的增强。淄博市青少年宫始终坚持遵循中国共产党的社会主义教育理念和方针，以促进青少年的身心健康成长和可持续发展作为其工作的根本出发点和最终落脚点，立足于公益性，积极地组织开展丰富多彩的适合广大未成年人所参与的各类文化、艺术、体育、科技等教育活动，成为山东省青少年校外生活和教育实践活动的主要阵地、学习和成长的主要摇篮、茁壮成长的乐园。

现以淄博市青少年宫 ×× 活动中心——×× 学校为例，分享少儿音乐教育的方式方法。

【古筝社团教学案例】

《南泥湾》

（一）社员分析

×× 学校古筝社团自建校之日起成立，由一至五年级 60 余位学生组成。每周周一至周五下午开展社团活动，主要是通过社团的教学，来培养学生的相互交流能力以促进专业技能的提高，也是帮助学生实现自我提高、自我完善的有效途径。本社团开展了形式多样的活动，丰富了学生的生活，使许多有相同兴趣爱好的学生能在一起交流、一起活动，培养学生们多方面的才能，同时也可以使学生开拓眼界和陶冶情操。

（二）教学内容

古筝乐曲《南泥湾》，全国古筝考级一级作品。

《南泥湾》是依据著名音乐家马可 1943 年在延安创作同名歌曲编写的一首古筝小品。乐曲曲调欢乐，是对英雄们的一曲赞歌。此曲结构短小，乐思简单，寥寥数句就勾勒出陕北大地军民同欢、载歌载舞的热烈场景。

（三）教学目标

（1）知识目标：学习古筝演奏技巧，乐曲中连托、连勾、大撮等技法。

（2）能力目标：引领学生感受乐曲的旋律性，旋律具有极强的歌唱性，彰显着陕西延安人民对翻身解放后美好生活的向往和干劲。

（3）情感目标：通过学习《南泥湾》渗透德育教育，珍惜今天的幸福生活；对伟大祖国的无限热爱。

（四）教学重难点

（1）连托、连勾技巧。

（2）大切分节奏线谱记法：♪ ♩ ♪ 小附点节奏线谱记法： ♩. ♪ 。

（3）反复记号运用 ‖: :‖ 。

（五）教学设计

教学方法：采用先学后教，当堂练习的教学方法、激发学生学习的主动性和积极性，以学生为主体，教师积极引导。

（1）教学准备：节拍器、古筝、假指甲、乐谱。

（2）课时安排：50分钟。

（六）教学过程

1. 组织教学

师：上课！

生：起立！老师好！

师：同学们好，请坐！

2. 教学导入

师：今天在学习乐曲之前我们先来听一首好听的歌曲。欣赏聆听歌唱家郭兰英演唱的《南泥湾》，感受歌曲的音乐氛围。（播放歌曲《南泥湾》）

师：欣赏了这首歌曲后，你感受到了怎样的乐曲情绪？

生：好听、旋律优美、欢乐的。

师：首先介绍《南泥湾》是依据著名音乐家马可1943年在延安创作同名歌曲编写的一首古筝小品。音乐吸收了民间歌舞的音调和节奏，优美抒情，具有舞蹈性。是对英雄们的一曲赞歌。此曲结构短小，勾勒出陕北大地军民同欢、载歌载舞的热烈场景。

（设计意图：通过聆听音乐、教师讲解乐曲创作背景等方式，加深学生对作品的理解，进而增强学生的学习兴趣和音乐表现力。）

3. 教学过程

学习弹奏乐曲：

（1）教唱旋律：

师：划分乐句，共分为8句。

师：教师教弹，学生模唱。

（设计意图：唱谱可以提高学生在演奏过程中节奏、音准的准确度，提高学习效率。）

（2）分析乐谱中重难点的指法和节奏型并讲解。

① "连托" 大指的力度以及手型要特别强调，不要塌指。学生自己试奏，教师疑难解答；② ××× 大切分节奏型；③ ‖：：‖ 反复记号，讲述小兔子运萝卜的故事，加强反复记号记忆。

（设计意图：趣味教学是低年级阶段比较常用的教学方法，通过故事、游戏等形式，可以提高学生的学习兴趣。）

（3）教师带领学生逐句弹奏，发现问题，并逐一解决问题。

（设计意图：低年级学生理解能力、自我学习能力相对有限，这就要求老师要反复不断地讲解、提示，确保乐曲弹奏的准确性。）

（4）学生分句自由练习，特别是托、勾逆向弹奏的运用。

（设计意图：给学生留出自我消化知识的时间，进而提高自我学习能力。）

（5）互动环节：小组合作。

生：学生进行分组展示。

生：学生互评。

师：大部分同学弹奏的都非常不错，但在演奏的过程中还要注意指法的准确性，力度要加强。

师：再次欣赏音乐，自己说说弹奏时还需要注意哪些问题？其他同学进行补充。

生：弹奏的非常流畅，声音很动听。

生：指法弹奏的不够准确，应该用连托……

教师和学生一起弹奏，放慢速度，增加学生演奏乐曲的信心。

（设计意图：学生展示和评价也是提高演奏能力的一种方式，既可以认识到自己的不足也能学习到其他同学的优点，这也是上小组课的优势。）

4. 教学拓展

展示南泥湾开荒前以及现在良田丰茂、树木葱葱的图片，通过对比，教育学生珍惜来之不易的幸福生活，养成热爱祖国、珍惜美好生活的优秀品质。

（七）教学总结与作业

本节课主要学习了连托、连抹的演奏技巧；大切分节奏型、小附点节奏型以及反复记号的运用，对于这些知识点同学们一定要熟练掌握，课后加强基本功练习，多听旋律，进行基本功的练习和乐感的培养。这节课到此结束，很高兴和大家度过这个美好的时光，下课！

（八）教学评价

本节课主要是针对低级别的学生进行基础教学，采用趣味教学的方式学生们会比较感兴趣，主要指法技巧和节奏型都已经掌握熟练，整堂课表现的非常棒。在今后的学习中还要加强基本功的练习，掌握规范扎实的基本功。

（1）教师方面：关键在于如何调动学生的学习积极性，正确引导学生积极有兴趣的学习。①教学方法上运用了启发性原则，加强基础知识与基本技能的教学，注重学习能力的培养，教会方法，调动学生弹奏的积极性；②教学语言上要准确、形象、生动、富有感情，条理要清晰、提纲挈领，逻辑严密；③渗透思想教育，结合教学进行思想教育。

（2）学生方面：①学生积极参与课堂，有创新意识，敢于发表自已的意见和提出问题；②学生具有适度的紧张性和愉悦感，能够控制和调节自己的学习情绪，对以后的专业课学习更加有信心。

【钢琴社团教学案例】
《节奏的训练》

（一）社员分析

钢琴社团学生由 1～5 年级学生组成，其中一年级 30 人，二年级 28 人，三年级 20 人，四年级 26 人，五年级 26 人。针对学生刚接触视唱练耳的情况，在教学设计上，运用了听、看、议等方式，充分调动学生的兴趣，强化学生的审美体验，激起他们对音乐的兴趣和热爱，奠定学生学习音乐、享受音乐、发展音乐能力的坚实基础。

（二）教学内容

（1）复习基本乐理知识，从音符的时值一直到节奏型，进行统一的学习巩固。

（2）视唱：训练后能够完整唱出一条节奏。

（3）模唱：训练并模唱节奏型和四小节之内的节奏。

（4）听记：听记节奏型和四小节之内的节奏。

（三）教学目标

（1）知识目标：引导学生通过对节奏的学习解决所学乐曲中的节奏问题。

（2）能力目标：通过讲解、示范等教学方法培养学生对节奏的认识和敏锐的听觉能力，通过对节奏的培养，能够更好地学习乐曲和表现音乐。

（3）情感目标：正确理解、把握音符的时值，从而能够正确地模唱节奏。体会所学乐曲中节奏表达的情感和情绪。

（三）教学重难点

重点：熟记各种音符时值和节奏型，2/4拍的短句听记。

难点：准确唱出节奏并能听记模唱节奏。

（四）教学设计

（1）教学准备：黑板、钢琴、课件、抽签纸条。

（2）教学方法：合作学习法、模仿教学法。

（3）课时：50分钟。

（五）教学过程

一、导入

师：同学们！节奏是音乐的基本要素之一。在音乐中节奏起着举足轻重的作用。我们已经学习了以四分音符和八分音符为单位拍的各类基本节奏型，是组成节奏短句的基本词汇。这节课我们要在原有学习的基础上来进行节奏短句的模仿、创作和听记！

首先，请同学们一起来复习一下，我们所学习过的以四分音符为单位的节奏单词。

师：观察课件中展示的节奏型。

生：学生"开火车"拍打节奏型。

要求：以个人为单位，每人各选一条节奏型拍打模唱。

第一遍：教师不规定速度，开火车轮流拍打节奏

第二遍：教师规定统一速度，全体学生统一拍打节奏。

四分音符　　　八分音符　　　十六分音符

（设计意图：让学生熟悉各种基本音符和节奏型的时值，熟悉四分音符和八分音符的转换，个别同学在四分音符到八分音符转换的时候节奏不是很准确。速度要均匀保持统一。）

二、授课

（1）基本概念学习。

训练要求：学生明确概念，学习并记忆概念。

（设计意图：对学生的初级乐理知识进行摸底。）

师：什么是节奏?

音的长短关系叫做节奏。节奏以音的长短关系组织音乐，节奏是曲调的骨架，是构成音乐的重要因素之一。音乐的节奏源于生活，又高于生活，因而更富于表现力。

（2）师生互动，节奏模仿。

训练要求：学生划拍子，打节奏，学生以抽签方式进行模仿。

（设计意图：用抽签的方式决定学生的练习，带有很强的随机性，容易引起学生的期待感，能有效地吸引学生的注意力，激发学生的兴奋点，保持参与性，从而形成良好的课堂氛围。）

节奏短句模仿，以简入繁：

（3）全班集体练习以上节奏。

（4）节奏创作，实践体验。

让学生自由创作1条2-4小节的节奏短句，并随机抽取出创作者，并由创作者来指定同学进行节奏模仿。

（设计意图：通过创作让学生进一步熟悉各类节奏单词，创作一些与生活相关的节奏短句，体验音乐节奏的魅力。而且利用学生之间的模仿能最大程度的激发学生的学习内驱力。以学生互动的方式进行模仿实践，教师则进行适当的评价。）

（5）听记实践，检查学习效果。

训练要求：学生准确地听记节奏。

第一遍：教师弹奏一个小节的节奏；

第二遍：教师弹奏两个小节的节奏；

第三遍：教师弹奏四个小节的节奏。

（设计意图：用书写记忆的方式检查学生的学习成果，带有很强的随机性，容易引起学生的期待感，有效地吸引学生的注意力。）

（六）教学拓展

请在自己所学的乐曲中找出你认为比较难的节奏型。分享各自找出的节奏型，互相学习。

（七）教学总结与作业

节奏的视唱练耳是钢琴学习的重要组成部分，节奏和节拍训练是对钢琴学习的良好辅助，同学们一定要认真练习。作业是请用今天学习的节奏型编写2/4、3/4、4/4各一条四小节的节奏。

（八）教学评价

激发培养学生对钢琴学习的兴趣，使学生体验节奏练习。学生以形象思维为主，好奇、好动、模仿力强，进行直观的教学，让学生在欢乐的气氛中学习，培养学生对节奏的学习兴趣，提高学生的音乐素养。因而本课的各个环节都以模仿为主线，将节奏通过模仿来展开。

希望通过艺术创新等方法使得学生主动参与课堂的学习，使他们在宽松、自由、生动、和谐的课堂气氛中学有所得。

（二）少儿舞蹈教育的方法和途径

当今世界，国际竞争越来越猛烈，如果不经常地学习新的知识，接受新的思想，就必然会跟不上时代的进步与发展。舞蹈是传统文化艺术的一个重要优秀手段，是一种崇尚艺术的高层次教育。它不仅能够使得少年儿童们在思维上坚定自己的精神体魄，还能培养他们的情感，促进他们的身心和谐发展，培养他们敏锐的视野、旺盛的创新力、深厚的理解能力和丰富的想像力，加强他们的爱国主义和集体主义精神，培养坚强的意志、健康的精神和心理素质。虽然学习舞蹈的宗旨、条件各异，但是舞蹈教育在强壮身体，引导学生形成对于社会与人生的正确认识和健全心理与正确的信仰等各个方面均具有重要性。而舞蹈教育又是提高全民综合文化艺术素质的另外一个重要途径。

舞蹈的独特性和美育功能对于素质教育来说，有着无法替代的地位。在科教兴国、全面促进素质教育的历史性新形势下，我们应当高度重视对国民舞蹈的教育，继承自身民族优秀文化传统，汲取当今世界的先进经验，尽快地建立一套具有中国特色、充分体现时代精神的社会主义文化和艺术教育课程体系，使得舞蹈艺术教育工作者在全面促进素质教育中充分地发挥其应有的作用。舞蹈作为我们实施素质教育的一种重要方式和手段，它能够很好地塑造一个人的身材和形态，培养一个人的聪明才智和创造性，具有其他学科所不能替代的效果。只有当我们正确地认识到了舞蹈和人的基本生命活动，舞蹈和人的智力以及创造性，舞蹈和德育、美育等具有密切联系之后，舞蹈美育才可能顺利开展。

随着近年来中国特色社会主义经济的不断发展，少儿舞蹈艺术素质教育的思想观念已经被越来越多的年轻人所认同和接受，广大的舞蹈老师和其他相关从业者都正面临着巨大的发展机遇与挑战。少儿音乐舞蹈艺术美育的课程设计与实施主要是以广大少年儿童为主要培养对象，它主要是对于少儿的身体健康发展的培养与促进，是对于少儿精神成长及未来提升中国高度自信心和责任感的一种具体表达与体现，功在当下，利在千秋。

1.正确地示范

舞蹈的形成过程是通过身体动作的形成而进行的教育活动。教师动作的演示必须正确，否则将直接影响教学效果和质量。舞蹈界有一句流行的话，"这个学生就是老师第一眼看到的学生"，由此可见，教师的行为示范对学生的学习有着深远的影响，因为孩子们正处于一个求知欲强烈、容易受到影响和改变的特殊时期。他们缺乏判断和识别行动的能力。他们通常做老师做的事。因此，教师的动作示范非常重要。正确的示范要求儿童舞蹈培训教师必须亲自准确地示范节奏和姿势，而不仅仅是用语言。此时，孩子们在意识中还没有形成对特定形象的理解。教师应不厌其烦地重复示范，使孩子逐渐在头脑中形成思维模式，树立特定的艺术形象。同时，正确的示范还要求教师不仅要正确跳舞，而且要准确使用课堂语言。只有把口语教学和个性化的课堂相结合，才能够达到一种理想的课堂效果。

2. 准确地纠正

学习中某些动作会不准确甚至错误，即使是专业舞蹈表演者也在所难免，少儿阶段的舞蹈学习也是如此，这就必然需要教师及时纠正其动作。首先，教师需要找出错误在哪，因为舞蹈的整体造型或者动作往往都是一个整体性的呈现，身体的每一个部分都会根据自己的特点而有其规定、形态。在日常的教学中一定也要快速准确地把握和找到主要的错误在哪里，而不是那样唠唠叨叨地给学生讲一些无痛痒的肢体表情或者身体语言，这样肯定无法真正从根本上做到纠正学生的这些错误动作，而且教师在不断纠正这些错误的同时，一定也要及时采取正确的教育手段，教师不能对学生进行过度的批评，甚至侮辱，比如"你为什么这么愚蠢，你不能做对吗""你是猪脑，你的行为很丑陋。"等等，不要给孩子或者是儿童的正常身心健康带来太多的压力和精神上的负担。其次，纠正动作不能快速进行，因为有些学生理解和接受的速度快，改正的时间也更短；相反，有些学生纠正得比较慢。教师要是快速对学生采取各种行动和纠正措施来提高教育效率，这往往适得其反，这会给年轻学生带来更大的心理压力。

3. 循序地引导

对于现代舞蹈艺术课程来说，在充分认识和尊重普通舞蹈课程教学的客观规律的前提下，首先必须要充分认识和了解舞蹈艺术本身的特殊属性和其教学方法，教育或者是舞蹈训练不能让学生静静地呆在自己的教室里，而是需要使学生的身体活跃起来。大多数的教师在实践性的教学中都是需要循序渐进，从简单到复杂，从浅到深，以个体成员运动规律的课堂教学为典型案例：教师在教授个体成员的动作时，必须要求遵循一定的教学规律，而不是脚和手、腿和脚，老师应根据自己的实际结合教学实践经历，有一定规律地对这些单一动作进行明确要求。

4. 科学的方式

少儿和成年人相比，其身体和心理上的发展和成长不是完全成熟的，通过对少儿的分析我们可以初步了解，少儿背部的发育表现在身体的形态上，即他们的背部躯干较长、四肢短、重心不稳，同时，他们的背部骨骼也具有一定的的弹性、柔韧性，不易出现背部骨折，但是，它们的背骨硬度弱容易使背部弯曲甚至变形，肌肉力量也相对较低，而且不具备控制语言和行为的能力，大脑也容易被唤醒，这就需要舞蹈教师在教学过程和日常活动中时刻牢记儿童健康发展的特点，因材施教。

少儿时期孩子的心理特殊性主要表现为自我好奇心旺盛和自我意识控制力薄弱。由于在小学起步阶段就已经开始独立地认知生活实物，他们对一切都充满着好奇，而恰恰"兴趣是最好的老师"，教师可以充分利用这一点，抓住孩子的各种童心、童真、童趣，运用生动、多彩、具体的兴趣培养和艺术训练等形式科学指导如何进行少儿舞蹈的艺术教学。同时，孩子们集中调动注意力的过程持续时间相对较短，意志力比较薄弱，教师也完全可以自由选择"兴趣—乐趣—知趣"的教学形式对其进行舞蹈教学，根据当前适龄儿童的音乐好奇心强等心理特点，让他们对自己所要参与的各类传统舞蹈教学形式和艺术内容产生兴趣，让他们充分地感受并达到自己舞蹈学习的最大乐趣。最后，把他们的舞蹈学习兴趣带向更高的精神境界。总之，教师应该在舞蹈课的进行过程中，充分运用一些科学的教育手段和训练方式，尽量避免在少儿进行舞蹈训练中可能造的成胸部损伤等不良现象的发生。

六、少儿音乐舞蹈教育教材的开发与利用

（一）音乐教材

校本教材作为国家基础音乐课程的重要组成部分，学校有必要依照本校的管理理念及教学工作实际，构建一套体现音乐文化特色的教育课程。对于中国传统音乐的教学，把自己的教材看作是唯一的教育资源，教师和同学只能是一个被动的利用者和接受者。这样"唯教材而教材"的理论思想观念正在逐步地构成封闭的现代音乐教学格局。这样就有可能会大大减少中小学生审美活动的投入和积极度，削弱了审美教育的作用。尤其是国家实施新课标改革以来，常规教材已无法满足学生的需求，并且在我们周围也依然蕴含着丰富的教学资源，亟待我们进行开发和利用。

以《××学校古筝校本课程》为例。《艺术教育古筝校本课程》是该校古筝专业教师在日常古筝教学和实践中对古筝进行的一部科学总结，该书是一部从零开始的，全面、系统地涵盖了各种由浅到深的古筝表现和演奏技能（主要包括各种高难度的演奏技能）的综合性练习集，通过一套科学、细致的教法和程序步骤，将高难度古筝的各种表现和演奏技能以及其他艺术知识和重难点——讲解，每字每句都是教师的心血与智慧的结晶，是他们教学改革与探索精神的展现。该书严格遵循国家标准和教学要求，坚持教师和学校贯彻面向所有全体学生，分类

引领和指导，因地制宜，讲求实效的教学方针，遵循传统的普及与改进相结合、课内和课外教学相结合、学习和实践相有机结合的教学原则，建构了该艺术学校文化艺术教育的新理念和格局。

（二）舞蹈教材

少儿青年舞蹈表演艺术职业教育培训工作不仅是推进我国少儿青年舞蹈艺术职业教育的一个重要环节，也是深入推进我国对青少年少儿舞蹈艺术教育深入落实"十三五"时期人才培养规划工作的重要一环。舞蹈艺术将其作为一种社会文化艺术美育，旨在为了能够使其帮助广大少儿真正正确认识自我、认清舞蹈生活、感悟舞蹈艺术，同时还旨在能够使其培养良好的审美价值以及其他的创新型逻辑思维能力，并最终能够使其发展形成良好的个人身体素质与社会文化气质。教材从某种程度上来说已经成为其学科教学的理论基础和教学之本，但是在我们的教学调研中可以发现，少儿音乐舞蹈学科课程并没有统一的自学教材及其与之相应的教学课程和素材等教学资源，每节课都可能需要充分依赖于任课教师的独立编创与自主选择恰当的教学内容。有的学校教师根据自己多年学习古典音乐和社会舞蹈的理论实践经验而针对他的学生自身特点对其进行了基础训练；有的学校教师直接选用了当年社会活动舞蹈专业技能资格考级的专业教材或者特别是社会舞蹈艺术类音乐专业课程的教材简化版针对他的学生特点进行了基础训练；有些学校教师则直接照抄了目前社会上普遍较为流行的社会舞蹈教材来对其学生进行了训练。因此，课堂教学的随意性比较大，教学中的目标不清晰,学生对于现代舞蹈的探究兴趣和学习积极性低。由此可见，建立一套健全能够有效适应我国青少年身心健康教育发展的现代舞蹈艺术文化与视觉艺术教材迫在眉睫。

《艺术教育舞蹈校本课程》是××艺术学校舞蹈教师在日常教学

实践的科学总结，是一部由浅到深的关于教授舞蹈专业技巧（包括各种高难度舞蹈技巧）基础性练习集，通过科学、细致的程序步骤，将舞蹈的各种表演技巧及其技术难点一一讲解，每字每句都是教师心血与智慧的结晶，是他们教学改革与探索精神的展现。教材严格贯彻了面向所有全体同学，分类进行教育指导，讲求教学实效的基本方针，遵循了普及与培养和提高有机结合、课内与班级和校际活动有机结合、学习和实践有机结合等基本原则，建构 ×× 学校艺术教育的新格局。

×× 艺术学校自开设舞蹈专业课以来，以传统的中国舞为主要教学内容，为学校喜爱舞蹈艺术的学生提供了学习和发展的平台。经过多年的教学探索和积累，形成以舞蹈专业课、舞蹈社团和兴趣班为载体的舞蹈教学活动，教学成果显著，百余名学生在全国省市各类舞蹈大赛中取得各类荣誉。

教材针对一、二、三年级的学生，主要由舞蹈素质训练、基本功训练和舞蹈考级组合三大部分组成，主要参考资料为中国舞蹈家协会舞蹈考级教材、山东省舞蹈考级教材，学生要在老师、家长的帮助下安全、系统、有效地进行学习，注意抓住每个动作的要点、重点和难点，通过学生的不断努力达到较好的训练效果。

教材共有内容十二章，每章三课内容，共 36 课，其中有舞蹈素质训练、基本功训练、舞蹈表演训练三大部分。

第二节　绘画艺术教育

一、少儿绘画教育的历史起源

绘画艺术教育的实施和人类发展史一样悠久和古老，绘画的历史最早可以追溯到原始社会新石器时代，当时的劳动人民就已经可以用绘画的方式来表达自己的情感和思想。中国从古至今都比较重视绘画艺术教育，下面分别从古代绘画艺术教育和近代以来绘画艺术教育进行分析。

（一）古代绘画艺术教育

我国古代绘画艺术教育的观念和实践大体上可以概括为重教化、重审美、重实用三大价值取向[①]。

首先是重教化的绘画艺术教育。所谓重教化就是重思想教育，古代统治者权利的高度集中对绘画艺术教育的影响是非常深远的。"重教化"作为我国古代社会实施绘画艺术教育的重要方式，是中国古代绘画艺术教育的本质特征，在我国古代社会发展过程中发挥了重要作用。可以说，古代的绘画艺术教育都是为统治者服务的。

其次是重审美的绘画艺术教育。什么是审美呢？当我们在欣赏一件艺术品时，会被它本身的外在形象所吸引，内心产生亲近感，带来了身心的愉悦感，这就是艺术作品所带来的审美体验。正是因为这种审美体验，让艺术品具有了"审美价值"。审美价值，是艺术品最原始的价值，是从作品诞生那一刻起就具有的价值，无关作者身份、无关创作背景，独立存在于作品本身。古代的绘画艺术教育非常重视绘画者审美的培养。

再就是重实用的绘画艺术教育。所谓重实用就是注重技能的教育，这个观点最早在《考工记》一书中就有记载。《考工记》出于《周礼》，是中国春秋战国时期记述官营手工业各工种规范和制造工艺的文献。古代的重实用绘画艺术教育参与者中，接受教育的人和实施教育的人通常是师徒相传、父子相承。

---

① 吴廷玉、胡凌：《绘画艺术教育》，人民出版社 2001 年版，第 2 页。

中国古代绘画艺术教育在教学思想和方法上至今都有很多值得我们学习借鉴的地方。例如，绘画教育注重对人整体素养的提升，更注重培养作画之人的品行，作画之人不仅要精通绘画的技艺而且要博览群书，上通天文，下通地理，做到全面发展。除了多读书增长阅历之外，古代绘画教育还非常重视举一反三的能力培养。对于绘画教育的历史，我们要取其精华，去其糟粕，把传统教育方法的精华继承好，传承好，发扬好。

（二）近代以来绘画艺术教育

近代绘画艺术教育是指 1840 年以来 180 余年的绘画艺术教育发展情况。回顾 1840 年至 1949 年这一百多年的绘画艺术教育史，一个突出的特点就是从片面强调绘画艺术教育的实用意义，到重视绘画艺术教育的精神意义的转变。我国近代绘画艺术教育是随着近代科学与实业的蓬勃发展而兴起的。从 1866 年洋务派在福州设的船政学堂开始，许多新式学堂都开设图画科，招图画生。但教学指导思想和培养目标都不是为了发展绘画艺术，而是为了新兴实业服务。实用的绘画艺术教育虽然能直接为经济建设服务，但却严重忽视了绘画教育在社会主义精神文明建设中的作用。所以很快就受到一些睿智的思想家和教育家的关注和批判。

新中国成立后，绘画艺术教育进入一个全新的历史时期。新中国成立初期，百废待兴，我国绘画艺术教育开始进入萌芽时期。这一时期的绘画教育观念深受前苏联的影响，非常重视绘画艺术教育技能方面的训练。从 20 世纪 50 年代初到 70 年代末，许多著名的绘画作品由此诞生了，如 1951 年罗工柳的《毛泽东在延安干部会议上作整风报告》，1953 年董希文的《开国大典》，1959 年叶浅予的《北平解放》，1967 年刘春华的《毛主席去安源》，1977 年陈逸飞的《攻占总统府》，1978 年陈丹青的《西藏组图》等。

改革开放以后，各行各业蓬勃发展，城市现代化加快，人民生活水平不断提升，这一时期我国绘画艺术教育得到长足发展。时至今日，在信息化、数字化的时代背景下，国家教育政策不断改革，教学方法不断更新，使绘画艺术教育观念焕然一新，新一轮的绘画艺术教育已经步入全新的历史新起点。

二、少儿绘画教育的现状分析

绘画教育从实践认知走上理论认知，是从当代才开始探索的。随着社会主义新时代的到来，少儿绘画艺术教育迎来了最好的发展机遇。素质教育这一崭新的教育理念的提出和国家对素质教育的高度重视，为少儿绘画艺术教育的发展提供了强劲动力。

近年来，国家印发了关于艺术教育的相关政策：2017 年 1 月 19 号印发的《国家教育事业发展"十三五"规划》中提到提高学生文化修养，坚持以美育人、以文化人；2019 年 3 月 13 号印发的《教育部关于做好 2019 年普通高校招生工作的通知》中提到推进高中学生综合素质档案使用，各地要指导中学完善学生综合素质档案制度；2019 年 7 月 8 号印发的《关于深化教育教学改革全面提高义务教育质量的意见》中提到严格落实音乐、美术、书法等课程，结合地方文化设立艺术特色课程，广泛开展校园艺术活动，引导学生了解世界优秀艺术，支持艺术院校在中小学建立对口支援基地。这些国家政策的支持为少儿绘画教育的发展奠定了基础。

（一）校内少儿绘画教育的现状

通过教育改革，中小学教材焕然一新，教材中的课例也渗透着新教育理念，但在校内教育唯分数论的传统观念的影响下，少儿绘画教育仍然得不到应有的重视，校内的绘画课堂依旧是不被重视甚至是可有可无的课程。绘画是孩子们表达内心世界的一种载体，少儿绘画教育能够提高少儿的观察能力，净化心灵，有利于孩子养成健康的学习和生活方式。课程表上每周都有美术课、绘画课、手工课等等，但其重要性远远不及文化课。与之相对应，少儿绘画的教育者们在学校里的地位也同样不及主课老师，这从某个角度会打击这些教师对自己所从事的这门学科的热情。即使教师有着自己的想法、愿意为少儿绘画教育做一些事情，但是在申请经费、设置课程上常常会碰到困难，教师们往往是处于心有余而力不足的状态。唯分数论的校内教学氛围使得整个学校的工作都在为成绩服务，校内少儿绘画教育的现状不仅不利于学生创造性思维的发展，也不利于教师创造性思维的发展。

当然，随着教育行政主管部门对校内绘画教育教学的重视，许多学校也开始做出改变，增设了各类艺术社团，我们相信，在不久的将来，会有更多更好的方式让少儿绘画教育在校内教育这块沃土上生根发芽，长成参天大树。

（二）校外少儿绘画教育的现状

校外美术教育机构也随着素质教育的浪潮蓬勃发展，它有与时俱进的教学理念，灵活多样的教学方式，宽松舒适的教学环境，为少儿绘画教育带来了新的活力。

校外少儿绘画教育作为一种社会教育活动由来已久，随着国家对素质教育的大力支持与倡导，校外少儿绘画教育也已经逐步得到了广大学生和家长的接受和认可，成为当今一种别具一格的社会教育文化新象。

校外少儿绘画教育有哪些优势呢？首先，在课程设置上更加市场化，市场需要什么样的绘画课程，他们就开设什么样的绘画课程，可以满足家长和学生的学习要求；其次，在绘画教学组织形式方面，教育形式独特，教学方法多样，极大地促进了学生的创造能力。例如，许多校外绘画培训机构引入了国外比较先进的绘画启蒙课程，很大程度上可以激发孩子们绘画兴趣的培养；再次，对于千差万别的学生而言，校内绘画教育很难满足学生的个性发展，而校外绘画教育可以针对不同学生因材施教，能激发学生的个性化发展。最后，校外绘画教育机构的教学条件灵活。例如上课时间可以根据学生的时间弹性调配，有较强的自主性；教学理念可以受当下绘画潮流的影响，随时改变和调整等。

随着教育的发展，少儿绘画教育在发展的过程面临着师资力量不足，培训班不够规范等问题，这也就阻碍了校外少儿绘画教育的持续发展。此外，校外绘画教育还存在哪些弊端呢？第一，校外少儿绘画教育机构良莠不齐，真正为了以培养孩子们的绘画兴趣和绘画能力为目的的少，而仅仅以盈利为目的多，市面上充盈着那种满当当构图、色彩鲜艳饱满、成熟而又矫揉造作的所谓的儿童画，让人找不到真正的童趣究竟在哪里；第二，当前的校外儿童绘画教育机构的教育方式和新课标的要求存在一定差距；第三，校外儿童绘画教育机构部分教师缺乏系统的教育理论知识的支持，并且教师流动比较大，不够稳定；第四，校外少儿绘画教育机构为了提高自身的品牌意识，往往过分强调对学生绘画技能的培训，而对学生美术鉴赏能力以及审美能力的培养却不够重视。

校内外少儿绘画教育虽然两者各有优势和特点，但又是相辅相成，缺一不可的，它们共同构成了少儿绘画教育这个庞大的体系，但同时也都存在许多乱象和问题亟待教育界共同关注和解决。

三、少儿绘画教育的目的和意义

当我们谈起少儿绘画教育的时候，大家往往会觉得少儿绘画教育是关于学会如何画一幅画，如何欣赏艺术品，但这些都是绘画教育的一部分，并不是全部，绘画教育的目的更多的是让美成为我们生活中那个最重要的准则和参照，高兴的时候感受到美，并能去润色他，令人开心的时刻更有余味与深意；难过的时候眼中虽然有泪，但心里始终是温暖的，会有所支撑。少儿绘画教育的目的是在孩子心中种下一个美好的种子，培养出对生活足够丰富的情感、感知以及自我表达的能力，所以，少儿绘画教育的目的和意义并不是单纯地培养艺术家或者是单纯地追求技能的提高，而是从笔尖到心灵，再从心灵到生活都达到一个平衡温和的状态，培养具有芬芳胸怀、圆满人格的人。绘画是少儿自我表达、情感表达以及对于世界认知表达的一种非常重要的方式。所以少儿绘画教育具有十分重要的意义。

（一）绘画教育净化少儿的心灵

绘画是一种精致的脑部活动，是少年儿童直接表达情感、自由宣泄情绪的重要表达方式之一。他们通过绘画，可以充分表达自己的内心情感和对外部世界的感受。少儿的观察力是十分敏锐的，并且他们具有丰富的想象力。他们通过自己亲身经历把见到的特别的事情运用手中的画笔描绘出来，使原本简单普通的事物在他们的笔下会变得生动可爱。绘画艺术教育让孩子们感受大自然，在自然界中提取灵感来创作绘画作品，让孩子们在大自然中感受自然美，在社会中感受人造物美。通过绘画要求少年儿童从自我做起，从身边的事做起，弘扬优良革命传统的良好风气。一幅绘画作品往往会让少儿在自我满足和开心中学会辨别是非对错。通过绘画，使少儿在创作绘画作品过程中受到启发和教育，净化少儿情感，规范少儿行为。从而促进少儿的身心发展。

（二）绘画教育提高少儿的观察能力

在绘画之前要做的事情就是仔细观察，通过观察才能获得对所画物体最直观的主观感受。无论是特殊的外形、独特的颜色还是复杂的结构，都需要仔细观察，随后进行认真思考，完成绘画作品。通过绘画之前的观察步骤，引导少儿主动搜集大量的素材，开阔眼界，激发自己丰富的想像力。通过观察，培养少儿一边看一边想象一边用手记录，达到眼、脑、手综合运用的能力。鼓励少儿通过观察去接触、认识和了解外部世界，在培养少儿的观察过程中，要给他们提出明确的观察要求并且根据要求来完成观察任务。要选择一些符合少儿年龄特点的观察对象，选择一些有趣的观察命题，真正调动起少儿的观察积极性。在培养孩子观察中，我们要注入一些科学的观察方法，例如比较观察、追踪观察、典型特征观察、按顺序观察等等，帮助孩子运用科学观察的方法，促进其观察力的提高。

四、少儿绘画教育的方法与途径

绘画活动是一种艺术活动，是少儿认识世界、探索世界的重要途径。少儿绘画教育的目的在于培养少儿观察能力、记忆能力、想象能力、表现和创造能力。教学活动中教师要探索多种多样的绘画途径，寻求百变多样的教学方法，让少儿绘画教育发挥更大的作用。

（一）少儿绘画教育的方法与途径概述

1. "示范—模仿"型的传统绘画教学方式

20世纪80年代后出生的一代在少儿时期接触到最多的教学方式就

是教师示范学生模仿的传统绘画教学方式，这种传统的教学方式也一直传承到了今天。从示范到模仿，看似简单容易的方法却忽视了很多问题，首先它忽视了观察的重要性，学生们对所画的物体不了解，甚至没有亲眼见到过，仅仅只是通过模仿，不可能达到少儿绘画教育的目的。其次简单的教学工具、枯燥的教学方式，很容易导致学生们厌学，试问学生没有了学习的兴趣，如何能达到少儿绘画的教育目的。

2. "实践—感知—归纳—创作—评价"型的绘画教学方式

"实践—感知—归纳—创作—评价"型的绘画教学方式中"实践"这一环节是需要教师带领学生走进生活、走进大自然、参加丰富多彩的实践体验活动等等，让少儿在实践中开启绘画的学习旅程。"感知"这一环节是教师引导少儿在实践的过程中把听到的、看到的、触碰到的、心中想到的作为绘画创作的素材积累到脑海中，也可以记录下来。"归纳"这一环节是教师引导少儿把积累的素材进行归纳整理，需要用到的素材继续完善，不需要的就要及时摒弃。"创作"这一环节需要教师针对每个学生的特点进行辅导，创作过程中鼓励少儿大胆创新，尝试用各种新形式、新材料表达自己的作品。"评价"阶段可分为学生自评、学生互评、教师评价三个部分，这一阶段要让少儿充分表达自己，讲解自己的创作思路，指出他人作品的优缺点，总结绘画过程中遇到的困难和开心的事情，这样才能让少儿把学到的东西内化于心。

3. 情感融入型的绘画教学方式

情感有很多种，爱国之情、亲情、友情、对节日纪念日的喜爱之情、对宠物玩具的喜爱之情等，如果将情感融入绘画教学活动中，不仅可以激发少儿的多种情感，而且会使他们对绘画充满浓厚的兴趣，从而达到少儿绘画教育的目的。例如：国庆节期间，可以开展以爱国教育为主题的绘画教育活动——《把祖国装进相框》，组织学生参观中国最美山河摄影展，搜集祖国壮美河山的图片和视频，通过多种绘画形式创作绘画作品，绘画完成后把作品装进相框，完成创作。

（二）青少年宫教学案例分析

【教学活动案例】

爱国情感培养课——《我为祖国母亲画幅画》

1. 教材分析

对学生认知水平的分析：该教材适用于7-10岁年龄段的学生学习，该年龄段处于小学教育阶段。这些学生对绘画有2~4年的学习经历，知识储备比较丰富，在绘画学习中有一定的模仿能力、造型能力和创作能力。

对教材内容的分析：为了迎接祖国母亲70岁华诞，设计了此次教材内容。教材以"我为祖国母亲画幅画"为主线，学生通过了解中国建筑、中国传统文化、中国传统节日等知识，进行《我为祖国母亲画幅画》作品创作。目的是加强对学生的爱国主义教育，加深学生对祖国的感情，引导学生开发自我的潜能和智慧，增强学生的主体意识，提高学生的思想道德品质，从而使学生健康成长成才，并将德育教育潜移默化得融入教学中。

2. 教学活动目标

（1）知识目标：初步了解中国传统服饰、文化、中国传统美食以及传统建筑等各种中国元素的知识。并可以将学习到的中国元素灵活运用到绘画作品的创作中。

（2）能力目标：进一步提升观察能力、概括能力、绘画临摹能力、绘画创作能力，加强创新能力的培养。

（3）德育目标：2019年是新中国成立70周年，以此为契机，激发学生们的爱国热情，培养学生的创作技能，激发学生绘画的兴趣，用色彩鲜明的画来表达对祖国的热爱，对幸福生活的赞美。在教学过程中的导入环节，通过观看《我和我的祖国》电影片段将学生带入到爱国主义情感浓厚的氛围当中，并让学生将感受记录下来，为后期的绘画创作做好铺垫。PPT 讲解阶段，利用多媒体通过观看视频的方式，将中国故事讲给学生，让中国传统文化走进学生们的心里，激发他们浓厚的兴趣。在正式创作阶段后期，完成一篇 300 字的创作感想和对祖国母亲的生日祝福，将学生们对祖国的爱用文字和绘画相结合的形式表达出来。

3. 教学活动重难点

针对线描高级班的学生，本次课程的教学重点是在培养学生的绘画兴趣的基础上，重点培养学生的创作能力和创新能力。本节课所需要解决的关键性问题是如何将收集到的有关中国文化的各种元素，巧妙地运用到作品中去，为祖国华诞献上一份特殊的礼物。

4. 教学活动过程

（1）导入活动：观看《我和我的祖国》电影片段；观影结束后让学生们相互交流观后感，并用 200 字记录下自己的感受。

（2）图片欣赏：教师讲解 PPT，通过四个部分（衣、食、住、行）的大量图片分别展示了少数民族和汉族的服饰，包括颜色、图案等。欣赏《舌尖上的中国》片段，了解祖国各地多种多样的美食文化。通过观看《上新了故宫》片段，学生探秘到了故宫里的宫廷文化、建筑特色等中国传统元素。了解红旗牌轿车的发展历程。学生们在接受知识的同时，浓浓的爱国主义情感也渐渐得到升华。

（3）草稿创作阶段：以"我为祖国母亲画幅画"为题，准备好 8 开素描纸，利用 30 分钟的时间让学生们进行草稿创作，教师巡回指导，解答问题。课余时间继续搜集资料，不断完善草稿创作。

（4）正式创作阶段：将草稿上交经教师指导修改后，进行正式创作。准备四开素描纸，经过铅笔起稿，勾线笔勾勒，马克笔（固体水彩、油画棒、彩色铅笔）上色，完成创作。教师进行课堂巡回指导，解答学生们遇到的困难，（重点注意画面构图、物体形态、色彩搭配等方面的指导）。完成一篇300字的创作心得，包括创作感受和对祖国母亲70岁华诞的美好祝福，用正楷字体写到作品空白处。

5. 教学活动评价

（1）作品新闻发布会（自我评价）：绘画作品完成后，每位同学都要将自己的创作思路、感受讲给大家，并对自己的作品进行自我评价，明确指出自己的优点和缺点。此环节学生根据小学生的年龄特点，逐步培养德育自主性。我的作品我做主，引导学生学会自我剖析，自我管理，自我成长，自我教育，让学生自己总结课程中的感受和收获，从而发自内心地更加热爱我们的祖国，将感恩教育逐渐内化为自我行动。

（2）绘画作品评价会（互相评价）：每个同学在介绍完自己的作品并完成自我评价后，其他的同学会将手中优秀或良好评价牌举起，进行互相评价。时代在进步，孩子在成长，我们的教学评价也要与时俱进，不断创新教学评价模式，以让学生更乐于接受的评价模式来评价学生创作的作品。

（3）教师评价：对学生表现进行评价，教师从课堂表现、作品完成情况、学生自我评价、互相评价等方面对学生全面分析，进行评价。

对教材进行评价，教学目标明确，符合课程标准和教材的要求；教学要求适当，切合学生实际，体现因材施教原则；突出重点、突破难点、教学中能够抓住关键；教学环节清楚，安排合理，衔接紧密；教学容量适度、思维密度适宜、学习负担适当。

【教学活动案例】

观察联想欣赏课——《走进春天》

1. 教学活动分析

本课旨在引导学生了解春天给自然界带来的变化，感知、欣赏春天的美。课程针对的学生已经具有一定的观察和创作能力,教师应在学生自主学习的基础上加以适当引导和点播,帮助学生更好地走进本节课。

2. 教学活动目标

(1)知识目标:创设情境走进春天,春天的大自然是什么样子的呢?观察春天的代表色彩及春天的特点,利用多种表达手法描绘春天。

(2)能力目标:引导学生感知、欣赏春天,提高色彩感受能力和对色彩的识别能力,用绘画的形式表现春天的景色及人和动物的活动。二是能用较连贯的语言清楚地表达春天的一些主要特征,进步加深对春天的认识。

(3)德育目标:充分激发学生对大自然的热爱、激发学生热爱生活的情感,培养学生善于发现、大胆表现、乐于交流、勇于创新的精神。

3. 教学活动重难点

(1)教学重点:引导学生感受家乡春天的变化。

(2)教学难点:激发学生发现美、表现美、创造美的欲望以及创作的技能和方法。

4. 教学活动准备

(1)要求学生课前阅读并收集有关春天的文章(古诗词)、图片。

(2)课件:搜集有关春天的图片,大师作品。

(3)图片:柳树、草地、田野、迎春花、小动物等。

(4)字卡:春意盎然、姹紫嫣红、含苞待放、生机勃勃、翠绿、鹅黄等。

5. 教学活动过程

(1)欣赏歌曲导入新课,引出主题。

师:同学们,我们先来欣赏一首歌曲,你们可以随音乐一起唱起来动起来。(欣赏歌曲《春天在哪里》)这首曲子描绘的是什么季节?

师:那你们知道春天都有些什么变化吗?让我们一起来欣赏一组图片,去寻找多彩的秋天吧!冬去春来,鸟语花香,春意盎然(展示字卡）。今天就让我们跟着春姑娘起到大自然中去，看一看春天的景色吧！顺势导入新课《走进春天》。

（2）出示课件，和学生一起感受春天，尝试发现。

师：下面我们一起欣赏春天的美景，教师利用多媒体播放春天的画面。你看到了什么？你从哪些地方感觉到春天来了？

学生思考回答：看到了树木、田野、花草、放风筝的人、农民在耕地等（引导学生从春天的色彩、春天里人的活动等感觉春天的到来。）

尝试发现，欣赏柳树图片感知柳树的变化。

师：同学们，请你们仔细地观察下这幅图表现的是哪种树，在春天它的枝条和树叶有什么变化呢？

学生观察回答：柳树。柳树的树杆是笔直的，颜色依然是棕褐色的，树皮很粗糙，但枝条顺下垂，每个枝条都很光滑，在春天变成了青绿色，枝条上缀满绿色的叶子，翠绿翠绿的，一片叶子像起伏的扁舟，扁扁的细长细长的。

欣赏柳树图片感知迎春花的变化。

师：同学们，请你们仔细地观察下这幅图表现的又是哪种植物，在春天又有什么变化呢？

学生观察回答：迎春花。鹅黄色的花朵并不大，样子像个小喇叭。那枝条纤长而尖细，是四棱形的，从根到梢，由粗渐细，由深绿变嫩绿，一条条地往下垂。盛开的花舒展着，多得几乎把枝条覆盖住了。枝头的花蕾正含苞待放。枝青花黄，搭配得多么协调。

小结：春天来了，树叶经过了冬天的孕育，现在终于发出了新芽。草儿绿了，枝子发芽了，遍地的野花、油菜花开的灿烂多姿，蝴蝶在花间戏舞，小鸟在轻快地歌唱，好一个生机勃勃的春天。

（3）欣赏大师作品，请学生说说欣赏作品后的感受。

小结：每幅作品的作者把对春天的感受通过构图形式和色彩搭配

以及夸张的造型等方面，淋漓尽致地表现了出来。

（4）同学们也迫不及待地想动手画一画。

让学生运用手中的材料，来装饰姹紫嫣红的春天。学生创作时，教师在旁引导，随时出示同学之间一些好的创意以启发其他同学的创作思路。在同学们的创作中，教师始终要渗透着构图、造型、色彩方面的知识，并根据每个学生的个性进行挖掘与启发。

（5）展示作品，讲评作品。

同学之间互评与老师讲评结合。

教师小结：同学们瞧，春天被我们描绘的多美啊！一副副作品生机勃勃，柳树吐露新芽，各种花儿争奇斗艳，蜜蜂和蝴蝶穿梭于五彩斑斓的花海中，使画面增添了几分生趣。

（6）活动结束。

春天是个美丽的季节，我们可以到大自然里尽情感受春天的美，还要做个护花小卫士，爱护花草树木，保护环境。

6.教学活动评价

一是针对学生的年龄特征，为实现教学目标，完成教学任务，采用谈话法、图片观察法相结合进行教学。为充分发挥学生主动性、参与性，课前让学生积累了大量的对于春天的认识和经验知识。所以在今天的活动中，同学们都能积极地举手发言，也能较好地展开讨论。在活动中学生的参与性比较强，在绘画的环节学生也能较好地布局画面，对于春天的主要特征都能在作品中表现出来。二是通过课前观察、实践，以及查找课题资料的过程不仅使学生观察到春天大自然的变化，认识春天的季节特征，体验、发现春天的乐趣，感受大自然的美，而且更好地把学生兴趣引导到生活中来，调动了他们的积极、主动性和创造性。增强他们爱护花草树木，保护环境的意识。

【教学活动案例】

亲子课堂绘画课——《一片叶子落下来》

1. 教学活动分析

《一片叶子落下来》是一本关于生命的书，我从哪里来？我会去哪里？为什么要活着？死是怎么回事？一片叶子回答孩子所有关于生命的疑问。文字简单亲切，寓意深长，画面清新简洁，这是本最适合用来做"生死教育"的教材。一堂由家长和孩子共同参与体验的心理成长课程，重在"教中学，学中悟"，不断内化和提升，将自己的感悟跟大家分享出来，生成新的知识，再进入深一层的感悟和内化。

2. 教学活动目标

（1）知识目标：梳理叶子的生命历程，从阅读中获得生命成长的力量，感悟生命中每个阶段的美好。

（2）能力目标：能够根据叶子的造型设计出主题鲜明、意境生动的粘贴作品。

（3）德育目标：懂得生命的意义，珍惜生命，勇于分享、表达自己的感受。

3. 教学活动重难点

（1）重点：了解生命的历程，获得成长的力量。

（2）难点：理解生命的真正意义，珍惜每个成长的阶段。

4. 教学活动方法

情感体验法、启发讨论综合法。

5. 教学活动理论依据

为贯彻《中长期青年发展规划（2016—2025年）》，根据《精神卫生法》《"健康中国2030"规划纲要》中提出的内容：心理健康是人在成长和发展过程中，认知合理、情绪稳定、行为适当、人际和谐，适应变化的一种完好状态。加强心理健康服务，是社会主义核心价值观内化于心、外化于行的重要途径。中小学校要重视学生的心理健康教育，培养积极乐观、健康向上的心理品质，促进学生身心的可持续发展。

6. 教学活动前期准备

（1）提前带领孩子们走进大自然，寻找秋天的变化，捡拾落叶。

（2）教师准备"一片叶子落下来"的 PPT。

（3）粘贴树叶用的胶棒和 8 开纸。

7. 教学活动过程

（1）暖场阶段。

情境导入：播放上节课，采风写生照片。大胆体验画一画，我是小老师。鼓励孩子们到前面的黑板上画出秋天里你发现了什么？孩子们画了大树和落叶。大家都喜欢像老师一样在黑板上画画。分享作品。启发孩子们根据自己的画面，说出多彩的秋天有哪些变化？教师简单做小结，导入新课主题。

（2）工作阶段。

读一读：带着问题：生命的意义是什么？开始欣赏、阅读"一片叶子落下来"。放优美音乐，理查德的"落叶"。播放事先准备好的"幻灯片"，在场学员每人一段，事先安排好，边阅读，边赏析。

说一说：大家阅读后分享讨论"生命的意义"，采用启发讨论综合法，然后分享、内化后提升，生成深一层的关于对生命的意义的理解，进行内化、提升。

写一写：欣赏完"一片叶子落下来"的 PPT 后，将对"生命的意义"的理解分享给大家，内化后继续提升和总结，并鼓励大家写出来。

贴一贴：虽然树叶脱离了大树母亲的怀抱，结束了生命。但我们还可以通过树叶粘贴画，根据树叶造型，把捡拾来的树叶，创作出美丽的图画，使一片叶子在生命的最后，还能给人们留下美好的回忆！

（3）总结阶段。

展一展、评一评：在优美的音乐声中，大家把写在粘贴画作品上的感悟与大家分享，自评、他评与教师评价相结合。讲评作品效果，畅谈自己的收获与启发。

8、教学活动反思

本次课程家长和孩子共同参加，共同体验、感悟生命的意义。在活动中指导家长平时与孩子相处时，关注"生命"这个主题的引导、启发、提升内涵。通过"我当小老师"在黑板描绘秋天，达到暖场效果。

播放音乐"落叶"和绘本"一片叶子落下来"的PPT。在优美的音乐声中，每一个人朗读一段"一片叶子落下来"，每个人都参与，每个人都是主体，运用情感体验法。此环节重要的是在阅读前抛出问题一："生命的意义是什么？"赏析完大家分享生命的意义，内化后提升、梳理并写出来。继续延伸一片叶子生命的价值。亲子体验粘贴树叶画的快乐。展示作品，评价作品，体验分享的快乐。

【教学活动案例】

体验传统艺术刻瓷课——《盘子也疯狂》

1. 教学活动背景

刻瓷艺术是一种传统手工艺术，秦汉时便有剥凿瓷釉的方法，称为"剥玉"。从魏晋开始，随着陶瓷业的发展，大量精美瓷器出现，帝王、官宦和一些文人墨客在玩赏瓷器之余，很想把咏诗题文的墨迹留存于其上，以便永久保存，于是当时的艺人们便在施釉前的瓷坯上，用直刀单线刻出诗文书画的轮廓，这便形成了最初的瓷刻。宋代定窑瓷器的装饰，就是在瓷坯上刻出花纹后施釉烧制的典型代表，精湛的雕刻技艺和不朽的艺术价值，充分体现了古代劳动人民的勤劳智慧和卓越才能。

2. 教学活动课程分析

刻瓷与教育的结合是基于学生兴趣而设，比较简单易学，适合6-16

岁少年儿童。本课程属于普及型课程，引导学生从基础做起，了解刻瓷的历史，文化渊源、创作步骤，使少年儿童通过自己动手操作，培养跨学科解决问题的能力。同时培养学生的想象力、创造力、动手能力、实践能力、协作能力等核心素养。

3.教学活动目的

淄博的陶瓷文化源远流长，以刻瓷艺术等为代表的陶瓷生产技艺日趋精进。与此同时，淄博市的书画艺术也被推向一个新的境界。为更好地传承、发扬这两种文化，擦亮这张靓丽的城市名片，青少年宫坚持从娃娃抓起，从小培养青少年继承、发扬地域文化宝贵遗产的信念和能力，先后创建了陶艺手工坊公益体验区和刻瓷社团，组织开展了一系列丰富多彩的主题实践活动，让青少年亲身体验到刻瓷艺术创作的乐趣，增进了青少年对文化的认识和热爱。

传承传统工艺美术，将其融入宫本课程中，让学生感受传统工艺美术的魅力，激发学生的创作和传承热情。课程立足学生的主体参与，追求学生的主动发展，通过多样的实践体验，培养学生人际交往、参与社会实践、认识自我、探究发现、创造意识和能力、与环境和谐相处等技能。

4.教学活动重难点

培养学生的思考和动手能力。如何利用刻刀不同的刀头造型、手部力量的控制等把线条刻的流畅整齐。通过学习增强构图能力和色彩搭配能力，学会渐变色的运用和色彩的变色原理。

5.教学活动过程

（1）多媒体播放刻瓷作品。

（2）介绍工具：刻瓷机器、白瓷盘、毛刷、颜料、刻瓷防护用具。教师向学生展示并介绍用途。

（3）介绍刻瓷的制作过程，示范步骤，教师边讲解边指导学生代表上台操作演示。

步骤一，设计底图：首先要设计底图，指导学生可以根据自己的想象画出底图，也可以用电脑打印出来的图案。然后把画好的图纸按原图大小剪下多余的部分，检查一下图纸是否完整，将复写纸垫在下面把它粘在盘子右下角适宜的位置，沿图纸的轮廓复印一遍，使底图清晰的印在瓷盘上。

步骤二，刻制：首先打开刻瓷机器红色开关，将速度调节到2，将刻瓷手柄拿稳，在刻制粗线条时要换上粗刀头，还可以刻制单线纹理，这样看上去才会显得有力度。还要注意线条的深浅，该刻深的时候用点力，浅的时候就放松些。这样刻出的才会显得逼真、柔和。图样刻完后再用柔软的纸将盘面擦干净。

图案刻完后，用毛刷扫几下，把碎渣扫干净，就可以进行清洗了。清洗的目的是为了更好地上色。把瓷盘放进清水中进行清洗，将瓷盘表面用毛刷清洗干净，然后用棉布把瓷盘擦干，就可以上色了。

步骤三，上色：用棉棒蘸取颜料，根据盘子上凹陷的痕迹进行上色。

（4）刻瓷的基本要求：坐姿要端正，两脚要自然放松，特别要注意安全；刻瓷要有耐心；一人一桌，避免相互干扰。

（5）学生制作：学生根据老师说的步骤开始尝试制作。这个过程老师一定要寻回指导，观察学生的制作过程，及时发现问题并解决问题。

6.教学活动评价

每个作品学习完成后，进行集体总结，学生与大家分享自己在观察、思考以及在练习过程中的收获和反思。然后以绘画或日记的形式记录下来，学生养成了善观察、勤思考、勤动笔的好习惯，提升了绘画能力、写作能力，同时养成善于总结的好习惯，为未来的人生打下良好基础。

本课程采用相关技能评价、过程表现评价与技能展示评价相结合的方法，多元主体评价贯穿全过程的评价方法。每人一本"评价手册"，每次活动一张评价表，对整个学习情况进行评价。

评价项目包括：自评（学习过程）、互评、教师评。根据表现情况，分为优秀、良好、合格、不合格。（为了鼓励学生，一般不采用不合格等次。）

（1）评价方式。

学生自评：每节课结束时，由学生自己对学习体验过程进行评定，并填入"评价手册"。

学生互评：每节课结束时，与大家分享收获和反思，并互相评价别人可取之处，指出可提高或改进的地方。将评价结果填入"评价手册"。

教师即时评价：对学生学习过程中的亮点、优点随时点评，指导。将评价结果填入"评价手册"。

（2）评价说明。

此项评价以鼓励为主，基本达到标准即可得良好，即使完成得不是很好，得合格的同学，教师也要重视他们，在教学的过程中完善教育，用学生接受的方式细心辅导、不断提醒逐步达到目标。不合格选项只是起到约束、提醒的作用，不建议连续使用。教师针对模仿能力弱一点的学生，可通过发表自己的感想、收获来奖励自己，填补到弱项，让学生感觉到只要付出都会有收获。

7.教学活动总结

在学习过程中，以小组为单位进行创作，通过小组内成员互相交流探索，分享经验，学生学会互助和分享。同时在合作开展的创作作品过程中，学生学会与其他同学互相配合，互相照应，共同完成，培养合作的意识和习惯，提升合作能力。每个作品完成后，进行集体总结，与大家分享自己在观察、思考以及在练习过程中的收获和反思。然后以日记或感想的形式记录下来，养成善观察、勤思考、勤动笔的好习惯，同时养成善于总结的好习惯，为未来的人生打下良好基础。

【教学活动案例】

绘本创作课——《狗》

1.教学活动简介

绘本，顾名思义就是"画出来的书"，指一类以绘画为主，并附有少量文字的书籍。绘本不仅是讲故事，学知识，而且可以全面帮助孩子建构精神世界，培养多元智能。

2.教学活动目标

（1）以《狗》作为创作主题,教师引导学生走进生活,了解狗的特征。养成善于观察的好习惯。

（2）学生通过观察，与已有的知识建立联系，进行归纳、判断，将信息搜集、整理。确立绘本故事的主要内容和表现方式。

（3）通过观察和思考，学生能够运用多种美术技法，将看到的、想到的结合已有的经验进行组合、提炼、夸张以及强化，能够完成情节设计有序、想象合理、可持续性强的绘本创作。

（4）绘本故事创作完成过程中和完成后，学生可以与大家分享自己在观察、思考过程中的收获和反思。通过小组合作、讨论、倾听等学习过程，学会吸取他人的有益建议和丰富自己的作品。

3.教学活动方法

（1）创设情境，让学生在体验中感知、探究。

（2）运用启发式原则，采用多种教学方式，充分调动学生学习的积极性，促使他们快乐学习，发散思维，大胆地进行艺术表现和创造。

（3）以小组合作式，激励同学们团结互助。利用身边的各种资料和所学知识，动脑筋制做作品，学会合作，并妥善保管自身的设计作品。积极参与社会实践活动，开阔视野，增加社会经验。

（4）充分利用多媒体教具展示图片，通过放映幻灯片、影片、录像片等教学手段和现代教育技术进行美术作品欣赏等直观教学。

4.教学活动重难点

（1）绘本创作最重要的一点是绘本故事的内容，如何使故事更加具有趣味性，更加生动是绘本创作过程中需要重点把握的。

（2）绘本创作中构图要有新意，用色要大胆。

5.教学活动内容

（1）导入：人类最熟悉的身边朋友，要数狗了，人们也十分喜欢它们，因为它们既忠实于主人又机灵聪明。世界上不乏各种名犬，人类训练它们，让它们牧羊、导盲、缉毒。

学习小故事：狗曾被人类奉为先祖。早在母系氏族社会时期，生活在黄河流域的原始人就已养狗，《周礼》设犬人官职，专司相犬‘牵犬’以供祭祀。汉代朝廷设狗监，是掌管皇帝猎犬的官员。到了唐代，五场之中有狗坊，是专为皇帝饲养猎犬的官署，在人类社会进入畜牧和小农生产时期，狗守户报警，照看畜群，成全人类的大业。

（2）为了启发学生创作欲望，请学生欣赏绘本《大嘴狗》《一条长长的狗》《小狗叼叼》，引导学生抓住狗狗的特征来为绘本取名字以及确定主角狗狗的样貌特征。引导学生如何欣赏绘本，请学生选出自己最喜欢的一段话，一幅图，分享给大家。学生结合日常生活展开联想，突出主题，大胆构思。使得故事情节完整，画面内容丰富，层次感强。

（3）小组讨论，以小组为单位对自己的故事情节和主角形象进行讨论，互评。带着大家的建议和意见，进一步完善绘本《狗》的创作。

（4）写一写、说一说。根据自己的美术作品，把故事情节写出来。并且与大家分享。

（5）想一想、画一画。完成绘本创作作品。

6.教学活动评价

（1）举行班内主题绘本故事大赛，以投票的方式，评选出最受欢迎绘本故事奖和最佳绘本创作奖。

（2）学生互评，同学之间从故事情节、绘画技法、创新等方面互相评价。

（3）教师总评，教师根据每位学生的作品有针对性地评价。

7.教学总结

绘本创作课程为少儿绘画教育增添了很多生机与活力。绘本创作课程可以将生活和绘画紧密结合，符合少年儿童的的认知规律。教师根据学习内容创设各种情境，用发现美的眼睛去关注有趣的自然变化和生活情趣；用聪慧的大脑去思考自然的奥妙和生活的百态；用灵巧的双手去描绘美丽的大自然和美好的生活。在绘本创作活动中，将自然、生活、美术知识、技能，与情感态度、价值观溶为一体，从而提升学生的核心素养。

五、少儿绘画教育的发展方向

（一）适应社会需求，重视少儿兴趣培养

对于少儿绘画教育来说，兴趣是很重要的，兴趣可以引导少年儿童在活动中，积极参与，勤于动手动脑，激发少年儿童思维想象力、创造力。例如，在课程的导入环节中，运用师生互动的小游戏可以更好地激发少儿的学习兴趣；在课件的制作上，运用活泼生动的动画符号穿插在教学过程中，可以吸引学生的注意力，激发学生兴趣；在教学过程中，通过小组合作、团队比拼等多种多样的形式来激发少儿的学习兴趣；在教学评价环节中，运用学生互评、我来当老师等新的评价方式，让少儿可以换一个角色来看待自己和他人的作品，激发他们的上课热情。

激发兴趣单单从教学设计中挖掘新的思路是远远不够的，在课程设置上也要与时俱进、不断创新。我们已经进入电子信息时代，现代

少儿绘画教育不在再局限于传统的书本教学，互联网的普及给少儿绘画教育提供了更多的便利。少儿绘画教师要充分利用互联网和多媒体工具，获得丰富的教学资源，通过制作丰富直观、生动有趣的教学课件，提高绘画教学效率，调动儿童学习绘画的积极性。许多少儿都可以操作电子产品，可以设置电子绘画课程，例如让孩子们认识数位板，学会使用数位板，并能利用这些电子产品帮助他们进行绘画创作。在绘画材料的选择上，不要一味地使用单一的纸张，可以寻找更多的绘画媒介进行创作，例如在石头上作画，学习沙画，运用陶泥作画等等。

（二）完善教学活动设计，促进少儿全面发展

绘画教学活动设计中主要涵盖了教学主题、教学背景、教学重难点、教学方法、教学过程、教学评价这几个方面。在实践中，教师可将这几个环节调整为创设情景、提出问题、引导讨论、鼓励独创和展示判断。这是以鼓励创新，激发创造力为目的的。创设情景，指的是将情景贯穿于教学过程，使其成为诱发创作动机，引导少儿学习技能的推动力；提出问题，指的是围绕内容与方法提出问题，让少儿观察和思考；引导讨论，指的是师生共同参与讨论，引导少儿按自己的体验，大胆表现，努力超越自我。展示判断，指的是给少儿展示作品的机会，让少儿通过比较自己与同伴的作品来判断和自我评价。比如，设定主题为画"春天"，首先，教师可带少儿到郊外去放风筝等，春天的情景是怎样的，鼓励少儿大胆表述。少儿通过自己的亲身体验和所见所闻，就能画出丰富多彩的"春天"画面。画完后，少儿互相欣赏自己的作品，讲讲自己作品的意义，这样，孩子们互相学习，取长补短，提高绘画技能。

要选择积极向上且具有时代性的教学主题，全面多方位分析教学的背景和重难点，选择形式多样的教学方法，创新教学过程，提升教学评价的质量，才能完成一个较为全面较为完善的教学活动设计。完善全面

的教学活动设计，不仅能够在绘画方面激发少儿的潜能，而且能够有效地促进少儿的全面发展。创建特色活动环境。校外的绘画教育不同于校内的绘画教育，它的教学内容不会被特定的教材束缚住，所以就可以在教学活动的设计上进行创新。将绘画课堂搬出教室，走进大自然、博物馆、实践基地等社会场所，为少儿绘画教育创建更具特色的活动环境。

（三）完善教学环境，提高师德建设水平

校区环境在一定程度上反映出一个机构的综合实力和文化理念。校区环境对学生的影响是潜移默化的。因此，一定要重视校区环境的创设，并且不断进行改进和更新。在进行校区环境创设时，大的基调一定要奠定好。比如，儿童美术教育氛围一般较为轻松活泼，符合儿童年龄段孩子的特点。因此，可以采用绿色、黄色、红色、蓝色等较为活泼的颜色。根据教室的作用不同，可以在风格上做一些变化。例如，针对低年级学生教学的教室可以装饰的更加活泼、稚嫩。而对于素描、水粉等高年级专业课的教室，则可以适当简洁、现代些。在保证大的环境基调的前提下，针对不同功能的教室再进行不同的环境创意。在少儿绘画教学中，创设审美化教学环境有利于形成有效的课堂教学氛围。具有艺术性的学习环境可以带动学生的审美，提高他们对美的鉴赏能力。在这样的环境中学习，有助于激发孩子的艺术兴趣和绘画潜能，促进想象力和创造力的发挥。

加强师德建设是教师队伍建设重中之重的内容，也是永恒的教育主题。师德是教师最重要的素质。作为人民教师，为人师表是重要的品质，古今中外，无数优秀的教师事例证明，育人单凭热情和干劲是不够的，还需要以德立身、以身立教。良好师德是教师最伟大人格力量的体现，教师要有高尚的道德情操，才能以德治教、以德育人，才能以高尚的情操引导学生全面发展。对教育管理者而言，只有真正认识师德建设的重要性，才能增强工作主动性和创新意识，才能把师德建设作为教师队伍建设的一项永恒的主题常抓不懈。教师是学生学习的直接参与者，教师的行为往往对学生有着潜移默化的影响。要重视教师的思想建设，注重高尚师德师风形成的环境和制度建设，提高教师的思想政治素质。教师自身也要加强职业道德的学习，增强责任心和事业心，争做德才兼备的好教师。培养好的教师是少儿绘画教育事业不断发展的根本条件。

第三节　书法艺术教育

一、少儿书法艺术教育的历史起源

书法是中华民族特有的艺术形式，一门古老的艺术，形态各异的汉字是祖先智慧的结晶，也是文明的表象，更是我们传达信息、交流感情的重要工具。有质朴天真、意趣高古的先秦书法，有浑圆遒劲、秀媚端庄的篆书，有庄重严整、绚丽多姿的隶书，有酣畅淋漓、气韵通达的草书，有结体严谨、端方规矩的楷书，也有行云流水、张弛有度的行书。各种书体姿态万千，书者群峰竞秀，这是中华民族优秀传统文化的重要组成部分。

（一）古代书法艺术教育

在中国的古代，书法又被称作"法书"，到了隋唐时期，随着科举制度的兴起，字写得好，一度成为读书人晋升的最重要的标准，出现了"以书取仕"之说，从那时起到清王朝的灭亡，封建社会沿袭了这项制度，把书法作为重要的教育手段。书法如此重要，古人孜孜以求，纵观中国书法发展史，记载了王羲之"池水尽黑"、智永"退笔成冢"、怀素"蕉叶学书"的辛劳付出，也记载了无数书家著作书论的毅然执著。

关于古代书法教育，前贤今人大多认为是肇自《周礼》中的"六书"教育，关于"六书"教育的内容，许慎《说文解字》中有注解，"六书"是指"指事、象形、形声、会意、转注、假借"等六种诠释文字字形和构造的理论。

在古代，学习书法和供查阅的字典，刊正字体的字样，以及集录文字字形和用"六书"的理论来分析文字的书，称之为"字书"。最早的"字书"就是提供给学童练习吟诵的识字类书籍。所以古代的书法教育的启蒙阶段是识字和写字齐头并进的，兼有两种功能：其一是传授文字和知识，兼顾生活和历史常识；其二是提供汉字的书写范本，要求字形规范，书法美观。

古代书法教育的最主要的形式就是私学，而私学最为直接的方式就是蒙童教育。蒙童教育成熟于汉代，其机构被称之为"书馆"，教师则为"书师"。但是作为正式课程被纳入教学体系的是从唐代开始，尤其是在太宗李世民时期，其本人善书且达到痴迷程度，随之而来的就是书法文化开始慢慢发展壮大，当时王羲之的法帖成为朝廷的书法范本，君臣文武竞相习王字，也成就了虞世南、褚遂良、欧阳询等一大批书法大家。到了明清时代，蒙童书法教育就有了专门的书写教材，书体囊括了欧颜柳赵等等。对于蒙童书法教育的全面阐述，南宋大理学家朱熹所著《蒙童须知》中对文案、研墨方法、坐姿要求、执笔方式、字体分类等都有了明确而又系统的规定。

除此之外，还有一种形式就是以师带徒，即对学子进行小范围的技能技巧的传授。这两种方式也是现代书法教育的主要形式，由此可见，这些书法教育方法是最适宜的，也能够促进书法教育的有效发展。

（二）近代的书法教育

1840 年，中国迈入近代时期，随着"西学东渐"蔚然成风，中国和西方文化的交流逐渐密切和融合，西方先进科学技术大量引进，存世的古代法帖和新发掘的甲骨文、钟鼎文、石鼓文、简帛书法得以大量印刷发行，许多私人藏品也得到了广泛流传。尤其是辛亥革命以后，故宫等地的开放，使许多学书者能够看到历代法书精品的真迹，为学习和研究书法提供了更大的便利。正是在这样的历史条件下，近代的书法教育也呈现出熔古铸今，色彩斑斓的局面，形成了鲜明的时代特色。

民国时期学者和教育家们也把书法上升为提升国民审美素质的工具。著名教育家、北大校长蔡元培先生提出了"以美育代宗教"的说法。1912 年至 1949 年，是一个社会大动荡时期，军阀割据，战争频繁，特别是日本帝国主义的侵华战争使中国人民遭受了巨大的苦难。随着书法教育的不断发展，书法的实用性就成为学校书法教育的首要任务，虽然在学校开设了习字课，但是形同虚设。陈公哲于 1944 年发表的《小学书学教育之基础》中说："故在今日学子中，欲求书法妍美整洁有所谓馆阁体者，亦不可得，而小学教育虽有习字课程，但乏专人指导，具文而已。"随着钢笔的普及和应用，毛笔字的地位更是岌岌可危。所以，对于社会而言，书写便捷和实用是排在首位的，鲁迅先生在他的《论毛笔之类》中对这个问题有过精彩论述："我自己是先在私塾里用毛笔，后在学校里用钢笔，后来回到乡下又用毛笔的人，却以为假如我们能够悠悠然，洋洋焉，拂砚伸纸，磨墨挥毫的话，那么，羊毫和松烟当然也很不坏。不过事情要做得快，字要写得多，可就不成功了，这就是说，它敌不过钢笔和墨水。譬如在学校里抄讲义罢，即使改用墨盒，省去临时磨墨之烦，但不久，墨汁也会把毛笔胶住，写不开了，你还得带洗笔的水池，终于弄到小小的桌子上，摆开'文房四宝'。况且毛笔尖触纸的多少,就是字的粗细,是全靠手腕作主的,因此也容易疲劳,越写越慢。闲人不要紧,一忙,就觉得无论如何,总是墨水和钢笔便当了。"[1] 钢笔、铅笔、圆珠笔成为大受欢迎的书写工具,毛笔也就自然成为一种牺牲品了,传统的毛笔书法教育也就自然随之黯淡。

(三)现代书法教育

1949 年新中国成立后,标志着中国进入现代社会。70 多年来书法教育也伴随着走过了一段不同寻常的风雨历程:1949 年至 1976 年,书坛相对沉寂,只有少数书法家为书法事业的传承赓续努力燃烧着,沈尹默先生多次在不同报刊或单本印行的论书文字发表著作,对书法的教育事业起到了一定作用(后于 2006 年中华书局集结梳理出版了《学书有法 沈尹默讲书法》);1963 年中国美术学院设立了中国画系书法篆刻专业,也培养了一大批书法专业人才。20 世纪 70 年代后期,书法事业蓬勃发展,无论是创作的作品数量和质量,还是社团协会的组建,特别是书法教育的再度复兴等等,都不是以往任何一个时期可以比拟的。1978 年浙江美术学院(现为中国美术学院)由沙孟海、陆维钊等老先生发起,开始招收书法研究生,开创了书法事业的薪火传承;1979 年首次举办了"全国群众书法征稿评比"拉开了新时期书法赛事的序幕;1981 年中国书法家协会成立,书法事业逐步开始社会团体化。20 世纪 80 年代以后,各类书法业余学校、函授学校书法专业遍地开花,在教学上利用现代化手段推向全国各地。学校书法教育也得到了逐步发展,青少年宫开设书法特长班、中小学开设写字课(以大仿和描红为主要方式)将书法教育做到了从娃娃抓起;师范院校以及部分大专院校开设书法课,使书法教育逐步进入良性循环的轨道。尤其是高等书法教育机

---

① 鲁迅:《论毛笔之类》,《太白》半月刊第 2 卷第 12 期,1935 年 9 月 5 日,署名黄棘。

制不断完善，大学书法本科、硕士、博士研究生教育的体系化，为书法界输送高级书法专业人才提供了可靠保证，如此大好局面，亘古未有。

二、少儿书法教育的现状分析

（一）少儿书法教育的社会现状

历史车轮驶至 21 世纪，科学技术的发展日新月异，互联网时代应运而生，计算机和智能手机的普及应用，使人们对纸质汉字的书写衰冷了许多，很多人或提笔忘字，或错字连篇，或词不达意，或满纸狼藉，书法怪相层出不穷，"江湖书法""搞怪书法"等哗众取宠、以丑为美博取着人们的眼球，竟也堂而皇之登上大雅之堂和走进一些重要场所，甚至入编一些地方书法教材，对人们的书法审美水平产生了错误的引导。在校内外书法教学中，很多教师一味依赖电子教材和教学软件，对少儿的书法技能和审美教育明显存在着松懈。此外，在校内外书法教育中也存在着教育制度不够健全，书法教材五花八门不规范等问题。再者，教育行政管理部门也没有推行一套适合不同年龄段发展的统一标准的书法教材，这使学校书法教育处于一种可有可无的尴尬地位。虽然校外教育作为校内特别是艺术教育的有效补充，但也存在着培训机构以功利性为目的，教师水平良莠不齐，教材以个人书体为主等现象。

（二）少儿书法教育的学校现状

当前，学校对少儿的书法教育也存在着明显的不重视。书法教育是实现素质教育的一个主要途径，然而，在应试教育的大氛围下，书法教育就显得不够"刚需"，只是从实用性角度上提高书写水平，争取到各种考试的"卷面分"，所以导致素质教育停留在口头上，实质性进展步履维艰，当然书法教育也难逃厄运。很多学校对《教育部关于中小学开展书法教育的意见》落实不到位，没有很好地进行教学实践。校外教育和一些社会培训机构设施简陋，资质不全，专业教师以次充好，在教学目的性上存在急功近利，教学质量上"水过地皮湿"。综上所述，少儿书法教育的学校现状，使得当下的书法教育困境重重。

再者，学校的书法教育体制尚不够健全，没有统一标准的教材，而且缺少专业的书法教师，教育资源相对好一点的学校也只是在教师队伍里面选择写字好看的教师替代专业的书法教师，几乎是由语文教师来充当。他们达不到专业书法教师的水平，这也就让书法教育失去了真正含义。校外教育和培训机构甚至出现了"会写毛笔字"就能当书法教师的现象。

还有随着电子产品的普及，更多时候键盘一敲，就能代替书写，也造成了更多的少年儿童不愿去写字。需要文字，可以用打印来替代，这种思想的产生造成了书法教育的两难之地。此外，少年儿童对书法的艺术价值兴趣也不断减弱，总认为传统艺术已经过时，这也是在学校开展书法教育的困难所在。

三、少儿书法教育的目的和意义

写字是少儿的一项重要基本功。任何国家和民族的学生在学习阶段都离不开书写。如果字写得不好或者错字连篇，必定会影响学习成绩，也会对思想感情的交流产生不良影响。反之，如果把字写好了，而且美观整洁，准确地表达自己的思想感情，就能够更好地完成各学科的书面作业，也能为今后的发展打下良好的基础。

书法线条的粗细、长短、肥瘦、浓淡、干湿直接在洁白的纸上留下令人陶醉的痕迹。墨色的变化，再加上朱红的印章，就成了一幅美妙的作品。难怪著名书法家沈尹默先生动情地说："世人公认中国书法是最高艺术，就是因为它能显示出惊人的奇迹，无色而具图画的灿烂，无声而具音乐的和谐，引人欣赏，心旷神怡。"[1]

一方面，我国有着几千年的文字记载历史，每一个汉字都有一定的涵义。书写教学，除了使学生们掌握正确的写字法则以外，还应该使他们懂得选择书写内容的重要性。比如，书写"万里江山入画图""为有源头活水来"等内容，学生在书写的过程中，就可以明白汉字的结构能力很强，表达的内容也丰富多采。在对学生进行写字作品的欣赏教育中，可以使学生懂得我国的文字与实物或事情是密切相关的。在这一方面，纵观世界上任何一个国家和民族的语言文字都无法和我们相比肩。在欣赏作品的同时，还能让学生懂得我国文字的字体很多，书体也很多，真是百花齐放，群芳争妍。培养少年儿童热爱祖国的语言文字，是书法教育的一个重要目的，这也能使他们坚定我们的文化自信。要达到这个目的，应当通过字形的变化、文字的组合、章法的安排等方面来完成。

另一方面，少儿正处在长身体和发展个性的阶段，因而，后天的可塑性较强。写字教学就是要培养学生做事仔细认真、善于体贴人的品质。

四、少儿书法教育的教学原则

（一）科学性和思想性统一的原则

少儿书法课是根据少儿年龄特征和接受能力去实施教学的，其本身就具有一定的科学性，又是一门线条艺术课，文字又是表现思想的符号，书写的内容必然要表现一定的思想。因此，在教学过程中，一定要注意科学性和思想性的有机统一，具体有以下几点要求。

第一，要体现书法教学的根本方向。书法教学的科学性是思想性的

---

[1] 中国教育学会书法教育研究会：《中等师范学校课本书写训练》，辽宁教育出版社1996年版，第267页。

基础。在教学中，不能只注意科学性而忽视它的思想性。如果只注意到执笔和运笔、笔画的书写、偏旁的练习、结字的安排、章法的审美等内容的前后衔接，但没有及时地对学生进行思想教育，那么，学生在组词书写中，就有可能出现一些低级庸俗的文字内容。反过来，如果只注意对学生的思想教育，而不讲究科学性也是不行的。比如，在针对低年龄段进行教学时，一开始应当讲执笔和运笔的内容，但有人为了突出教学的思想性，先不讲执笔和运笔的内容，却大讲其章法安排和深奥的审美思想，这样，不仅破坏了教材的科学体系，还忽略了学生的接受能力，结果往往事与愿违。

第二，结合书法教学的性质，发掘教材内在的思想因素。现行的书法教材在编排时，力求体现科学性和思想性的统一。尽管如此，也应该结合教材的科学性，努力发掘教材的思想性。比如在低年级讲解基本笔画以后，可以组合"立大志""大美江山"等一些思想性比较强的简单的词语或成语，组织学生进行练习。教材的科学性是基本固定了的，思想教育的深浅程度是可以灵活掌握的。在发掘教材内容的思想深度时，决不能违背科学性。

科学性和思想性统一的原则要时时得到贯彻，这是提高书写水平的最重要前提。自古以来，凡是品格高尚的书法家，大家都十分敬重他，凡是品格低下的书法家，人们都鄙视他，人品书品俱佳，德艺双馨才是最高追求。

（二）理论联系实际原则

任何学科的教学都离不开理论联系实际的原则，书法教学也是这样。书法课理论联系实际的原则，就是指书法教师在讲书写知识的时候，要密切联系学生的书写实际，讲清书写的方法技巧，以培养学生的书写能力。

书法的理论教学，主要是指写字的方法和规律的知识性教学。小学写字课的实际状况，主要是指小学生的书写练习和写字兴趣小组的活动等。对于老师来讲，如果不讲书写的理论，根本谈不上理论联系实际。比如，老师不讲基本笔画的写法，学生就无法用理论来指导自己的实践活动。此外，还要从学生的实际出发，用通俗易懂的语言讲述书写技巧和方法。对学生来讲，就是要求他们能够学以致用，要用学到的理论知识，分析和解决自已书写中遇到的实际问题，以培养自己的书写能力。那么，在书法教学中，教师怎样才能做到理论联系实际呢？

第一，教师应当针对学生的书写实际情况，进行理论教学。教师在教学前，对学生的实际书写水平要有全面的了解，还要了解学生接受理论教学的能力，对书写的兴趣。然后确定讲解书写知识点的深浅程度，确定教学的重点和难点。这样，就能避免理论教学中无的放矢的现象。比如，教师在课前已经知道全班学生的执笔和运笔已经基本过关，基本笔画的书写已经达到了教学的要求。那么，教师在讲上述内容的时候就可以略讲，或者不讲。又比如，教师在讲课前知道学生写不好女字旁，那么，讲课时就应仔细地给学生讲女字旁的书写要领。这样，理论教学和学生的实际才会联系恰当。首先，如果教师对学生书写的实际情况不了解，就会出现理论偏深或偏浅的现象。偏深了，学生接受不了；偏浅了，学生不感兴趣。这两种现象不利于写字教学任务的完成。其次，教师在进行书写知识的讲授时，还要注意横向联系学生的实际。比如，学生在耳朵旁的书写中，老写不好，为什么？后来，教师在其他学科中找到了原因，有不少学生受数学课的影响，把数目字"3"的草写带入了双耳朵旁的书写中，所以总是写不好这个偏旁。教师一定要注意克服空讲理论和忽视实际的问题，以培养学生用理论来指导实践的能力。

第二，书写实践活动，要在教师讲授的理论指导之下进行。实践活动主要是学生的书写活动。书写活动要有具体的目标要求，这种目标要求就是要把教师讲授的理论知识进行转化的能力，离开了教师理论知识的指导，学生的实践活动就会变得无目的，如教师讲了左右结构字的写法，可是学生在书写练习时却写上下结构的字。这种讲与练脱节的现象，实际上就是严重的理论脱离实际的现象，这就会影响教学效果。一般说来，教师的理论指导是有限度的，学生的实践活动却是无限的，实践活动是多种多样的，写作业、办板报、搞写字作品展、书法比赛、参观书展等都是很好的实践活动。这些实践活动都不能离开教师的理论指导。如果教师的理论指导及时得当，那么实践活动的成绩就会大大提高。

第三，理论联系实际，就是要把知识变成能力。写字课是实践性很强的训练课，这就要求学生一定要做到在理解书写知识的前提下，恰当地开展实践活动。这种实践活动的最终目的就是要求学生把知识变成能力。学生学习书写的理论知识，不仅要会懂、会记，更重要的是会用，能运用书写技巧写出优美的字来。会用，不是指死记硬背，而是要用书写的理论知识来指导自己的书写练习。比如讲左右结构字的书写，左边部件小，右边部件大，教师在讲授时总结出了"左边小、上面齐"的书写口诀，学生就要用这个书写规律，正确地书写唱、明、堆、峰等字，而且要写得十分好看。这样，书写的知识就变成了书写的能力。

第四，理论联系实际，要注意广度和深度。所谓广度，就是写字活动的形式要多种多样。学生的书写活动形式如果长期停留在一种形式上，那么，这样的书写活动就会显得单调呆板，不新鲜。广度还包括书写练习的内容要广博。比如，笔画练习、结字练习、章法练习等。所谓深度，首先，要考虑学生的接受能力，注意学生的书写实际，在普及的基础上适当增加一些难度。理论联系实际中的广度和深度的确定，还应该注意小学生的不同年龄段的区别。其次，要切实讲好基础知识，比如，讲好笔画的写法，讲好结构的安排等。基础知识没有讲好，根本谈不上深度，也根本谈不上难度，更谈不上把理论与实际结合起来了。总之，理论联系实际的原则，最主要的一点就是要把理论知识（主要是书写知识）变成实用性很强的技能、技巧，也就是要使学生写出优美的字来。

（三）因材施教原则

因材施教的原则就是要求教师根据学生的实际情况进行教学。在具体教学过程中既要面向全体学生，提出统一的教学要求，又要照顾个别差异，这就要求把集体教学和个别辅导结合在一起，使每个学生的写字才能都能发挥出来，并且得到充分发展。

书法教学一般是以班级为单位进行的。一个班级学生的写字水平不可能整齐划一，不能只抓优秀学生而放弃其他学生。所以，这就要求每位书法教师贯彻因材施教的原则。在教学过程中，怎样具体应用这一原则呢？

第一，教师要了解学生的书写水平，这是贯彻因材施教原则的重要前提。只有对学生的情况了如指掌，教学才会有的放矢。教师要了解学生两方面的情况：一是了解班级的书写动态，如优秀学生的书写特长，个别学生厌学或弃学书写的真正原因等；二是认真把握学生的书写现状，如执笔和运笔的情况，笔画的书写和组合情况，结构的大小和布白情况，课外书法小组的活动情况等等。只有全面了解了学生的书写现状，教学时才会做到心中有数，才会避免盲目教学现象的发生。

第二，在因材施教的过程中，还应当适当调整学生的书写心理。尖子学生的书写水平高，容易产生骄傲自满的情绪，尤其是参加比赛获奖后，有可能出现上课不听老师讲解，或者不照书写规则练习写字等现象。因此，教师在表扬这类学生的同时，还应当指出他们在书写中的不足，鼓励他们向更高的目标奋斗。后进学生写字基础差，自卑感强，对这类学生，教师应当多给鼓励，切忌挖苦讽刺，更不能伤害他们的自尊心。在指出他们书写中的不足时，尽量指出优点，还应多讲讲克服不足的方法和技巧，帮助他们克服畏难情绪，使他们逐步树立写好字的信心。

（四）直观性原则

书法教学中，教师为很好地完成教学任务常常要通过示范书写、图像解析、实例对比和生动的语言描述等方式，以丰富学生的感性认识，为学生掌握知识的规律奠定良好的基础。贯穿在这一教学过程中的原则就是我们常说的直观性教学原则。

第一，要根据书法教学的具体任务和实际情况，选用直观教学手段。直观教学原则包括很多类型，不同的类型适用于不同的教学环节。如果教师讲解的内容和直观手段配合得好，就会收到良好的教学效果。

1. 书写示范

这是写字教学中最直观的教学手段，任何书法教师都离不开书写示范。教师的书写示范，能给学生留下深刻的印象，无形中增强了学生的理解、分析、接受和记忆的能力。示范分为集体示范和个人示范两种。集体示范，应着重书写技能的传授，讲清字形书写特点和书写方法及运笔过程等内容。这是面向全体的直观教学，因此要考虑大部分学生的接受能力。教师面向全体学生书写示范时，不宜过快，关键处要慢，要突出重点，反复强调，学生可以用手指在课桌上跟着比划。这样，又使教师的书写示范变成了学生的模拟练习。教师给个别学生示范时，除了讲清上述内容外，还应当纠正学生书写中出现的毛病，通过示范，帮助他们找出书写的规律和运笔技巧。除了教师的书写示范外，还可以组织写字好的学生当场示范，互相观摩，以达到巩固直观教学成果的目的。

2. 例字讲解

这是直观教学中又一种主要的手段，教师出示例字卡片或投影片，然后根据例字的笔画和结构进行讲解；或者是将若干比例恰当的笔画、部件，根据教学内容作巧妙的组合，寓知识教学于趣味形象之中。例字讲解能起到举一反三的作用。运用例字进行直观教学，要多引导学生总结其中的书写规律。

3.对比分析

这种直观教学类型就是要把同一个字的正确写法与错误写法作比较，比较两者笔画的粗细、长短、斜正，比较两个部件组合的高低、大小、容让。比较两者的布白，比较两者的美丑等等。通过比较分析，学生就会知道怎样的写法才算是正确的，怎样的写法是错误的。俗话说"不比不知道，比才明了"，说的就是这个意思。当然，对比分析时，还可以选择笔画疏密不同的字形进行多方面的比较，以加深印象。

4.实物观摩

实物的种类很多，如牌匾、碑帖、楹联、报头、书家作品等。这些实物中的规范字一般都写得好，都能对学生进行直观教育。如叶圣陶写的"语文""少年文史报"等字，书写规范，学生观摩起来容易受到美的熏陶。

5.语言描述

凡是比较难懂的知识，或者难以掌握的书写技巧，教师在用语言描述时，最好形象一些，用学生容易接受的生活实例进行讲解，做到化难为易。比如讲解"蜀"字的写法时，先讲"蜀"字是四川的简称。一般认为四川有四条大江，所以，"蜀"字头上有个"四"字：四川东西两地相距很远，所以，"四"字应当写得宽博一些：四川是个盆地，因此，四字头下的一撇和横折钩合起来就是盆地的样子，而且横折钩的竖画宜直下或者微微偏左一点；四川自古以来就养蚕，所以这个字内有一虫子。这样的语言描述，既讲清了这个字的构成部分，又巧妙地介绍了一些书写技巧。语言描述的直观教学,所用语言切忌生硬死板,应力求深入浅出。

第二,直观手段的选择要与书写技巧密切配合。无论使用哪一种直观手段,其目的都是介绍书写技巧,都是要让学生把字写正确,写美观。离开了这个前提的直观教学,一般都是无用功。教师的书写示范、例字讲解、对比分析、实物观摩和语言描述等,都要引导学生仔细观察,认真琢磨,从中把书写知识变成书写技能。

第三,运用直观教学,一定要讲求实效。直观教学不是一种形式主义的东西,教师一定要通过直观教学的方式努力提高教学水平。因此,直观教学一定要根据教材的具体内容及要完成的教学任务来确定,该用则用,不该用时不要硬用,一定要讲求教学实效。

（五）系统性原则

义务教育阶段书法教学具有严密的科学性和系统性,它严格按照由浅入深,由易到难,由简到繁的程序来编排。教师在进行书法教学时不能破坏这个系统。那么,作为教师应怎样贯彻系统性原则呢?

第一,严格按照顺序进行教学。在进行教学时,注意学生的年龄特征和心理特征,及他们的接受能力和理解能力[1]。因此,在启蒙阶段,教材偏重于笔画训练和书写的技法训练。等学生有了一定基础以后,再进行偏旁部首的训练和结字训练,到了高年级,才安排章法训练。如果教师不按照顺序教学,不根据学生的身心特点,势必会破坏教材的系统性,而且也根本无法完成写字教学任务。

第二,要做到教学的系统性,教师要熟悉教材内部各知识点的联系。每节课的教学内容都不是孤立的,前后有一定的联系,这些联系形成

---

[1] 中国教育学会书法教育研究会:《中等师范学校课本书写训练》,辽宁教育出版社 1996 年版,第 280 页。

了教学的系统。比如，讲了横画的写法及其特征后，这和以后的横折、横钩都有一定的联系。在讲"横"的书写时，前后应当基本一致，不能产生矛盾。熟悉教材的目的在于弄清其"系统性"，明白它的重点和难点，恰当处理前后的照应，确定哪些详讲，哪些略讲，哪些作为重点训练的书写内容，哪些书写技巧要反复强调等。又比如，在讲基本笔画的写法时，应着重讲清横、竖、点的基本写法。因为，这些点画与其他笔画有着密不可分的联系，写好了这些笔画，其他笔画也就容易写好了。总之，对整个教学过程，既要注意教学内容的系统性，又要注意前后知识的连贯性。

第三，在贯彻系统性原则的过程中，要注意学生书写训练的系统性。书法课是一门实践性很强的训练课，可以说每节课都有一定的书写训练量和书写训练目的。教师在进行知识的传授、书写示范的过程中，容易做到系统性。但学生在训练的时候，却容易脱离教学目的，盲目练习。因此，教师要随时提醒学生切实按照教学内容进行系统的书写训练。在系统的书写练习中，要注意分散难点，突出书写练习的重点。

（六）规范性原则

在实施书法教学中，无论是在选择教材上还是在选择字帖上，都要遵循规范性原则。那么，教材或字帖的规范性表现在哪些地方？教师又应怎样遵循它的规范性原则呢？

第一，教材或字帖的知识性要完全符合国家语言文字工作的政策和法规，这将促进语言文字的规范化和标准化。因此，在教学中一定要贯彻规范性原则。无论哪个年龄段的教材或者字帖内容，都应严格根据国家关于语言文字的相关规定进行认真编写，完全符合少年儿童书法教学的实际情况，它的规范性主要表现在以下几个方面。

1. 名词术语的规范性

我国文字有几千年的历史。长期以来，在写字的范畴内，由于门派的不同，形成了各种不同的名词术语。这在一定程度上对写字教学起到干扰作用。比如，在执笔问题上，就有五指执笔法、三指执笔法、撮笔法等说法。因此，教师在书法教学中，就应当使用统一的规范性的名词术语，对其他提法可以不再提及，以免引起学生对名词术语记忆的混乱。

2. 笔画名称、写法和笔顺的规范性

在长期的写字教学中，各个门派根据自己的创见，对笔画名称都作了不同的规定，对各种笔画的写法也都有不同的见解。比如，以点画为例，有人根据点画出现的位置，把它们分为左上点、右上点、左下点、右下点和中点等。根据它的形状又分为圆点、侧点、垂点和长点（或反点）。根据写法又分为挑点、撇点等。根据点画之间的关系又有左右顾盼点和对点等。对于小学生写字来讲，这好像是一座迷宫，不好掌握。因此，在笔画的书写上，应采用学生易于掌握的方法，一开始不涉及圆笔和方笔之争。比如"类"字，末画是捺，就不能写成点。在笔顺上，同一个字长期以来就有不同的笔顺之争，比如写"火"字，有人先写两点然后写撇捺，有人先写点撇后写点捺，甚至有人先写撇和捺然后写两点等。书法教师在训练学生书写的过程中，一定要严格遵照笔画名称的提法、笔画和笔顺的规定，不能违背这些规范性原则。

3. 坚持文字书写的规范性

我国文字在历史的长河中，产生了繁简字、异体字等样式。对这些字的书写练习，如果不作统一的规定，势必会影响学生的学习。因此，小学写字教材所讲的书写知识都是根据规范字来编写的，所选的字例全部是中华人民共和国教育委员会和国家语言文字工作委员会颁布的规范字，对繁体字和异体字一般不讲。教师在教学的过程中，一定要坚持文字书写的规范性，要给学生作出良好的榜样。

第二，坚持规范性原则，为纯洁祖国的语言文字作贡献。一个国家要发展，一个民族要提高自己的文化素质，没有统一的规范性语言文字是办不到的。书法教师如果不按照规范字书写，那么写出的字，学生可能不认识；学生如果不写规范字，那么，老师也可能不认识。长期这样下去，国家的发展和民族文化素质的提高就可能会成为一句空话。因此，在教学中，贯彻规范性原则就显得特别的重要。教师在日常工作中起到示范带头作用，坚持书写规范字，不是写字上的小问题，而是在做纯洁祖国语言文字的大事。

（七）巩固性原则

书法教学中的巩固性原则，是指教师在讲解书写技能的基础上，把书写的方法形象地教给学生，使他们长期地保持在记忆中，为学习新的书写技能打下坚实的基础。

学生在学习写字的过程中，容易产生回生现象，这是不奇怪的。比如教执笔，小学生当堂学会了，可是第二天又忘了，执笔的姿势回生了。这就需要我们在教学中不断使用巩固性的教学原则，加深学生印象，使学生牢固地掌握书写技巧，把书写知识变为书写能力。具体应从以下几方面入手。

第一，教师讲清书写要领，使学生掌握书写技巧，这是巩固性原则的重要基础。书法课是一门实践性很强的功课。这门功课的每个书写环节，都要求教师讲清书写的要领。比如，运笔的技巧、结字的方法、行列的安排等。只有讲清了书写的要领，学生才会留下深刻的印象，才会从教师的手中学到书写的方法和技巧，把知识转化成能力。这样一来，回生的现象在一定程度上就可以避免。如果教师在讲解书写的要领时，层次不清，内容含混，方法不当，这就会给学生带来困难，造成记不住和学不会的现象。即使当堂学会了一些，过后又会回生。

第二，教师精讲，学生多练，这是贯彻巩固性教学原则的关键。小学写字课要讲的内容很多，不可能一次性全讲，教师必须有所选择，把最主要的书写知识和技巧，分批分量地、逐步地传授给学生，使教学目标优化，这就是精讲。比如讲撇画，撇画的种类很多，书写起来也较为复杂。究竟讲什么，这就应当根据教材的具体内容，把最主要的撇画种类和写法教给学生。由于教学内容作了优化处理，学生容易记忆和掌握，因此也就容易巩固，回生率就可能会低一些。学生多练是巩固性教学原则不可缺少的一环。学生只有多练，才能熟中生巧，才能巩固旧知识，获取新知识。学生多练，是把知识变成能力的重要途径。实际上，学生的多练，就是在不断地巩固书写知识，不断地把知识变成能力。

第三，教给方法，总结规律，这是最好的巩固形式。方法是知识中的知识。教师在写字教学的过程中，不能只讲知识而忽略了方法。比如讲走之的平捺，一般说，它是"一波三折"。但这仅仅是一种笼统的说法。因为，教师没有把一波三折的方法具体地教给学生，平捺中三折的长短、斜正，对过渡和它同其他笔面之间的关系交待不明，书写的方法更没有涉及，所以，不少学生写不好走之。又比如心字底，如果教师讲清了它的笔画关系，讲明了书写方法，学生就会在短时间之内写好这种难写的偏旁。此外，学生在不断的书写练习中，也逐渐摸索出了书写规律，所学的知识无形中就会得到巩固。

五、少儿书法教育的方法和途径

（一）课堂教学

课堂教学是书法教学的主要形式。教师根据教案内容，让学生加以练习，这在书法教学中是尤为关键的一个环节。学生的写字水平，主要是在课堂的教学实践中形成的，因此，教师要上好课，就必须认真完成课堂的教学任务，具体有以下几方面。

1. 预习

教师在上课之前，要引导学生对所学内容加以预习，这是上好一节课的必备条件。书法课的预习有别于其他学科，学生除了要浏览教材和理解范字的书写方法之外，还要尝试临写范字，对中年级的学生在预习时的要求要高些，除了做到低年级预习的要求以外，还要明白笔画之间的关系和结构特征，在认真读帖的基础上背临范字。高年级的预习要求最高，学生要初步掌握书写的技巧，在背临范字的过程中，尽量把书本上的技巧变为书写能力，逐步培养书法审美能力。

学生预习的效果如何，与教师的指导有密切关系。首先，教师要针对学生的具体情况，提出预习目的；其次，提示预习方法以逐步培养学生的自学能力。再次，要防止教师对预习不作要求，让学生放任自流的现象发生。

2. 讲解

教师在课堂上的讲解，要表述准确。对学生在预习时提出的共性问题，应当讲解清楚，在讲解书写的难点时，要运用教学智慧合理分散难点和突出重点。

3. 示范

教师的书写示范是书法课必不可少的重要环节，也是使学生最直观地获取知识的形式。示范分为全体示范和个别性示范两种。全体示范适用于讲课的全过程，它是把教师对书写知识的讲解变成书写技巧的直观表现。示范时，可运用多媒体投影，边写边讲解，大到整个字的间架结构，小到基本笔画的运笔方法都要讲解示范到位，使学生真正听懂、会写。

4. 提问

教师在讲解和示范的过程中，可以适当提出几个有代表性的问题，让学生独立思考。这样不仅可以使学生巩固所学知识，还可以引导他们总结出书写方法。

应当注意，教师在提问时，不要求多，而应求精；要照顾全局，不要只针对某个人；要针对知识的普遍性，不要只注意特殊性。

5. 指导

书写方法的指导是书法课最普遍的教学形式，一般是在讲解之后，学生书写训练的时候开展的，分为集体指导和个别指导两种。当教师发现学生在书写训练中存在着普遍性的问题时，应当及时地采用全班集体指导的方式。这样，可以纠正学生共同存在的书写不足。个别指导是在照顾集体的前提下，针对个体出现的书写不足进行指导，特别是对书写水平高的学生和书写水平相对低的学生的指导。对前者的指导要求要高一些，除了掌握课堂所学，还可以适当布置一些书写难度相对较大的技法。对后者的指导要求可以放低些。只要求他们掌握课堂内讲述的主要书写技法即可。

6. 复习

课堂教学结束后，教师要及时布置作业，让学生对学过的内容进行复习。复习的内容要与课堂的内容同步进行。复习的方式很多，但都离不开书写训练这一基本点。 复习既可以把以前所学的书写技法进行全面的复习，也可以采取分步复习的方式，一步一 步地练习。 复习时要有计划。首先要复习好上节课和本节课讲述的内容，然后，再复习以前讲述的内容。总之，复习时要有长、短计划的安排。

学生在复习的过程中，教师还应该给予及时的指导。也就是说，学生的复习与教师的指导要密切地结合起来，这样，就会产生较好的效果。

7. 巩固

巩固是学生牢固掌握知识和技能的一种手段。巩固分为课堂巩固和课后巩固两种方式。课堂巩固较容易，教师在讲了书写知识和技巧以后，学生立即进行练习，并且能在很短的时间内把知识转化成能力。巩固的时间比交短暂。因此，巩固的方式，大量的还是在课外被采用。课外的书写练习、作业抄写，都是巩固的形式。学生除了上述的巩固形式以外，欣赏书法作品、参观书展也都是属于巩固的形式。巩固的形式应当不拘一格。

在课后的巩固过程中，要注意不良写法的坏影响。教师中不正确的书写方法、社会上不良的书风，都会抵消课堂教学的成果。因此，巩固离不开书法教师的正确引导。

8. 提高

提高是在复习、巩固的基础上进行的。可以说，复习和巩固是一种普及的方式。有了普及，才有提高，没有普及就谈不上提高。

书法课的提高方式分为两种：一般性的提高和特殊性的提高。一般性的提高针对全体学生，面广，但提高的幅度不大；特殊性的提高，一般针对尖子生，面虽然窄，但容易出成果。在对学生进行提高的过程中，教师应当两者兼顾。

（二）参加活动

组织学生参加活动，是书法教学的重要组成部分，也是课堂教学的有效补充，它有利于巩固课堂教学的成果，促使学生把在课堂上学到的书写知识和书写技巧运用到实践中去。

书法课的知识丰富，书写技巧灵活多变，仅靠课堂学习是不够的，这就需要积极开展活动。开展书法教学的活动，要发挥学生的主观能动性，培养他们独立动脑和动手的能力。

1. 作品展览

举办学生作品展览是开展书法活动的一种好方式，它可以增长学生的见识，借鉴别人的长处，从而促进写字教学水平的提高。要搞书展必须注意以下几点。

（1）作品展要有计划性。书法作品展览，一般应放在重大的节日举办。如儿童节、国庆节、艺术节、学期或学年汇报等一些重要节点。展览的活动不宜过多，过多则滥，也会给学生带来一些压力。每次展览的间隔时间要恰当。

（2）注意展览的内容。展览的内容可以根据举办的目的而定，可以配合节日举办相应的书法展览，也可以举行专题展览①。比如庆祝建党一百周年作品展、师生作品展等。书法展览的内容要健康向上，形式要活泼生动。除了这些展览以外，还可以组织学生参观社会团体等组织的各种展览，或者辅导学生创作作品参加不同级别的书法展览。

（3）做好书法展览的准备工作。包括征集作品，审查作品，选择展览场地等，尽量全员创作作品参加展览。

（4）要认真组织学生参观展览。书法教师带领学生参观的过程，实际上就是讲解欣赏的过程。学生参观时，有时分辨不出作品的好坏，这就要靠书法教师的引导和讲解。这样，既可以激发学生的写字兴趣，还可以培养学生的审美能力。

（5）认真总结书法展览的经验。每次展览，总会有一定的得失，应该认真总结经验，为以后组织展览奠定基础。总结经验，首先要听听师生的反映，发现写好字的苗子，选准重点培养的对象。书法教师要冷静思考书法展览中的成功经验与不足之处；既要重视展览的内容，也不可忽视展览的形式。找出优点，是要看到光明和希望，鼓舞信心；

---

① 中国教育学会书法教育研究会：《中等师范学校课本书写训练》，辽宁教育出版社 1996 版，第 295 页。

总结不足，是要寻找奋斗的方向。

2. 参观

参观社会团体组织的各种展览、名胜古迹中的碑刻楹联是书法课外活动的重要内容。参观活动一定要在书法教师的指导下进行。因为，各种书法展览、碑刻楹联中的文字有不少是繁体字或异体字，这与学生的认知水平有一定的距离。而且，在书体上，有相当一部分是楷书以外的行书、草书、篆书等，学生既不认识，又不会欣赏。这就需要教师耐心指导和讲解，以提高学生的欣赏和审美水平。

【书法教学、活动案例】

<h3 style="text-align:center">低年级硬笔书法教案——横的写法</h3>

1. 教学目的

（1）使学生认识横的形态，掌握横的写法。

（2）掌握"从上到下"的笔顺规则。

（3）写好"一、二、三"三个字，初步认识笔画的间隔要均匀。

教学重点：横的写法和笔顺规则。

教学难点：书写横画中用笔的顿、提、按及"三"字横画长短和间隔的特点。

教具准备：田字格黑板和"一、二、三"的范字卡片。

2. 教学过程

（1）组织教学，安定情绪，检查准备情况。

（2）复习检查：检查学生坐的姿势和执笔方法。

（3）导入新课：从今天开始，要用米字格来帮助我们学习写字。字是由笔画组成的，并且有它组成的规律。我们先学横画的写法。板书课题。

（4）讲授新课：

1）学习横的写法。

认识横的形态：看图，再观察老师板书，弄清横画行笔的方向，长横和短横在形态上的异同，懂得横在汉字中就是"一"字。

横的写法：①写横画的三个过程：起笔、行笔、收笔。老师边讲边示范，再次示范时让学生念出写横画的三个过程。②教师三次示范写横画，结合起笔、行笔、收笔讲按、提、顿的动作。③再观察横画的形态、轻重的变化。

指导学生在米字格中写"一"字，并说明横画左低右高。学生练习，教师巡回指导。

2）学习"二"的写法。

笔顺：从上到下。

一字多横，长短不同。"二"字上横短、下横长。说清两横应写在米字格中什么位置上。

学生练习写"二"，教师巡回指导。

3）学习"三"的写法。

教师边示范边讲解。

笔顺：从上到下。

长短变化，中横最短，上横比下横稍短，下横最长。

结构：三个横画，每一横的起笔和收笔与左右边线的距离要相等。即每一横的中点在竖中线上，每一画的间隔要均匀。

学生在米字格中练习写"三"，教师巡回指导。

（5）学生作业展评。

（6）课堂小结。

1）横的起笔和收笔要重。起笔要按，收笔要顿，行笔稍轻，要提，与左右边线的距离相等。方向从左至右，左稍低，右稍高，呈微微上斜势。

2）一字多横时，横的长短要有变化，笔画间的间隔要均匀。

3）笔顺规则：从上到下。

高年级毛笔书法教案——上下结构

1. 教学目的

通过本课教学，使学生了解上下结构的各种不同组合形式，掌握上下高矮相同，而宽窄不同的字的写法，掌握上下对正的结构原则。

2. 教学重点

上下长短相等而宽窄不同的字的写法，掌握上下对正的结构原则。

3. 教学难点

复杂型结构字的写法。

4. 教具准备

毛笔范字卡片。

5. 教学过程

（1）组织教学：稳定学生情绪，检查学生文具准备情况，集中学生注意力。

（2）复习检查：提问，独体字在结构上有什么特点？书写上要注意些什么？（独体字在结构上的一般特点是笔画较少，空白较多，书写每一笔画都要精心安排，并突出主笔。）

（3）导人新课：汉字除了独体字之外，还有大量的合体字，合体字是把独体字变形之后，再加一个独体字或者一个笔画结构单位，组成的一个新的字，从书写的角度看，把握了独体字的写法后，练习写合体字就比较容易了。

合体字有各种结构形式，而上下结构的字和左右结构的字在汉字中较为普遍，因此，这类字是我们练习的重点。今天，我们开始学习上下结构的字的写法。

（4）讲授新课。

板书课题：上下结构。

上下结构的形式：同是上下结构的字，它的组合也比较复杂。今天要学的主要是上下两部分长短基本相等，但宽窄不完全相同的合体字的写法。

教师出示毛笔范字并讲解：上下结构的字必须要上下对正。教师分析范字"雷、桌、歪、整、柴、票"是怎样上下对正的。

教师讲解：上下结构的字还要安排好向两边伸展的笔画。字头宽的字，要上部盖住下部。字底宽的字，下部要托住上部。笔画多的部分要写紧凑些，笔画少的部分要写得疏松些。教师以范字"雷、桌、整"为例作具体分析。

在教师指导下，由学生讲述"歪、柴、票"的写法。

学生阅读教材中对范字的注释文字。

（5）学生练习钢笔字和毛笔字，教师巡回指导。

（6）作业展评。

（7）课堂小结：上下两部要对正，长短宽窄须分清。笔画较多宜紧凑，笔画较少宜疏松。

"书香润心灵，墨香伴成长"
2018年淄博市青少年宫家长书法大讲堂活动方案

1. 活动背景

中国书法，源远流长，博大精深，是中华民族传统文化宝库里的璀璨明珠。但是随着科技时代日新月异的发展，电脑和手机已成为人们日常生活的标配，提笔忘字，字迹潦草也已经成为人们的一种文化常态，书法审美日渐缺失。在全面推进素质教育、传承中华优秀文化的大背景下，2013年1月18日，教育部以一号文件的方式下发通知，要求各级教育部门要区域性、整体性推进书法教育，在全国中小学生中加强书法教学。家庭作为三位一体教育的元素之一，家长应当了解相关的书法常识，正确引导孩子在家中练习书法显得非常重要。

2. 活动目的

通过书法大讲堂活动，家长朋友可以对书法的发展脉络和文字演变有一个大致的了解；初步学习怎样欣赏一幅书法作品；知道如何培养孩子学习书法的兴趣以及在家庭中正确引导孩子学习书法的方法和技巧。

3. 活动时间

2018 年 5 月 27 日上午 9:00。

4. 活动地点

淄博市青少年宫西四楼会议室。

5. 主讲人

马道华。

6. 参加人员

书法爱好者、家有学习书法的学生家长。

7. 活动内容

（1）了解中国书法的大致发展脉络、文字的演变；

（2）聆听书法家的趣闻故事；

（3）学习书法作品的欣赏；

（4）了解家庭环境在书法教育中的意义；

（5）互动。

第四节　戏曲艺术教育

一、戏曲教育的历史起源

中国的传统戏曲是由各种传统民族舞蹈歌舞、讲故事和传统滑稽剧三种独特的戏曲艺术表演形态综合起来组成的。它最初起源于原始的民族民间歌舞，是一种历史悠久的综合性大型舞台艺术表演形式。后经过发展形成了比较完整的戏曲表演艺术，它由各种文学、音乐、舞蹈、美术、武术、杂技以及民间表演艺术等部分门类综合而来逐渐形成。中国传统戏曲艺术教育的发展，源远流长。在历史上，曾经主要是着重于演员的培训。

（一）古代戏曲艺术教育

纵观中国古代戏曲艺术教育的发展历程，凡是那些希望能够登台奉献戏曲艺术表演才华的每一个人，都必须遵循着师傅们的言传身教，学员在一招一势地进行模仿和训练，经过背戏、排练直至最后才能上台。而即使已经达到了可以登台的地步，登台时师父还会在两侧台口把场，戏曲艺术表演结束后再对其进行加工、改良。如果我们的戏曲艺术教育缺乏老艺术家们呕心沥血的"口传心授"（《春雨杂述评书·学书法》），又何谈今日的文化传承和戏曲辉煌。

"口传心授"这一词语，最早起源于解缙"学书之法，非口传心授，不得其精"（《春雨杂述评书·学书法》）之说。从我国古代戏曲艺术传承的这一层面上来认识和理解，"口传"主要是指师傅在传授戏曲技艺的基础上，通过自身口头的表述，把多年对戏曲艺术的见闻、理解、审美感受、舞台体会传递给学员，"口传"是师傅和学员在科班上对与戏曲艺术表现的一次传授。而"心授"主要是指学员在观看和聆听师傅艺术表演的整个过程中，通过自身的内化，得到一些感悟，结合师傅的表演示范，通过广泛地观摩和聆听戏曲表演艺术家们的经典范本，经过长期的练习从而达到具有外化性的演示。"心授"事实上也是戏曲学员的一种艺术概念、一种艺术意识与一种艺术审美的累积过程。在中国古代戏曲艺术恰恰是在这种师傅与学员之间的"口传""心授"和"心受"形成,这种特殊的"教学"关系终贯穿于整个戏曲艺术教育的全过程。

唐代，玄宗在位时期就建置一座梨园以便于随时训练当地乐工。后世的许多戏曲表演艺术家曾经被人们称之为"梨园弟子"。宋、元、明、清，历代均建设有教坊，来掌管着宫廷的乐舞和民俗承应。清代朝廷设置南府，培训了一批学艺的太监，并在其基础上吸纳了一些优秀的民间艺人以此来供奉内廷。

元代，姚桐寿杭州路总管海盐人杨梓"家僮千指，无有不善南北曲者"（《乐郊私语·杨氏乐府》），明代陈龙正"每见士大夫居家无乐事，搜买儿童，教习讴歌，称为家乐。"（《几亭全集·政书》）

雍正、乾隆统治时期严禁贵族官员之子在家族中蓄养戏曲歌童，慢慢家班逐渐变得消沉。随着当时我国民间戏曲艺术表演的不断提升，出现了一批为我国民间戏曲艺术剧院高等学校培养优秀戏曲艺术表演专业人才的科班。明潘之恒载有"名炙都下"的"郝可成小班"和"金陵兴化小班"（《鸾啸小品·致节》）。

万历年间，昆曲小班比较常见，而且逐步形成了一种风气。班里的学员，很多都是被买来的。范濂曾写到："苏人鬻身学戏者甚众"（《云间据目抄·卷二》）。所谓的小班，大都指的是通过购买或招一二十个孩子来进行专门培养，在师傅教几出戏后，学员便能够一边学戏一边登台表演，为班创造性地谋利益。李渔曾在古书中曾提到过关于某个江湖戏曲班的情景描述。清代时期，在梆子、豫剧、汉剧（楚曲）等地方剧种中，也都开始出现了小班。它们有的附属于"大班"；后有记载，如方问溪所说："科班之组织，多由伶工自动发起，招外界股东供给资财。然亦有独自经营，不招外股者，惟甚少耳。"（《梨园话·科班》）科班招收的学童为 6—10 岁的男童。其学习时间为 7 年，当时的戏曲艺术教育以戏曲和剧目为主体和中心，按照生、旦、净、丑等级进行分行。基本功培养和训练是日常学戏课程。学员经过两年的学习，即可进行登台表演。各个科班人员大都会经常甚至每日登台表演，这样不但可以丰富学员的舞台表演经验还可以维持日常生活所需。科班将学艺与实践紧密地结合，严格的基本功技能训练，成为戏曲科班教学的主要内容。此外，还要针对学员自身的能力、性格、资质等具体情况实行不同的教育，来决定他们到底应该选择学习哪个行当。若学员不能很好地掌握适于具有表现性的戏曲，师傅会为其考虑改学场面等行。戏曲科班学习非常苛刻。学员由于出身贫穷和贫困。入学时，家长一定首先要与招生学校为其立下"关书"，说明学员学习期间获取的钱财，皆为收归社中之用。学员学戏期间一切衣食住行都完全是由科班负担。期间没有特殊情况不得回家更不得放弃戏曲艺术学习。科中的学习与生活环境整体条件相对较差，学员们只把注意力用于学习传统戏曲艺术，不去注重学习传统文化。七年"坐科"的学戏生涯往往被人们形述为"七年大狱"。

（二）现代戏曲艺术教育

20世纪早期，随着当代新民主意识形态的逐渐产生，一些仁人志士开始建议戏曲艺术家们应该立志于重新改良中国戏曲艺术，对于当时的传统科班教学也不断改进。例如，1912年成立西安古琴腔剧社，便大量地公开招收艺徒，一边入门学习传统文化知识，一边练习传统戏曲艺术。1919年欧阳予倩先生出资主办的南通伶工学社，也正式创办了一所新型态的戏曲专科学校，南通伶工学社造就了一批具有更高戏曲文化专业知识和更高戏曲艺术表演的戏曲专业性演员，取得了重大突破性艺术成就。这是我国传统戏曲艺术教育的重要历史发展组成阶段。由于学校受到当时社会环境发展条件的严重限制，科班学校教学过程中的一些负面影响因素仍然对当时的学校发展产生了一定程度的不良影响，创办人的办学初心很难真正实现。1949年之前，旧式的戏曲艺术教育和上述学校几乎同步发展并存。

中华人民共和国成立后，戏曲文化与艺术教育也得到了健康的发展。1950 年在北京创建的中国戏曲实验学校，标志着一所新型戏曲实验学校的诞生。后来，全国许多地方的省、市、自治区都先后建立了具有中级专门性质的戏曲类艺术学校或者是一所设有中级戏曲类艺术学科特色的艺术学校。创建的主要目的就是为了培养剧种的演职人员和戏曲艺术家，并逐步拓宽到编导、舞台美术、戏曲师资等多个专业。一些剧团也办上了学员课。1959 年我国开始组织建立戏曲高级学府——中国戏曲学院，并设有戏曲表演、导演、戏曲文学、戏曲音乐、舞台美术等多个相关专业。20 世纪 90 年代，开设了研究生课程。中国艺术研究院研究生部自 1978 年以来，首先启动了对当时的硕士、博士的选拔。此外，成人教育则需要由政府文化部或分别由各个社会艺术科研单位、学校组织举办的讲习会、研讨班培训各类专业人才。

几十年来，戏曲艺术已建成崭新的完整教育体系。在借鉴我国古代优秀传统戏曲艺术教育经验的基础上，戏曲艺术教育得到一定的改进与发展。例如表演类专业的课程教学在充分地研究课程教学的基础上，采用了基本技能训练与戏曲剧目的成品教学相融入，将课堂教学与舞台实际教学相结合的手段，注重学生的因材施教，德智体全面健康地发展，重视学生的文化艺术修养，彻底摒弃打骂制度，建立了新型师生关系。一批不同门类的戏曲教材也都已经被梳理和出版。我国大部分地区的戏曲职业技能高等院校培养出来的各类专业技能人才，已成为我国大部分地区从事戏曲艺术创造、理论探索和教学工作的骨干中坚力量，起着继往开来、承前启后的推动作用。

二、戏曲教育的现状分析

中华优秀的传统文化是整个中华民族的灵魂和命脉，是中国特色社会主义以人为核心的价值观思想的重要来源，也是我们必须在当今世界各国文化的激荡中夯实脚跟的坚定根基。习近平总书记在全国教育大会上的重要讲话中强调，要把传承弘扬中华优秀传统文化作为社会主义核心价值观教育的重中之重，把加强中华优秀传统文化教育作为立德树人、固本铸魂的基础工程[①]。

在中国传统戏曲文化艺术教育中，一直都认为是以戏曲科班人物表演为主。但随着近年来中国国民经济社会的不断进步与国际主流文化的广泛深入交流，戏曲艺术传统文化逐渐地开始淡出了我们的生活视线。而在高等教育行业方面，也开始呈现出"专业被弱化"的尴尬情况。许多学校除了开展正常音乐课堂教育，还会利用课余时间开展各种兴趣班和社团来丰富学生的课余生活，但由于缺乏市场，戏曲艺术教育师资匮乏等问题，开设与戏曲相关的兴趣班或者社团活动的却少之又少，大部分的兴趣班以西洋乐或者文化课的辅助辅导为主[②]。

在中国特色社会主义新时代，戏曲走入校园将对传承中华传统文化，讲好中国故事提出了新要求。淄博柳泉艺术学校在多年的探索与实践基础上，对学生成长道路的要求得到了进一步提高，建校 27 年来学校的戏曲艺术教育已经实现了由无到有、由少至多、由多至优的革命性转变与历史性跨越。如今，要更好地投入精力开展精品社团——小梨园戏曲社团，加大对资金、课程和专业师资的保障能力，进一步将学校小梨园戏曲社团做优做佳，在讲台、舞台、平台建设的同时，要把握好以下四个方面的关系。

---

① 教育部课题组：《深入学习习近平关于教育的重要论述》，人民出版社 2019 年版，第 233–243 页。

② 刘宇辉：《加强大中小学生戏曲教育 传承中华优秀传统文化》，《艺术教育》2019 年第 12 期。

（一）把握好审美和育人的关系

立德树人是教育的根本任务。学校深知戏曲进校园不是让学生简单地看大戏、看热闹，而是承载着重要的育人功能，因此不能单一强调审美，而忽略戏曲对学生的教育作用。戏曲进校园，必须把戏曲审美和戏曲育人两个重要功能有机统一起来 ①。淄博柳泉艺术学校就是通过坚持将学生发展基本规律和其品德育人基本原则相互地调和紧密结合起来，按照学生自身成长中各个年龄阶段的不同特点，用适当的教育途径，将适合的教学内容充分合理地融入运用到戏曲艺术教育课堂中，融通"德智体美劳"的各种不同教育形式，不断激发广大少儿了解中国戏曲、爱上中国戏曲、学习中国戏曲、研究中国戏曲。

（二）把握好普及和传承的关系

普及与传承被认为是两个不同知识层面的教学工作，普及主体就需要有意识地做好对文化的欣赏、传递、宣扬和弘扬等工作。让戏曲进校园、走课堂、走教学，让少儿了解戏曲的文化艺术之美、道德之美、哲理与精神之美才是一项普及性的任务。例如淄博柳泉艺术学校成立小梨园戏曲社团，在课堂上教少儿学习戏曲，使戏曲被越来越多的少儿所接受，让中国戏曲艺术在淄博柳泉艺术学校的校园得到发扬与传承。

（三）把握好传统和现代的关系

由于传统戏曲艺术中所展示出来的人生及其历史都与当下少儿生活之间存在着一定的距离，其中所蕴含承载着的思想道德观念少儿觉得很陌生。优秀的传统文化只有真正实现了向现代的转化，才能被当

---

① 刘宇辉：《加强大中小学生戏曲教育 传承中华优秀传统文化》，《艺术教育》2019 年第 12 期。

代大多数少儿认识、了解、接受。淄博柳泉艺术学校根据少儿年龄特征，将传统的社会主义思想道德观念和时代有机地统一起来。在对传统戏曲进行演绎的过程中，加入了一些现代戏词的对白、讲述，让少儿更好地倾听中国戏曲、理解戏曲戏词、把握故事的内涵、获取专业知识。比如，在少儿学习和欣赏《霸王别姬》选段时，教师会讲述当时的西楚霸王项羽和虞姬的故事，让学生有一个基础性的了解，并且在学唱的基础上，引导学生建立起正确的民族观、历史观和国家观。

（四）把握好继承和创新的关系

由于我国的历史与时代条件的局限，我国传统戏曲剧目在演出中不可避免会带有某种程度的糟粕。作为戏曲艺术专业教师必须做到能够在继承传统戏曲艺术的教育教学过程中对作品曲目"取其精华，去其糟粕"，为广大少儿提供积极向上的精神导向，淄博柳泉艺术学校小梨园戏曲社团艺术专业教师对戏曲艺术进行专业辨别，真正做到能够使戏曲艺术始终保持长久而又富有生命力。学校各级各类社团将不断弘扬和践行传承中华民族社会主义核心价值观及中华优秀传统文化作为己任，与时俱进、探索创新，编排贴近少儿年龄特征和时代性特点的民间戏曲表演剧目，让戏曲艺术把这些中华优秀的传统文化润物细无声地渗透到每一位少儿的心灵。

习近平总书记强调，中华优秀传统文化中很多思想理念和道德规范，不论过去还是现在，都有其永不褪色的价值[①]。结合新时期条件下传承和发扬中华优秀的传统文化，就要继续坚持不懈地开展优秀的戏曲艺术教育课程。中国戏曲汇集中华民族的大智慧，振兴中国戏曲艺术必须从娃娃抓起。××学校围绕"关爱、赏识每一个孩子，为孩子的一

[①] 教育部课题组：《深入学习习近平关于教育的重要论述》，人民出版社 2019年版，第 233-243 页。

生发展奠基"的教育理念，高度重视、扎实推进此社团活动的全面开展。学校开展了丰富多彩的戏曲教育活动来传承中华传统文化。

【招生案例】

为更好地展示淄博柳泉艺术学校教育成果，打造学校高、精、尖的艺术教育品牌，突出戏曲艺术社团进校园的特色，给孩子们提供更好的学习、锻炼和交流平台，特别成立小梨园戏曲社团。学校每年对新进团员进行严格测试，测试合格的学生方可成为小梨园戏曲社团正式团员。

1. 学生情况分析

小梨园戏曲社团以二至四年级的学生为主，通过对团员们进行系统的基本功练习及对剧目的训练，初步让学生感受到中华戏曲艺术的独特魅力，使学生充分了解中华戏曲艺术的唱腔和身段，感受到当地的戏曲艺术和中华民族的曲艺文化，激发团员们热爱祖国文化，热爱自己家乡的情怀。

2. 小梨园戏曲社团成员招收范围

（1）凡二至四年级学生自愿申请报名，经过考试达到规定标准后，均可参加小梨园戏曲社团。

（2）团员们首先应当具有良好的团队合作精神，尊重艺术专业老师。能积极、自觉、认真、准时地参加日常社团课程学习、演出排练和艺术表演等各种大型集体文艺活动。团员要严守纪律，没有特殊原因禁止请假。如无故多次旷课、迟到，将取消其参加小梨园戏曲社团的资格。

（3）招收人数：20人。

3. 教学目标

（1）掌握中国戏曲尤其是京剧这一民族戏曲的文化、历史、艺术知识，加深对民族传统文化的理解，激发学生学习戏曲的热情。

（2）通过唱、念、做、打等训练方式，提高社团学员演唱技巧、表演能力和舞台表现力。

（3）积极参与校内外各级各类形式的表演、比赛等教育实践活动，培养广大团员崇尚美好的艺术情操，增加广大学员的团队合作意识，促进广大学员的全面成长。

（4）定期组织汇报演出和艺术教育成果展示，推动学校精神文明和校园文化建设。

（5）做好新一年招生计划。

4. 学习重点、难点

重点：提高社团学员演唱技巧、表演能力。

难点：提高社团学员舞台表现力。

5. 教学内容

（1）戏曲相关理论知识的掌握与学习，通过京剧图片认识中国京剧的脸谱和人物，通过学习京剧相关理论知识，了解中国戏曲的历史渊源和发展历程，加深学员对中华民族优秀传统文化的认识与理解，为今后戏曲艺术的学习打下良好的理论基础。

（2）旦角基本功的训练，训练学员通过台步、圆场、压腿、踢腿（正腿、斜腿、旁腿、踹腿）、手法、眼神、身段等表演方式，来表达唱段中角色的思想感情，以求将艺术形象做到完美。

（3）唱段《霸王别姬》，系统地规范学生的一招一式，使学生的气质得以提升，进而全面发展。

6. 社团组织安排

排练教室：啦啦操教室。

排练时间：每周五 16:00—17:30。

7. 测试时间

暂定于开学后的第一周周四 12:30 进行社团招考。

备注：请各位考生提前 30 分钟签到，按照签到的顺序考试，先到先考。

8.测试地点

××学校艺术楼声乐教室。

9.测试内容

（1）技能展示：现场演唱一首儿童歌曲，建议使用伴奏。

（2）视唱测试（简谱）：四条视唱测试曲目，学生抽签决定。

10.评委及评分标准

（1）评委成员：××学校校委会成员。

（2）评分标准：

项目	分值	细则	说明
演唱	80	音准	不走音、不跑调
		节奏	音、字都要在点上
		音色	歌声亮丽、悦耳
		表现力	用表演为歌曲增色
视唱练耳	20	音准	视唱音准准确
		节奏	音、字都要在点上
		音色	声音洪亮、清晰
		听音	准确地听出旋律进行模唱

注：为了尽量避免少数的评委随意操纵竞争结果，评委的人数最好为单数，且必须去除最高分和较低分，同时还应严格要求全体评委将自己的打分范围限定在85至100分之间。

11.招募情况

经过紧密筹划，百余名在校学生积极报名，通过自我介绍、艺术表演等各个环节层层筛选，最终二十四名学生脱颖而出。考试现场更是一种视听上的完美融合，悠扬委婉的演奏唱腔，颜色繁茂、形制精巧的服装，丰富多彩的表演道具，无不充分地突显了戏曲艺术的独特魅力，吸引了来自各个班级的广大小戏迷们。

小梨园戏曲社团，既是淄博柳泉艺术学校对于实施综合性素质教育的一项有益尝试，也是学校在营造浓郁的文化和艺术气息、加强校园文化的建设、促进各个专业学科的全面发展等方面做出的一个很好的探索和创新。充分展现了淄博柳泉艺术学校的艺术特色。

三、京剧与地方戏的区别与联系

（一）弘扬国粹 梨园绽放

京剧，是早期中国五大著名的传统戏曲艺术表演剧种之一，腔调以西皮、二黄梆等音乐曲调为主，用胡琴和其他打鼓或锣鼓等音乐手段进行伴奏，是中国的戏曲国粹。徽剧实际上本身就是早期中国古代传统戏曲京剧的复兴先驱。乾隆年间四大徽班相继进京，他们与许多汉族曲调传统手工戏曲艺人共同开展合作，同时又充分继承和重新接受了中国昆曲、秦腔部分的传统剧目、曲调及其他的表演艺术技巧。曲调经历了不断的文化交流、融合，最终逐渐构成了传统京剧。

京剧的舞台表演艺术更是一种完全趋于虚实相互有机结合的一种舞台性艺术表现，完全突破了京剧舞台表现空间与表演时间的巨大局限性，以至于达到一种以形传神的舞台艺术境界。在音乐表演上更是严格要求精致细腻。

京剧表演有唱、念、做、打四种表现手法。我国传统戏曲艺术演员自幼就需要从这四个表现手法相继入手学习，有的学员唱功佳，有的学员做功优，但是我国传统京剧则严格要求每个演员都兼备这四个方面的基本功。唯有如此，京剧才能够充分发挥其特有的艺术性，更好地展示和塑造其中的不同角色形象。

在京剧中对于舞台上的每一个角色都是依照其所需要扮演的角色对人物的性别、个体、年龄、职业和地位进行了划分，角色具体可以划分为生、旦、净、丑四类，这四种类型在京剧里被称为"行当"。

（二）多姿多彩 地方戏曲

据了解，历史上曾在淄博境内流行的戏曲剧种有 17 个，分别是吕剧、京剧、五音戏、聊斋俚曲、鲁西梆子、豫剧、鹧鸪戏、西寨梆子、山东梆子、柳腔戏、督府四平腔、吟腔戏、八仙戏、博山褡腔、转转调、东路梆子、咕噜担。其中，五音戏、聊斋俚曲、鹧鸪戏、西寨梆子、督府四平腔、八仙戏、博山褡腔、转转调、咕噜担是淄博独有的古稀剧种，多产生于清代，源远流长。2006 年，五音戏、聊斋俚曲被列入第一批国家级非物质文化遗产保护目录。

1. 金字招牌——五音戏

距今一百多年前，在章丘、长山的边界上有一座寺庙，里面居住着一位尼姑，姓周，人们都不知道她的名字，所以都叫她周姑子。周姑子经常吟诵着小曲来到各地化缘，周村（当时属长山县）是她最常去的地方。有一对乞讨的特别喜欢周姑子哼的一些小曲，便到庙里偷听，后来学会了，也在学着周姑子的样子去村里乞讨，小曲好听讨得村里的人都很欢喜，便给他们多打发一点儿干粮。后来，别的乞讨的也学着他们，去庙里偷听偷学周姑子的小曲。就这样，周姑子的小曲便在当地传播了开来。这便是五音戏的雏形，因此，五音戏又被称为周姑子戏。

一说起五音戏，就不得不说一个人——鲜樱桃。鲜樱桃本名邓洪山，是五音戏的开山泰斗。1949 年，邓洪山先生在淄博周村成立五音剧社。从此邓洪山先生对五音戏倾注了毕生的感情，让独具特色的地方小剧大放异彩。五音戏受到了党和国家领导人的高度赞扬，伟大领袖毛泽东称赞邓洪山为山东梅兰芳，周总理也对五音戏寄予厚望，并为其题词：你要像老母鸡下蛋那样教出更多的徒弟。邓洪山先生不仅演技精湛，而且在与京剧"四大名旦"、评剧皇后新凤霞、吕剧大家郎咸芬等著名艺术家的切磋交流中，逐步将五音戏这一地方剧种推向全国，唱遍神州大地。最有代表性的是他和梅兰芳先生的交往过程。邓洪山与梅兰芳相识于 1920 年。1932 年前后，邓洪山第一次进京演出，梅兰芳先生听说后，专程前往观摩演出并邀请邓洪山到家中作客。梅兰芳对邓洪山的演技大加称赞，说"你演的农村妇女很逼真，很有生活气息，你的表演浑身是戏。"

2. 奇闻异事——聊斋俚曲

《聊斋俚曲》这部曲子就是清代时期艺术创作大师蒲松龄运用当地的时代民调俗曲的俚语歌曲作为曲牌，用白话俚语进行音乐填词，开创的一部中国民间戏曲音乐史上的巨著。据张元撰文记载，蒲松龄先生自己笔下著有的俚曲有 14 种："墙头记、姑妇曲、慈悲曲、翻魇殃、寒森曲、琴瑟乐、蓬莱、俊夜叉、穷汉词、丑俊巴、快曲、禳妒咒、贵神仙后变磨难曲、增补幸云曲。"（《柳泉蒲先生墓表·碑阴列》）

《聊斋俚曲》是运用散韵交织的多种文体组合而成的一种艺术形式，是通过吟诵、说白、演来讲述故事、刻画人物、揭示作者创作思想、反映社会现实生活的一种大型说唱戏曲。15 种《聊斋俚曲》中的题材相当广泛，有的完全是取材于讲述中国古代重大历史神话故事和中国民间重大神话传说；有的则完全是取材于《聊斋志异》；有的是作者身边的人和事。但无论它所取材于什么地方，它所要反映出来的问题大都是与现实中的社会生活密切相连，尤其是晚年的两种"俚曲"作品，更加关注社会现实问题，从不同角度揭露和批判了封建社会的黑暗与腐朽。最为突出的是对封建家庭和人伦关系，对封建皇权、吏治、法律和科举制度进行了无情地揭露与批判。同时还对道德的沦丧、军队的腐败、封建礼教对妇女的歧视与戕害进行了痛斥与抨击。

蒲松龄在《聊斋俚曲》中，对曲牌的运用是颇有考究的。总的看来，大致分为南北合套式、十样锦式、主联套式、单曲式等。另外，还有杂曲联缀、连环套等形式的结构形态。总之，聊斋俚曲丰富的曲牌及其灵活多样的结合形式，再加上蒲松龄的精心设计与改编，便使音乐较完美地表现了"俚曲"故事的内容。《聊斋俚曲》音乐特点大致有三点：一是调性强，并具有叙事性和抒情性，节奏舒缓平稳，旋律线上下迂回进行，感情色彩浓厚，极适于大型说唱艺术；二是每首曲牌的曲式结构简单而多样，有上下句结构、句句双、三乐句段变奏，还有四句结构和扩充结构等；三是通俗流畅、易唱易记，符合大众的欣赏水平和欣赏习惯。

《聊斋俚曲》最基本的艺术特色是"以俗为本，俗中见雅"。所谓"俗"，是指其题材、内容、语言、唱词及音乐曲牌的通俗性和民间色彩性。所谓"雅"，就是高尚而不粗俗。"俗中见雅"指的是在俗的前提下不落俗套，并能调动俗、雅创作中的一切艺术手法，把作品中的人物性格和内心世界刻化得淋漓尽致、鲜明突出，从而达到雅俗共赏的地步。《聊斋俚曲》的另一个艺术特色是，集多种传统"说与唱"的结合形式于一体。在"说"中，既有由方言土语组成的散文体念白，也有通俗易懂、诙谐华丽的韵白。在"唱"中，还有半说半唱、唱中夹说和似说似唱的唱段。正因为有了上述"俗中见雅"和丰富多彩、灵活多变的艺术特色，才使这一说唱曲种经久不衰、流传至今。《聊斋俚曲》的整体艺术风格是以幽默风趣为主的，但在幽默风趣的同时又不失其"度"，从而跳出了某些旧时俗文学中的恶虐与粗俗。

《聊斋俚曲》的演唱形式，虽具有明清时期一般说唱艺术的特点，但又不拘一格。有的是通过一人来进行演唱，此人要刻化出多种人物的形象；有的是几人来演唱，每人充当一个角色；还有的则是由演唱者装扮成故事中的人物，近似戏曲形式的说唱。新时代使这株艺苑奇葩迎春绽蕾。2008 年 7 月，淄博市最早以传承《聊斋俚曲》、编演民间《聊斋俚曲》戏剧为主要宗旨的山东省民间杂耍表演剧团——淄川区《聊斋俚曲》艺术团成立。

俚曲多为蒲翁晚年倾心创作，所以其思想性与艺术性都更为成熟。因此，《聊斋俚曲》被认为是当今中华民族优秀传统艺术的瑰宝。当前《聊斋俚曲》的传承与发展，让经历了三百多年风雨的这朵艺苑奇葩，在新时代阳光的沐浴下，吐艳争芳万世馨。

（三）百花齐放 历久弥新

京剧之所以能够被称为中国的"国粹"，是因为它充分吸纳了许多个地方戏种的优势与特长，形成了自己独有的戏曲艺术表现风格。自从新中国正式成立以来，大量经典性的地方戏曲和戏曲音乐表演艺术相继涌出，至今依然拥有一大批生动地活跃于舞台的经典性的地方戏曲表演。近年来，地方戏的发展总体状态良好，但在其创作成果、剧目的传播能力、观众对于戏曲的观看热情上都不温不火，精品和力作数量不多，尤其是对于剧种专业技术人才的培训与其在剧种和人民群众心目中的广泛应用程度，更是迫切地需要我们引起高度重视和广泛关注。由于每个地方所发生的事情是不一样的，每个地方的信仰是不一样的，所以说他们所包含的故事是不一样的，他们所表达的内容也是不一样，也就表现了地方戏曲的特色性和独特性。

首先，京剧与地方戏曲包含的内容不同，其实京剧所包含的内容也是具有一定的区域性和地方性的，但是它的特殊性是京剧所包含的范围是特别的广泛的，但是地方戏曲所包含的范围其实就是有着自己所限制的东西，它包含一个地方对于戏曲的了解，所以说地方戏曲包含的范围其实是特别小的，导致京剧与地方戏曲包含的内容是不一样的。然而这两种戏曲夹杂着很多内涵的东西，所以说戏曲艺术是丰富多彩的，它能够给我们带来很多不一样的感受和不一样的情感表达。

其次，京剧与传统的地方戏节奏也是不同的，京剧在演出时有着自己独特的歌曲唱腔与节奏，有着自己独特的表现方式。地方戏曲更多的是带有一些乡土的气息，地方戏曲更多的是根据本土人民的喜好所研究出来的，更多的是偏向于大众化的东西。所以说京剧与地方戏曲节奏是不一样的，它们给人的质感也是不一样的，京剧给人一种比较有质感的感觉，地方戏其实是一种通俗的东西，是一种大众乐于接受的东西，它的内涵稍微略显单薄一点。

最后，京剧与地方戏包含的故事不同，因为京剧和地方戏其实都是在讲某一段故事或者某一段历史，通过故事能够让我们感受到不同的人物特征，感受到不同人物的情感变化，所以说京剧与地方戏曲所包含的故事是不一样的。

因为文化是一种独特的东西，它有自己的载体，通过它的载体表现出来自己独特的魅力，然而文化因为载体的不同表现出来不一样的风采，其实京剧和地方戏曲都是它的载体，都能够深刻地表达它的独特性和完整性。

四、戏曲教育的目的和意义

中国戏曲艺术教育是为了表现并作为传承弘扬中华优秀传统戏曲艺术而不断运用发展起来的重要艺术媒介。党的十八大以来，党和国家高度重视发展传承民族戏曲艺术教育，《关于支持戏曲传承发展的若干政策》《关于新形势下加强戏曲教育工作的意见》等一系列方针政策的贯彻实施和政策出台，有效地推动了当代中国民族戏曲艺术教育的不断传承与繁荣发展。百年大计，教育之本。戏曲艺术教育的流行性和传承性与戏曲人才的不断培养息息相关。

（一）紧跟时代——把责任扛在肩上

中国特色社会主义已经步入了一个崭新的时代，这给中国戏曲艺术教育的继承和发展提供了新的契机。近年来，以戏曲艺术教育为主要内容的活动不断增加，戏曲艺术教育的交流性演出日益积极，传统戏曲和地方戏曲的教育事业工作者的思想文化素质普遍提高。无论是立足当代谈艺术传承，还是面向未来谈科技发展，中国戏曲艺术的传承和发展关键在于人才的培养。只有培育好戏曲艺术专业技能型人才，中国戏曲艺术教育才会有未来。

（二）"戏曲进校园"——不流于形式

"戏曲进校园"其实是一件非常好的教育政策，因为我们国家的戏曲本身就已经完全能起到教书育人的重要作用，戏曲中的许多故事都已经包含了整个中华民族的爱国精神和优秀民族传统文化，学校开展"戏曲进校园"，对于少儿的身心健康、快乐成长都会有巨大的教育帮助作用。我们相信作为戏曲艺术教育工作者，应该在不断努力提高自身的戏曲艺术专业技能的水平上，积极主动地投入到参与"戏曲进校园"工作中，为其努力促进我国戏曲艺术教育的健康发展以及中国戏曲文化的传承贡献自己的艺术智慧和社会力量。

为了激发广大少儿对戏曲学习的兴趣，传唱中国传统戏曲的激情，充分亲身体验感受戏曲艺术的独特魅力。2018 年 10 月 18 日 ×× 艺术学校就特邀请"淄博国粹艺术团"到校进行了一场精彩的演出。"淄博国粹艺术团"的戏曲表演者为少儿带来了《小开门》《贵妃醉酒》《红灯记》和《穆桂英挂帅》的选段。在一场场精彩的京剧表演中，少儿们充分领略和欣赏到了戏曲艺术优美的歌声和独特的唱腔；看到了一个个栩栩如生的人物形象；更是感受到了跌宕起伏的戏曲故事和情节，戏曲表演者给少儿们一次又一次地带来了精彩的戏曲经典唱段，让广大少儿零距离地感受到中华传统戏曲的独特魅力。学校四位学子扮成宫女形象走上了舞台，与老师们一起演绎完成京剧《贵妃醉酒》，简直让少儿过足了"戏瘾"。这场"戏曲进校园"的活动使得少儿们从中深刻地感受到戏曲艺术的博大精深，见证了中华民族优秀传统文化的独特魅力与风采。在以后的专业学习中，学生们都会将戏曲艺术继续传承下去，相信中国的戏曲艺术必然能够历久弥新，不断地发扬光大。

"戏曲进校园"的宗旨不是为了培养少儿能够成为一名专业化戏曲艺术类型的人才，而是为了培养他们能够成为一名身心健康、怀揣自己梦想、担负起社会责任、富有爱国情怀的优秀人才。××艺术学校充分结合了优秀传统文化及不同年龄段少儿的需求和特点，开设了一系列符合学校特色的小梨园戏曲课程，在课堂中引导学生深刻领会戏曲艺术中动作、唱段的含义，以及唱段背后所蕴含的人文思想和道理，不断调动和激发学生对于戏曲艺术的学习兴趣。使孩子爱上中国戏曲艺术。

（三）以美育人——戏学并进

现阶段的戏曲艺术教育普及率和规模还是远远不够的，广大人民群众也都没有获得接受戏曲艺术教育的时间和机会。他们接受历史和社会知识的最佳途径，更多的是看戏。因此有人用"观戏如读书"的词语来对戏曲的这一艺术教育作用进行了高度的评价。如果我们的广大人民群众在未曾完全接受过中华传统教育的现实情况下，仍然可以通过戏曲知道中国有多少个朝代，有哪些王室皇帝，有多少忠臣良将，懂得国法，识得道德，那均可视为这部戏曲的功劳。

陈独秀曾这样评价过戏曲："戏园者，实普天下人之大学堂也；优伶者，实普天下人之大教师也。"[1]戏曲的传统教育作用尤胜于其他的艺术，第一个原因是由于其戏曲表演普及、受众范围面广；第二个原因是

---

[1] 陈独秀：《论戏曲》，《安徽俗话报》1904 年第 11 期。

由于戏曲表演形式犹如现身讲述，活灵活现，其感人至深且快捷。所以也才产生了"说不如讲，讲不如演"的说法。戏曲艺术的教育作用是寓于传统文化娱乐的功能与传统文化审美功能之间的关系，即称之为"寓教于乐"。

宏观上看，戏曲艺术是一种具有较高综合欣赏价值的传统艺术文化，它在传统文化传承中有着重要作用。从中国戏曲的政治宏观利益角度分析来看，作为继承弘扬中国优秀传统文化和中华文化的国粹之一，它仍然具有传承中华优秀传统文化的重要功能。将中国戏曲艺术教育充分注入中小学生的音乐教育课堂，这样就会更有利于充分发挥弘扬优秀传统戏曲文化，使得受教育者能够在中国戏曲的音乐学习中亲身体验更多的中华传统文化，增强了中小学生对整个中华民族的自豪感。

微观上看，我国戏曲艺术的传统教育对于提高少儿的思想综合文化素质有着积极作用。它提升了少儿的艺术审美鉴赏技巧，从最初的动手绘画制作脸谱图到亲身装扮各式服饰中深刻地接触到了一种审美，从音乐律动中亲身经历体验到了一种审美，在学习戏曲过程中逐渐培养了一种审美。在整个当代中国少儿艺术的教育阶段，所需要学习的每一个戏曲唱段都具备一个个鲜明的整体人物形象，这些优秀的的人物形象是通过在戏曲当中的剧情把这种正面的整体性格形象传达传递给了少儿，影响着其整体性格形象塑造。

从社会层面看，戏曲发展还需要更多的人去热爱与传承，而且戏曲文化传承还需要培养更多优秀的艺术专业性人才。中小学各个阶段的戏曲学习可以让大部分的学生在课堂上提前了解这些东西，为培养一批高素质专业戏曲艺术人才打下坚实的基础。

总而言之，戏曲艺术教育对于美育和传统文化教学起到了一个不可取代的引导作用，如何使我们的戏曲艺术教育走向成熟，需要的是一个不断尝试探索的艺术教育过程。

五、戏曲教育的方法与途径

现今随着流行文化的冲击、现代社会中人们审美的品位、理想观念和日常生活方式的巨大转变，再加上一些传统戏曲时代感欠缺，中国戏曲离国人的日常生活似乎越来越远。尤其是少年儿童，他们更多的是沉溺于流行音乐、网络文化，而关注、热爱戏曲的少。如何能够增进少儿对于中国传统戏曲艺术的认识了解和情感体验，让少儿在中国传统戏曲艺术中充分吸收中华民族优秀传统文化的精神养分，陶冶高尚的思想道德情操、培育深厚的中华民族文化情感，值得深思。关于中国传统戏曲在目前中小学声乐、美术教育课程中的一次新型尝试，就要提起 2008 年教育部提出的把我国京剧传统戏曲教学纳入九年义务教育课程中，"京剧进校园"这一新型尝试已经在目前全国各地的多所试点学校中都开始了大量的尝试和积极的推行。在《义务教育音乐课程标准》中，确定了 15 首京剧经典唱段作为音乐课堂的教学内容。将传统京剧唱段编入音乐课程，将戏曲演员唱段重新注入到校园，是我国当代戏曲艺术教育普及的最早阶段。学习演唱戏曲的选段，让少儿真正感受到戏曲的游腔韵味，是培养少儿的戏曲兴趣与戏曲审美能力的最有效途径。然而，戏曲艺术却是一门涵盖音乐、美术、舞蹈、语言等各个方面具有综合性的艺术，我们想充分地激发少儿对于戏曲艺术的长期热情和兴趣，让少儿成为未来戏曲艺术表演的传承者，如果仅仅在是音乐课堂去学习几首戏曲选段，赏析几曲经典片段是远远不够的。作为艺术专业教师应该让少儿真切地感受到戏曲艺术氛围，从音乐、美术、体育课堂上等各个方面给少儿注入戏曲的元素，营造一个学习戏曲的良好环境。

（一）京韵启蒙——低年级教育

美术课程中的脸谱绘画：脸谱的绘画艺术区分于其他一些艺术表现形式，具有直观性。在××艺术学校小学一二年级的美术、综合实践课程中，以"脸谱"作为戏曲课程的一个重要切入点，激发起少儿对戏曲艺术学习的好奇心。课堂上，专业教师引导学生将不同色彩和不同的人物脸谱与不同的性格相互地结合了起来，使少儿真正体验感受到了戏曲中每一个角色的多样化，激发少儿们的想象力。学画一张脸谱可以使少儿能将对各种脸谱的感受和情绪在自己的身上都得到更好的表达和体验，少儿也可以通过这张脸谱感受到戏曲艺术本身就在身边。

音乐、舞蹈课堂中的体态律动：体态的这种律动变化并非一定会直接要求一个小学生必须把一个中国戏曲的某些片段内容记忆得多坚实，或者说是把唱段唱的多么细致，更重要的还是考虑是否能够充分激发他们对中国传统文化的强烈好奇心与学习的积极动力。在舞蹈、音乐课堂教学中，艺术专业教师通过对戏曲的每个片段情节进行音乐欣赏，通过选段唱段来学习演唱，让学生轻易模仿某一个简易音乐动作，进行简易有趣又特殊的音乐体态节奏律动，从这种简易模仿的动作过程中充分地激发了学生的音乐表现创造欲望。比如尝试让一些女孩子自己去模仿经典戏曲唱段中"花旦"满脸含羞的表情，让一些男孩子自己去模仿这部经典戏曲唱段中"武净"抚摸黑胡子的动作等。

（二）京韵剧源——中高年级教育

介于我国中小学三年级以上的学生都已经具备了一定的逻辑思维能力和一定的学习技巧，再加上低年级学生具备了一些戏曲艺术的普及性知识，在我国戏曲艺术教育方面就应该比较注重培养学生的思想情感和品德体验。在艺术课堂教学的过程中，教师要做到让少儿清楚地知道戏曲艺术在我国艺术发展中的地位和意义，让少儿在充分了解戏曲中真实的人物形象与故事背景，用正面的真实人物形象来感染少儿，影响其正确价值观的树立。而且能够学会课程标准中的选段，能够准确地听懂唱段，使得学生的鉴赏与审美能力从直观的颜色感受逐渐提高到听觉的感受，这是这一阶段的根本要求。

中国传统戏曲是作为一项综合性的艺术，它融歌舞于一体，更是涵盖了许多艺术门类，丰富的文化内涵已经为其走进我国高等院校和进行教育的普及提供了前提。同时，学生们还可以通过接受戏曲教育，以不同的眼光和角度来审视自己，思考社会和人生的问题，也为学校的教育工作提供了许多方法和途径。厚植戏曲文化沃土，重拾民族优秀传统文化，让少儿充分吸收戏曲文化的养分，塑造文化自信心，把戏曲教学融入实践教育，学校教学是个不错的选择。

（三）国粹传承——教育成果展示

重视戏曲社团活动，关注学生成长。××艺术学校小梨园戏曲社团按老生、花旦、老旦、青衣四个行当分组进行训练。课堂上，京剧专业教师国家二级演员不但教孩子们怎样唱，还给孩子们讲了戏曲唱段背后的故事，启发学生更好地表现。课堂上学生的学习积极性很高，背唱词、练身段，每个眼神、每个动作、每句唱腔都一丝不苟。通过戏曲社团活动，努力为学生的成长、成功搭建展示的平台，让学习戏曲的孩子们有更多获得感。

××艺术学校小梨园戏曲社团成立以来排练的节目《我是小小梨园人》参演了××艺术学校二十周年校庆;《霸王别姬》参演了××艺术学校二十五周年校庆;社团演出在淄博市乡村学校成果展演、山东省中国梦·校园情《吾梦·向阳》展演、庆七一淄博市学校艺术展演、张店区中小学生素质展演、手机网络春晚新年联欢晚会等活动中均取得优异成绩。把戏曲引进学校,不仅丰富了学生的文化生活,也把"国粹"京剧很好地传承了下去,彰显了××艺术学校艺术的魅力。正是戏曲艺术的魅力在深深地感染和召唤孩子们,使他们更加深爱戏曲。××学校举办的戏曲教育活动今后将一直开展,以让更多的少儿能够有这样的机会亲身体验和领悟到中国优秀的传统文化,让他们从小就能够在心中种下一颗好的戏曲艺术种子。

现以××市青少年宫××活动中心——××学校为例,分享少儿戏曲艺术教育的方式方法。

【教学案例】

《贵妃醉酒》

1. 团员情况分析

××学校小梨园戏曲社团是从全校二到四年级学生当中挑选出来的,由20名小团员组成。年龄偏小,没有任何戏曲基础,通过这次小梨园戏曲社团学习和训练可以提高团员的京剧知识与兴趣,激发小团员对于京剧的喜爱之情,增强少儿的团结和协作能力。

2. 教学内容

基本功的训练、《贵妃醉酒》唱腔及身段。

3. 教学目标

（1）知识目标:弘扬国粹艺术,了解京剧相关知识。

（2）能力目标:通过看图识脸谱了解京剧艺术的魅力,让少儿从小发现它的美。

（3）情感目标:培养鉴赏习惯,对少儿艺术修养的提高有着深远的意义。

4. 教学重难点

（1）基本功台步、圆场、指法、水袖、眼神、说唱的训练。

（2）在演唱时注意咬字、吐字清晰,唱腔练习的音准要准确。

5.教学设计

（1）教学方法：以学生为主体，教师积极引导，本课教学采用先学后教，当堂课与实践结合练习的教学方法，以调动全体学生作为活动参与者在课堂的活动积极性和师生学习的主动积极性。

（2）教学准备：录音视频、水袖、练功服、练功鞋等。

（3）课时：90分钟。

6.教学过程

（1）基本功训练。

兰花指：五个手指的全部力量向外放松，自然地向外分开，其中中指、无名指、拇指自然向内弯曲。拇指始终用力保持自然直立状态，压于中指的第一关节，无名指稍稍高于中指。小拇指稍微向内收缩，食指稍微向上翘起。这个整体的线条设计应该做的是流畅，不僵硬。

兰花掌：手掌只有得以放松，五指才能自然地分开。手指保持挺立，中指拇指朝手心缓缓地相互贴合。大拇指的指腹部受到挤压紧紧地贴近中指的第三指腹内侧。各个手指轻轻地往后翘起。兰花掌要求手型是流畅而又自然。

摊手：两臂肘下垂做一个摊手的状态，手心朝外指尖向下。

单运手：把自己的两个手心处于向下的状态，右手的指尖朝向上方，直对自己的面部，再由左方向下一直绕至上边后斜着指出。手比眉稍略高一些，而另外一只处于背后状态。

（设计意图：手法在京剧表演中是必不可少的一部分，手法的不同所表现的人物性格特征也不同，通过各种手法的训练为以后的角色表演做铺垫。）

表情：是一个演员透过自己的眼神和脸部肌体的变形来表现剧中每一个人物的思想和感情。即：情、忧、思、喜、怒、悲、恐、惊。

（设计意图：通过这样的教学训练，逐渐达到能够掌握各种运用表情艺术表现各种情感的艺术技巧和技术方法，以求最终各种视觉和眼部艺术的结合效果能够达到其要求。所以表情艺术技术培养对学员的训练也是非常讲究而且具有多方面性，其主要内容包括训练面目肌肉的配合。）

佛袖：将自己的整个水袖紧紧地握着靠在大腿前一展，随即向旁一点颤抖，左右反复摆动。它充分代表了中国整衣的思想。

投袖：又名摔袖。两袖齐往旁摔去（左右均可，也可单摔，表示生气发怒）。

掸袖：（撩袖）先将胳肘往回一转，将袖横着往外掸去，要低一点，不能过胸部，左右均可。表示人要离开的意思。

荡袖：两袖同时做蝴蝶翅式，先往里一抖，再往外一甩，数次不定。表示着急没有主意时。

掷袖：（扔袖）先扔右袖，再扔左袖，将袖一抓再往前直扔，表示无可奈何之意。

（设计意图：水袖功被认为是中国民族优秀传统戏曲艺术的主要特技。水袖指的是一个演员在舞台上用它来表达自己的人物性格和情感的一种手势，水袖指的是一个演员需要通过具备基本功的彼此搭靠，才能使其表现得出丰富的情感，来塑造各种人物形象。）

步法：首先左脚尖向上提高抬起后落在右脚的中央的部分，再抬高脚跟，这样左右脚反复连续走。

程式：台上的一静一动都可以是戏曲艺术作品和演奏规范，在现代京剧里面被戏的人们把他称为程式。每一步的行走，每一次的展示挪移都是需要经历一个由量变到质变的过程。

台步、连步：在行走时眼睛一定要保持平视，腰部必须用力，力量充分地发自脚趾，脚腕也会跟着推动步伐向前走。

圆场：在行走时眼神始终保持平视，腰部必须有力，脚后跟抬起，膝盖轻微提高。练到一定的程度可以依据角色、故事情节等进行变换。

（2）小组合作，巩固基本功。

1）把20名团员以五人一组分为四个小组，并选好组长。

2）各小组在组长的带领下巩固练习本节课所练习的基本功，教师分组指导、检查。

3）小组展示，学员互评。

（设计意图：通过小组合作练习加强巩固基本功的训练，以小组展示的形式激励学生训练的积极性，各组之间形成竞争机制，能很大程度上加强训练的效果，通过学生互评来取长补短，促进各组团员的团结协作能力。）

（3）表演、学唱《贵妃醉酒》。

1）聆听《贵妃醉酒》唱段，让学生初步感受此唱段的情绪及速度。

（设计意图：通过初步聆听戏曲唱段，让学生对此唱段有一个简单的了解，为后面的学唱环节做好铺垫。）

2）教师指导学生学唱《贵妃醉酒》的唱词，在教唱时注意咬字吐字以及唱腔的规范。

（设计意图：通过老师的教与学生的学，能更直接地发现学生在演唱时所出现的问题并能及时地纠正，让学生在平时的学习中就进行规范化训练。）

3）身段表演唱《贵妃醉酒》。

（设计意图：在学会演唱此唱段之后，就要加上动作来表演此唱段，以此来呈现更完整的人物的性格特征和故事情节，由此也体现出京剧中基本功训练的重要性。）

（4）课堂拓展：京剧脸谱介绍。

脸谱常见的八种颜色，有红、白、黑、绿、蓝、黄、金、银等。一般来说是根据人物的思想行为及其品格、性情分别使用不同的颜色：其中红色代表忠诚、大义；白色代表狂妄、傲气；黑色既代表了刚毅、耿直或粗鲁而诚恳，又代表了铁面无私、公正刚直；绿色代表粗傲、暴躁；蓝色代表得豪爽、豁达、诲人不驯；黄色表现得较为暴烈、骠悍；紫色代表稳健、持重、静穆；金、银代表威武。另外，还有旧红、粉色、瓦灰、螃蟹青等多种颜色。

7. 课堂总结与作业

这节课我们一起学习了戏曲艺术作品中《贵妃醉酒》这一唱段，在学习中不仅了解了《贵妃醉酒》背后的故事；而且我们还加入了身段，表演了《贵妃醉酒》，课下希望同学们加强基本功的练习。通过平时的学习，不难发现，在京剧中基本功时时刻刻无处不在，可见基本功在京剧中的重要性！

8. 教学评价

京剧舞蹈的创作和表演都必须是形神兼备，身段和舞蹈的产生来自于对文字的理解，对文字的理解越准确越深刻，做出来的身段和舞蹈才会更生动，更有意境。

六、戏曲教育发展的方向

戏曲艺术本身就是一种地域性的文化，它既是一种社会主义大众性的文化，又是中华优秀传统文化的重要组成部分，更是我们校园文化的重要来源和根本。将戏曲艺术带入校园，不仅在意义上是对戏曲艺术的弘扬与发挥，也是形成创建具有特色的校园文化的主要途径。

小梨园戏曲社团是××艺术学校精品社团之一，通过对台步、圆场、技巧、眼神、唱段等京剧基本功的训练，使得学生能够由内而外地通过运用不同的表演技巧和手法方式来真实地表达戏曲中人物的各种思想感情，以使艺术形象更好地达到完美。这样的校园社团不仅丰富了少儿的课外生活，而且使更多的少儿在生活中感受和认识到了中华民族优秀传统文化的无限魅力，同时也能够让更多少儿充分认识和理解中华民族戏曲的文化，激发了少儿对中华民族文化的热爱之情，让戏曲艺术在少儿手中代代传承，历久弥新。目前，小梨园戏曲社团已成为××艺术学校特色教育品牌。

在小梨园戏曲社团中，教师在整个课程中精心设计，从戏曲的实际情况出发，层层铺垫、环环相扣，扎扎实实地向学员传递了戏曲各项知识和技能；真实地展示了少儿在课堂中的学习过程，真实地展现了少儿平时的训练状态，真实地反映了艺术专业教师扎实的专业知识和基本功；课堂上借助先进的现代信息科学技术手段，把现代信息科学技术与我国传统课程教学完美地有机结合，从而拓宽了少儿的知识视野。

作为一所赋有传承中国优秀文化使命的学校，有义务将中国民族传统和文化引进到课堂，并且要加强对少儿的教育，而对于艺术专业教师来说，更多地应该是竭尽全力运用智慧和力量，采用多元化的教学方式，把中国传统文化渗透到学生的心里，让他们明白"越是民族的，越是世界的"这句话的真正含义。

【发展案例】

1. 小梨园戏曲社团现状分析

××学校小梨园戏曲社团以二至四年级学生为主，共计20人。是一支以小学生为主的戏曲社团。通过对团员们进行系统的基本功训练及对戏曲剧目的训练，让少儿初步体验到京剧的艺术魅力，使得团员充分了解中华民族戏曲艺术，感受到本土的戏曲和中华民族戏曲，激发了少儿对祖国的文化的认同感，以及热爱自己家乡的美好情感。

优势：小梨园戏曲社团成员都为本校学生，在组织排练方面有充分的保证。

不足：小梨园戏曲社团团员之前都未曾接触过戏曲艺术，没有任何基础，需要从头学起，进度较慢。

2. 小梨园戏曲社团培养总目标

××学校小梨园戏曲社团要在学校原有的基础上对团员艺术水平有更高的提升和要求，发展新的团员以继续保持学校戏曲艺术教育的活力，是现阶段必须坚持努力的目标和方向，不断进取，引导少儿了解一些关于中国戏曲艺术尤其是传统文化、历史和艺术特色的认识。加深对民族传统文化的理解，激发少儿学习戏曲艺术的热情。

（1）发展新成员：每学年的下半学期从低年级选取优秀的学生充实戏曲社团队伍，通过戏曲艺术专业教师的精心挑选，选出的学生人数不超过10人，保证整个社团不超过30人。

第一梯队：4年级学生为主；

第二梯队：3年级学生为主；

第三梯队：2年级学生为主。

（2）质量要求：在经过了一段时间的学习和训练之后，由艺术专业教师或团员对队伍中的新团员进行考核和评价，并在此基础上参考综合素质决定，根据需求及每位团员的综合能力水平进行挑选。团员们首先应当必须具有良好的合作团队精神，尊重艺术专业教师，能积极、自觉、认真、准时地参加日常戏曲艺术课程学习、演出排练和艺术表演等各种大型集体文艺活动。严守纪律，没有特殊原因禁止请假。如无故多次旷课、迟到，将取消其参加小梨园戏曲社团的资格。

3. 三年具体目标与措施

（1）第一年：

1）具体目标：在社团排练过程中能掌握基本的戏曲理论知识，通过基本功的训练，能利用小嗓独立完成简单的曲目。

2）具体措施：戏曲理论知识的学习，通过京剧图片可以认识到中国京剧的脸谱和人物，通过学习京剧相关理论知识，了解中国戏曲的历史渊源和发展，加深对中华民族优秀传统文化的认识与理解，为戏曲艺术的学习打下良好的理论基础。

基本功的训练：通过台步、圆场、压腿、踢腿（正腿、斜腿、旁腿、蹁腿）、手法、眼神、身段等训练方式，训练学生由内而外地运用不同表演手法，来表达人物的思想感情，以求艺术形象达到完美。

唱段学习：能够做到利用小嗓演唱，可以独立完成简单的曲目。

（2）第二年：

1）具体目标：在社团排练过程中能掌握基本的戏曲理论知识、进行旦角基本功的训练、掌握京剧的气息、能利用小嗓独立完成简单的曲目。

2）具体措施：京剧气息练习，经过充分地训练，能把气保持在肺部，唱段练习时不断延长自己的气息，做到减少吸气时间，增长呼气时间。课堂中会进行"深吸慢呼气息控制延长练习""深吸慢呼数字练习"。

手指身段学习：不同的角色运用不同的手指。旦角以兰花指为主，这种指形非常美观，同时还学习喷指、托指、扶脸指等不同的手指造形。

唱段学习：能够做到利用小嗓去演唱，可以独立完成简单的曲目。

（3）第三年：

1）具体目标：在社团排练过程中能掌握基本的戏曲艺术理论知识、进行旦角基本功的训练、掌握京剧的气息、视线的灵活训练、能利用小嗓独立完成简单的曲目。

2）具体措施：视线的灵活练习。

虚：眼睛眼神要眯成缝，茫然四顾的时候经常使用这种眼神。注意在虚光时眼球不能太用力。

实：眼睛眼神要聚集滋实而久久不散，在训练中可以通过让眼睛的每个目光紧紧地抓住盯着某一件实物，尽量减小眼神的聚点。

明：眼皮稍微向上抬高，眼珠再次用力，目光明朗清爽，这也就是通常所谓的"开光"。

暗：眼皮略下压，眼珠无力，目光深沉。应该是在京剧程式下结合人物情绪等一种眼神的反应。所以若能熟练掌握程式的眼部动作，再结合人物应该能够给人眼有神的感觉。

身段训练：水袖一直被广泛地认为是表演中国传统戏曲艺术剧目的主要身段。水袖就是戏曲演员们在舞台上对一个人物形象进行各种感情传达表现时，将其范围放大和长度延长。

水袖的基本动作有甩、撑、拨、勾、挑、抖、打、扬、撑、冲10种。水袖依靠着这些众多艺术基本功的巧妙交织和运用，可以将其中所需要呈现的多种表达方式和艺术手法进行巧妙组合，从而塑造不同的典型人物形象。

唱段学习：能够做到利用小嗓并声情并茂演唱，可以独立完成曲目。

4.规划实施保障措施

（1）按照规划每学年、每学期在制定工作计划时，对计划中的每一件事都要认真完成。

（2）及时地进行经验总结，错误修正，反思自省，及时对工作进行调控。

（3）根据形势发展，按照学校实际对计划做出科学合理的调整。

（4）经费保障：具体根据所排练的戏曲艺术节目上报学校审批。

Chapter
Four

第四章

优秀传统文化教育构建

优秀的传统文化是我们展望未来的宝库，文化是我们的"根"。立足当下，把握优秀传统文化的精神实质，是打开优秀传统文化教育的正确之道。

弘扬优秀传统文化的"号角"早已吹响。习近平总书记多次强调弘扬中华优秀传统文化对涵养社会主义核心价值观的重要作用。党的十九大报告指出"深入挖掘中华优秀传统文化蕴含的思想观念、人文精神、道德规范，结合时代要求继承创新，让中华优秀文化展现出永久魅力和时代风采。"

为全面响应国家"弘扬优秀传统文化"的倡议，实现"培育有民族文化根基的现代人"的目标，找准优秀传统文化与立德树人的契合点，提升学生的人文素养和综合素质，把中华优秀传统文化内涵更好更多地融入教育与生活各方面，我们积极开展各类优秀主题文化实践活动，让少儿在优秀传统文化的浸润中，增强民族自豪感和自信心。

活动中，我们把少儿优秀传统文化课程结合地方特色，紧紧抓住传统美德、人文精神、实践与生活等教育内容，积极开展齐文化、蒲文化、陶琉文化、乡村记忆文化教育，通过一系列丰富多彩的研学活动，让学生感受到优秀传统文化的底蕴和魅力，做到入眼入脑入心，树立爱家、爱国意识；学会感恩、包容，形成良好道德风尚，使优秀传统文化内化于心，外显于行，走进学生心灵，积极践行社会主义核心价值观。

第一节　优秀传统文化教育的探索与实践

一、优秀传统文化教育的意义

中华民族历史源远流长，悠久的时光留下了无数经典文化遗产。这些文化遗产是我们中国人的骄傲与自豪，凝聚着无数中华儿女的智慧和心血，构成了我们优秀传统文化的核心价值体系，成为中华民族最深厚的根基。

伟大的教育家孔子论道"志于道，据于德，依于仁，游于艺。""千教万教，教人求真；千学万学，学做真人。"这是近代教育家陶行知的教育名言，也是从做人的根本出发，对孩子进行"立德""修身""发蒙""启智"的教育。因此，有针对性地对当代青少年进行灌输、熏陶和引导，在少年儿童中开展优秀传统文化教育十分必要。

（一）有利于少年儿童优良品德的形成

中国优秀传统文化是我们从祖祖辈辈传承下来的历史悠久而丰厚的历史文化遗产。这份丰厚的文化遗产不仅仅记录了我们中华民族和中国文化发生、演化的历史，而且还作为我们祖先世代相传的思维方式、价值观念、行为准则、风俗习惯，渗透在每个中国人的血脉之中。

（二）有利于少年儿童正确的世界观、人生观和价值观的养成

对少年儿童开展优秀传统文化教育能够正确引导、教育少年儿童树立正确的世界观、人生观和价值观，这将直接关系到我们的国家向哪个方向发展的大问题。

（三）有利于少年儿童创新意识的培养

深入挖掘中华优秀传统文化，尤其是淄博陶琉文化、孝文化、齐文化、蒲文化资源，大力营造和弘扬家乡优秀传统文化的浓厚氛围，进一步教育、引导学生感受家乡文化魅力、领悟家乡文化精华、接受家乡文化洗礼，自觉地传承和弘扬家乡优秀传统文化中的创新创举，加强少年儿童创新意识的培养。

二、优秀传统文化教育的核心内容

（一）优秀传统文化的教育目标

（1）形成稳定的，可持续发展的，中华优秀传统文化教育模式，打造具有素质教育鲜明的，优秀传统文化特色学校。

（2）在中华优秀传统文化学习教育中，打造出师德高尚，具有人文素养的、德才兼备的教师队伍。

（3）在中华优秀传统文化的滋养中，让少年儿童养成良好的道德规范，健全的人格，成为德智体美劳全面发展的时代新人。

（二）优秀传统文化的教育原则

（1）坚持正确教育方向原则，达到培养优秀人才的目标；
（2）坚持内化教育与外化教育相结合的原则，做到知行合一；
（3）坚持以德为先，以德促智的原则，实现立德树人任务；
（4）坚持长期教育和反复熏陶的原则，实现教育和自我教育的统一；
（5）坚持家庭、学校、社会三结合的原则，形成教育合力。

（三）优秀传统文化的教育内容

1. 开展感恩教育——"以孝为先"主题教育

（1）利用传统节日春节、元宵节、清明节、端午节等时间，开展传统文化教育活动和道德体验活动；引导学生认知传统、弘扬传统，增进爱祖国、爱家乡、爱他人的情感；凸显教育的实践性和生活化特征。

（2）利用节假日"三八"妇女节、母亲节、父亲节等时机，开展传统文化教育活动和道德体验活动；凸显孝文化教育的实践性、生活化。

（3）以劳动节、教师节、中秋节、重阳节为契机，开展"关爱长辈""感恩老师""感恩社会"的教育活动，弘扬传统礼仪教育。

2. 开展文明礼仪教育——"以雅为标"主题教育

培养学生养成助人为乐、谦虚礼貌、遵纪守法、言行合一、爱护公物的礼仪规范。

3. 开展诚信教育——"以信为本"主题教育

积极引导学生从小养成诚信美德，组织实践性、生活化的活动。

4. 开展特长教育——"以乐为怀"主题教育

组织特长教育活动：音乐、体育、美术特长培训等。让学生能学有所长，德识长进，促进学生的全面发展。

5. 开展美德教育——"以美为品"主题教育

走进大自然，欣赏祖国的大好河山，观察家乡的风土人情，开展乡情教育，让学生学会欣赏美，赞赏美。

三、优秀传统文化教育的方法与途径

（一）将传统经典文化纳入校本课程

传统经典文化不仅能培养中小学生的读书兴趣，提升能力，生活品位和人生内涵，还对于他们的成长有着深远影响，我们应当将传统文化教育纳入校本课程。

【活动案例】

××学校经典阅读校本课程1—5年级学期经典诵读内容及检测形式。

说明：

以下诵读内容以课本内容为蓝本，是每学期阅读的最低限。在完成这些的基础上，学校再根据学生情况引导孩子阅读其他经典和课外书。

年级	学期	课标必备古诗检测内容	课外阅读检测内容	统一检测形式
1	上	1—5首	《可爱的鼠小弟》	连线题
	下	6—15首	中国古代神话（《盘古开天地》《女娲补天》《夸父追日》）	
2	上	16—25首	中国成语《朝三暮四》《鹬蚌相争》《自相矛盾》《愚公移山》	
	下	26—35首	中国古代寓言故事《疑人偷斧》《纪昌学射箭》《铁杵磨成针》《愚人买鞋》	
3	上	36—45首	中国古代传说《舜耕历山》《龙生九子》《大禹锁蛟》《黄帝诞生》	古诗、课外阅读检测：连线、选择、或填空
	下	46—55首	中国名胜传说《莫愁女儿》《飞来奇峰》《阳燧宝珠》《巫山神女》	
4	上	56—65首	《格林童话》	
	下	66—75首	《父与子》《童年》	古诗检测：选择题；课外阅读检测：填空或做阅读卡
5	上	1—40首（复习）	《西游记》	
	下	41—75首（复习）	《第七条猎狗》《红岩》《鲁滨孙漂流记》	

【活动案例】

××学校传统经典诵读实践活动实施内容

一年级传统文化经典诵读补充内容：

（1）双轨识字：一年级识字量达到1800字；课内识字870字，课外每天认识 3 字。

（2）阅读量不少于 5 万字。推荐学生阅读课外书 6 本,自主阅读 8 本。

（3）背诵古诗文、儿歌 50 篇,包括《弟子规》（选背）《三字经》（选背）、古诗、儿歌。

（4）积累成语 200 个。

（5）每周一次口语交际。

（6）时间：早读、午读,阅读课,周末亲子共读。

（7）推荐阅读书目：《365 新编儿歌》《逃家小兔》《大个子老鼠小个子猫》《小布头系列》《猜猜我有多爱你》《小猪唏哩呼噜》

二年级传统文化经典诵读补充内容：

（1）识字量达 3000 字,课内识字 1000 字,课外识字 2000 字。

（2）阅读量：课外阅读量不少于 10 万字,推荐学生阅读课外书 8 本,自主阅读 8 本。

（3）背诵古诗文 60 篇,包括《千字文》、古诗、《论语》选段。

（4）背诵积累成语（或四字词语）400 条,会成语接龙。

（5）每单元一次小练笔、口语交际。

（6）每周做一次小画册：绘画、贴画并写话（共 18 次,8 次在校,10 次双休日）。

（7）时间：早读、午读,阅读课,周末亲子共读。

（8）推荐书目：《笠翁对韵》《安徒生童话》《格林童话》《舒克和贝塔历险记》《洋葱头历险记》《宝葫芦的秘密》。

三年级传统文化经典诵读补充内容：

（1）大量阅读：课外阅读量不少于 50 万字,推荐学生阅读课外书 10 本,自主阅读 8 本。

（2）背诵古诗文不少于 70 首、《大学》《中庸》。

（3）积累词语不少于 500 条（会成语接龙）。

（4）舒畅习作：

1）课内习作16篇（学生互批四次），跟写8篇（用打草本，包括想象作文、即兴作文）。

2）日记每周1~2次。

3）读书笔记每周1次。

4）班内出版作文班报（激励学生发表作文），期刊自定（周刊、月刊、季刊）。

（5）语文实践活动：

1）手抄报、诗配画每月各做一次。

2）探究实践性作业（绘本、调查报告、专业研究报告）。

（6）时间：晨诵、午读、阅读课、双休日亲子阅读。

（7）推荐书目：《30天环游中国》《上下五千年》《绿野仙踪》《中国名家经典童话》《中国民间故事》《成语故事365》《海底两万里》《一百个中国孩子的梦》。

四年级传统文化经典诵读补充内容：

（1）大量阅读：课外阅读量不少于50万字，推荐学生阅读课外书15本，自主阅读8本。

（2）背诵必背古诗80首，宋词10首，成语600条，诵读《大学中庸》。

（3）积累成语不少于600条（会成语接龙）。

（4）舒畅习作：

1）课内习作15篇（学生互批四次），跟写8篇（用打草本，包括想象作文、即兴作文）。

2）日记每周2~3次。

3）读书笔记每周1次。

4）班内出版作文班报（激励学生发表作文），期刊自定（周刊、月刊、季刊）。

（5）语文实践活动：

1）手抄报、诗配画每月各做 1 次。

2）探究实践性作业（绘本、调查报告、专业研究报告）。

（6）时间：晨诵、午读、阅读课、双休日亲子阅读。

（7）推荐书目：《城南旧事》《草房子》《假如给我三天光明》《爱的教育》《繁星》《上下五千年》《山居岁月》《金银岛》《意林》《儿童文学》。

五年级传统文化经典诵读补充内容：

（1）大量阅读：课外阅读量不少于 100 万字，推荐学生阅读课外书 15 本，自主阅读 8 本。

（2）背诵必背古诗 90 首，包括古文 10 篇，经典美文 10 篇（段），《孟子》。

（3）积累成语不少于 800 条。

（4）舒畅习作：

1）课内习作 15 篇（学生互批四次），跟写 8 篇（用打草本，包括想象作文、即兴作文）。

2）日记每周 2 篇。

3）读书笔记每周 1 次。

4）班内出版作文班报（激励学生发表作文），期刊自定（周刊、月刊、季刊）。

（5）语文实践活动：

1）手抄报、诗配画每月各做 1 次。

2）探究实践性作业（绘本、调查报告、专业研究报告）。

（6）时间：晨诵、午读、阅读课、双休日亲子阅读。

（7）推荐阅读书目：《斑羚飞渡》系列《告诉世界我能行》《青铜葵花》《象母怨》《上下五千年》《呼兰河传》《再寄小读者》。

×× 学校

【活动案例】

×× 学校 2020—2021 学年度传统文化教育校本培训安排

传统经典文化不仅能培养中小学生的读书兴趣，提升能力，生活品位和人生内涵，对于他们的成长，有着深远影响，我们应当将传统文化教育纳入校本课程。为实现师生共同成长，我们按照淄博市基础教育研究院《关于参加山东省"互联网＋教师专业发展"工程》要求，将传统文化教育纳入本学期校本培训工作，请各学科组，各位老师按照要求，做好本学期传统文化教育以及主题教研工作。具体安排如下：

1. 自主研修阶段

（1）教师选课时间：7 月 16 日起。

（2）传统文化学习时间：7 月 24 日起。

传统文化学习内容：共计 21 课，30 学时。

1）国学经典—名师课堂《枫桥夜泊》课例与点评（1 学时）。

2）《季氏将伐颛臾》与《论语》的魅力（2 学时）。

3）《红楼梦》与中华文化（2 学时）。

4）成语探源（1 学时）。

5）伯牙绝弦（1 学时）。

6）京剧（2 学时）。

7）《大学》研读（3 学时）。

8）读懂中国智慧（2 学时）。

9）叶嘉莹讲诗词（2 学时）。

10）国学浸润师德美（1 学时）。

11）父母呼应勿缓（1 学时）。

12）古圣贤尚勤学（1 学时）。

13）欧体笔画 悬针竖（1 学时）。

14）孝敬尽忠（1 学时）。

15）十二生肖（1学时）。

16）亡羊补牢（1学时）。

17）曾子杀猪（1学时）。

18）《论语》研读（2学时）。

19）言而有信一诺千金（1学时）。

20）诚信（1学时）。

21）论语六则（2学时）。

2.集体研修阶段

本次校本培训重点是师德师风建设和传统文化教育专题。集体研修时间为2天（8月30—31日）。淄博市教育局、张店区教体局将组织抽查巡视本次互联网＋教师专业发展传统文化集体研修工作。请相关负责人重视并做好准备。

具体安排如下：

（1）师德师风建设专题集体研修

8月30日（周一）上午8:30-11:30 全体教师 地点：多功能厅。

需提前准备以下事项。

1）全体教师参加，按照防疫要求戴口罩，隔座坐好。

2）教学一体机（工会负责）。

3）PPT（教科负责）内容:今年的教师研修网师德师风讲座片段（拍照／巡视备用）/2个PPT页面内容与电子屏一致。

4）上方电子屏文字（2个）。

淄博柳泉艺术学校2021年"互联网＋教师专业发展"动员大会

淄博柳泉艺术学校2021年"树师德 正师风"师德专题教育

（2）学科课程专题分学科集中研修

8月30日（周一）下午2:00-5:00

8月31日（周二）上午8:30-11:30，下午2:00-5:00

语文：五楼会议室。

数学：二楼会议室。

英语：二年级一班教室。

音乐：书法教室。

体育：大队部。

美术：国画教室。

信息技术：微机办公室。

注：各学科组长提前落实教师研修记录专题，学习场所和网络条件保障，督促、引导教师保质保量完成学习任务。

3. 各学科教研主题安排

学科	教研主题	教研大事安排
小学道德 与法治	培养学生思辨力的议题式德法课	1. 各团队课例研讨展示 2. 片区研修 3. 名师工作室送教 4. 大中小思政课一体化课堂展示
小学语文	基于大单元主题下的思维发展型教学研究	1. 优质课评选 2. 团队主题研究 3. 片区研修
小学数学	基于深度教学背景下核心问题设计的研究	1. 优质课评选 2. 团队成员学科素养检测 3. 名师工作室活动
小学体育 与健康	课内教学比赛设计	1. 备课会，片区研修 2. 专题教研 3. 团队活动
小学英语	基于大概念的单元整体教学研究	1. 团队主题研究 2. 片区研修 3. 省级课题校活动

学科	教研主题	教研大事安排
小学美术	大美育观下的核心素养主题研究	1. 网络课堂 2. 片区研修 3. 专业教研
小学音乐	奥尔夫教学法在中小学音乐教学中的研究	1. 片区研修 2. 骨干教师团队活动
小学科学	跨学科项目化学习的实践研究	1. 优质课评选 2. 片区研修 3. 三个课堂
小学信息技术	基于小组合作的项目式学习研究	1. 片区研修 2. 项目团队专题活动 3. 三个课堂 4. 年轻教师教学常规专题培训
中小学心理	情绪专题研究	1. 中小学心理健康优质课评选 2. 学段心理课堂交流研讨 3. 心理教师教学经验分享
中小学综合实践活动	聚焦考察探究、设计制作的主题实践研究	1. 片区研修 2. 三个课堂

（二）重视学科渗透，将诵读活动引入课堂

传统文化经典中，可以引导学生学习和领悟国学精粹，将中华优秀传统文化教育纳入课程内容，结合学校和学生实际，结合地方课程、班团队活动，结合德育研究，逐渐研发自己学校特色的校本课程。

【活动案例】

××学校校本课程学生经典诗词诵读考级方案

俗话说："熟读唐诗三百首，不会作诗也会吟。"读经典诗词，不仅可以丰富我们的知识，还可以开拓我们的视野，提升我们的文化底蕴，增强我们的民族自豪感。因此××学校决定在全体学生中开展经典诗词诵读考级活动。

1. 活动目标

（1）挖掘、发现校园中的诗词背诵小能手，给全体学生树立榜样。

（2）激励学校学生乐背古诗词，善背古诗词，形成浓厚的书香校园学习氛围。

（3）激发激励学生学习民族传统文化精髓的热情，最终使此次活动逐渐成为学校具有深远意义的传统活动，并形成校本特色。

2. 组织领导

考级评审委员会成员：学校的书记、校长，学校领导班子成员、全体语文老师。

3. 组织考核原则

（1）坚持正确教育方向原则，达到培养优秀人才的目的；

（2）坚持内化教育与外化教育相结合的原则，做到知行合一；

（3）坚持以德为先，以德促智的原则，实现立德树人任务；

（4）坚持以家庭、学校、社会三结合的原则，形成教育合力。

4. 参加对象

××学校全体学生。

5. 考级内容

根据目前我们使用的《义务教育语文课程标准（2011年版）》所推荐的75首古诗及学校自选100首诗，共175首。作为学生经典诗词诵读考级的内容，引导学生利用课余时间背诵。学校考级评审小组每学期末根据学生背诵的质量和数量评定相应的等级。

6. 考级要求及标准

考核等级分为十级，附加特级，每一级指定难易适度的古诗，另加自选数量要求，只有全部背诵正确，才能认定相应等级。

具体标准如下：

一级：背诵课程标准下发的指定古诗 1—10 首、再自选 2 首。

二级：正确熟练背诵课程标准下发的指定古诗 11—20 首、再自选 2 首。

三级：正确熟练背诵课程标准下发的指定古诗 21—30 首、再自选 2 首。

四级：正确熟练有感情地背诵指定的古诗 31—40 首、再自选 3 首。

五级：正确熟练有感情地背诵课程标准下发的指定古诗 41—50 首、再自选 3 首。

六级：正确熟练有感情地背诵课程标准下发的指定古诗 51—60 首、再自选 3 首。

七级：正确熟练有感情地背诵指定的古诗词 61—70 首、再自选 4 首。

八级：正确熟练有感情地背诵指定的古诗词 71—80 首、再自选 4 首。

九级：正确熟练有感情地背诵指定的古诗词 81—90 首、再自选 4 首。

十级：正确熟练有感情地背诵指定的古诗词 91—100 首、再自选 5 首。

特级：正确熟练有感情地背诵指定的古诗词 101—110 首、再自选 5 首。

7. 考级方式

一级至七级只考口试，八级至十级、特级考核分口试与笔试两部分。口试为在规定的目录中抽签背诵，背诵内容不低于规定内容的 60%，笔试有 AB 两套试卷，抽签选择。

8. 主要措施

（1）指定每一级经典诗词诵读篇目，指定和自选的内容不重复。要求学生参与面达 100%，达标率 60% 以上。

（2）学校每学年举行古诗词考级活动，举行隆重颁奖仪式，颁发证书及奖品。

（3）学生古诗词考级合格后，将以"祝贺词"形式发放于家长手中。

（4）学校要及时进行宣传和资料收集。

（三）营造"传统文化经典"育人环境，让经典育人"润物无声"

深入挖掘中华优秀传统文化，尤其是淄博陶琉文化、淄博博山孝文化、淄博临淄齐文化、淄博淄川蒲文化资源，大力营造和弘扬家乡传统文化的浓厚氛围，进一步教育、引导学生感受家乡优秀传统文化魅力、领悟家乡优秀传统文化精华、接受家乡优秀传统文化洗礼，自觉地传承和弘扬家乡优秀传统文化，创新发展传统文化教育机制。

【活动案例】

"优秀传统文化研学"冬令营课堂基本要求及规范

1. 规范日常礼仪要求

亮出"传统文化研学"三张名片：感谢（鞠躬）礼、赞美礼、微笑礼。

对教师的具体要求：

（1）参加传统文化研学冬令营的教师和学生以"三张名片"贯穿始终，以此形成为习惯，使传统文化内化为师生的精神追求，外化为师生的自觉行动。

（2）感谢（鞠躬）礼：鞠躬，意思是弯身行礼。是表示对他人敬重的一种郑重礼节（弯15°左右，表示致谢；弯30°左右，表示诚恳或歉意；弯90°为行大礼）。

要求所有教师上课、课间遇到同事、学生（学生先鞠躬）时，以腰部为轴，整个肩部向前倾15°以上（一般是30～45°，具体视行礼者对受礼者的尊敬程度而定），双手自然放在裤缝两边（女士双手交叉放在体前），同时问候"您好""早上好"等。

（3）赞美礼：及时称赞学生、鼓励学生，竖起赞美的大拇指。

（4）微笑礼：教师与学生、家长之间、教师与教师之间、学生与学生之间，学生与家长之间见面报以微笑。

2. 规范上课礼

学生每堂课在上课前除向老师问好外，还要深度鞠躬，老师也深度鞠躬回礼后，学生再次鞠躬感谢老师。

（1）学生感谢（鞠躬）等礼仪具体要求由×××、××老师进行上课规范、讲解。

（2）上课的礼仪流程：

1）生："老师您好！"（鞠躬 45°）

2）师："同学们好！"（鞠躬 30°）

3）生：（鞠躬 45°）

4）教师授课

……（下课前）

5）师：下课（鞠躬 15～30°）

6）生："老师再见，谢谢老师！"（鞠躬 45°）

（注：武术、太极拳课可根据具体的传统习武礼仪进行。）

3. 其他要求

（1）授课教师严格按照以上基本礼仪要求上课。

（2）所有授课教师严格按照课程表上课。

（3）教师授课必须从"传统文化""文化历史"等角度进行内容解读，向孩子讲解中国传统文化的大智慧，在了解中国传统文化博大精深的基础上进行传统文化体验教学。

【活动案例】

迎新年诵千古经典，爱祖国传华夏文明

——淄博柳泉艺术学校 2018 年

"教师、学生"全科阅读总结表彰暨经典诵读展演方案

1.指导思想

××学校启动全学科阅读以贯彻党的十九大精神和《国家中长期教育改革和发展规划纲要（2010—2020年）》为工作目标，努力营造校园书香氛围，全面实施"教师·学生全科阅读"。根据《××市第七届中小学生读书节活动实施方案》要求及相关文件精神，为引导广大教师学生全科阅读，诵读经典诗文，激发师生对中华优秀文化和祖国语言文字的热爱，切实提高师生的人文素养。特举办本次"经典诵读"展演活动。

2.活动目的

（1）表彰我校"全科阅读"活动先进集体、个人，不断创新"立德树人"教育方式，调会教师"敬业合作、精研善导"基本底色，夯实学生"乐学善思、勤勉求精"的文化基础，引领"崇德尚美"的价值取向，充分彰显我校教育的理念和目标，全面推进我校"全科阅读"活动的开展。

（2）引导师生诵读具有优秀传统文化价值的经典诗文。

3.全科阅读活动表彰

（1）表彰我校在2018年度实施"全科阅读"活动中表现突出的学科组、班级、教师、学生个人等。（详细表彰决定名单另附）

（2）各学科组长于12月7日将推荐名单交教务处。

（3）表彰名额：（暂定）"全科阅读"先进集体优秀个人：班级5个（每级部1个）；学科组2个，学生：60人（每班2人）。

4.总结展演活动时间、地点、范围

范围：全校师生。

时间：2018年12月29日下午1:30-3:00。

地点：××学校多功能厅。

5.活动内容要求

（1）内容要求：内容选取要主题鲜明，积极向上，各级部根据日常诵读、阅读内容编排节目，要具有深厚内涵和文化韵味。

（2）节目形式：

1）各级部由组长组织各班先诵读比赛，选出优秀节目或个人代表年级组展演。

2）诵读篇目自行选择，可以是古诗文，也可以是现代诗、儿童诗、散文、小快板等。诵读作品时，普通话要标准，能体现学生的良好精神风貌，情感丰富，形式新颖。

3）鼓励编排形式多样化，自备演出道具，演出形式如配乐诵读、吟诵吟唱、舞台剧朗诵、多人朗诵、独诵结合等；情景式朗诵，如着装式的，古装、时装……

（3）节目要求：

1）全校师生全员参与，同台演出（百人和十人节目，也可含老师）。

2）每个节目时间 3～5 分钟为宜，不得超过 6 分钟。

3）演出服装根据节目要求准备，整齐统一，风格多样。

4）为充分体现我校"全科阅读"氛围，教师全员参与，在节目排练过程中要求级部全体老师打破学科界线，深入班级，深入学生中参与排练、诵读。

（4）时间安排：

1）活动发动：11 月 28 日（周三）二楼会议室开负责人动员会。

2）各年级组长、学科组长在 12 月 7 日交节目资料。

3）各节目组根据计划充分利用早读、午读时间排练。

4）12 月 21 前审核节目。

6.活动负责领导及相关部门职责

（1）活动策划及全面工作指导：××、×××。

（2）活动负责人及相关部门职责

1）活动舞台工作实施：

艺术组 ×× 负责：①活动场地布置及舞台背景制作、策划；②负责活动当天的舞台工作人员安排；③音响的安装调试和音乐播放、话筒准备等事项。④各级部节目的指导。

2）学生层面活动具体工作安排与实施：

××负责：①负责活动方案草拟和修改。②负责组织活动的排练及开场的检查。③全科阅读表彰事宜。④活动前期准备工作。

3）演出学生组织安排：

××负责：①负责组织活动学生。②负责场地的确定和布置。③主持词准备及节目主持排练。

主持：××学生2人。

4）教师层面活动及宣传：

××负责：①班子成员节目策划编排、教师节目编排的督促指导。②活动当天宣传工作（稿件、照相、摄像等）。③联系电视台、新闻报纸、网络等媒体记者。

5）活动保障：

××负责：①制定活动安全预案。②活动安全巡查、活动后勤保障。③负责维护展演现场安全有序。

××学校

××年××月××日

（四）拓展"传统文化经典教育"实践活动，达到活动育人的目的

学校开展了主题系列教育活动，旨在让学生从小"懂孝道，学做人，会做事"，取得了良好效果。少年儿童从小就应该养成良好的行为习惯，学校将传统文化经典作为学校德育工作的一个特色来抓，传统文化经典对于帮助中小学生建立正确的价值观念、养成良好的行为习惯、培养善良的心性作用极大。

【活动案例】

淄博柳泉艺术学校 2018—2019 学年度第二学期
中华优秀传统文化活动案例

1. 教材分析

本课拟以"孝文化"为主线，穿插齐鲁文化进行传统文化的学习。以党的十八大和十八届三中、四中、五中全会精神及习近平总书记系列讲话精神为指导，以传承和弘扬中华优秀传统文化为主线，感受家乡优秀传统文化魅力、接受家乡优秀传统文化洗礼，自觉传承和弘扬家乡优秀传统文化，积极探索爱学习、爱劳动、爱祖国、爱家乡活动的有效形式和长效机制，努力为培育和践行社会主义核心价值观作贡献。

2. 教学目标

（1）坚持正确教育方向，达到培养优秀人才的目的；

（2）坚持内化教育与外化教育相结合，做到知行合一；

（3）坚持以德为先，以德促智的，实现立德树人任务；

（4）坚持长期教育和反复熏陶，实现立德树人任务；

（5）坚持以家庭、学校、社会三结合，形成教育合力；

（6）情感目标：通过传统文化的学习，养成尊敬长辈的好习惯；养成良好的礼仪规范。

3. 教学重难点

通过传统文化的学习，养成尊敬长辈的好习惯；养成良好的礼仪规范。

4. 教学过程措施

（1）文化背景：本课通过孝文化折射出传统文化的特点。

（2）总体思路：

主题：如何认识传统文化。

议题一：传统文化是什么；

议题二：传统文化的特点。

5.教学评价与反思

学习《传统文化》的具体内容做得比较充足，也通过摸底调查，根据当前教育需求和学生兴趣制定了活动方案和微信宣传，当天就报满。五天四夜的活动行程紧凑，内容丰富，时时处处体现着润物无声式的教育，取得较好的活动效果和社会反响。不足之处就是人数较多，超出预判人数，以后在组织活动中会提前预判，合理配置带队教师。

立足于中国"大文化"的宽阔视角，活动涵盖了诸子百家、传统文学、文明礼仪、民间工艺、宗教哲学、民众民风等诸多文化元素，形成了优秀的传统文化价值观等与艺术兼容并重的教学内容体系，充分考虑文化传播的系统性与整体性。

（五）把传统文化经典诵读与美术教育结合起来

在《传统文化》教材的每个单元的结束，学生可以以组为单位，分板块展示自己搜集的文章或学习成果，或者朗诵精彩的片断，或者讲述感人的故事，或者表演表现主题的歌曲、话剧，或者宣读自己的作文等等。这样就把课堂教学、传统文化、艺术教学活动有机地整合起来。此外，还进行以下的成果展示。

1.给诗配画

在我们组织的单元整体探究性语文实践活动中，将古诗单独作为一个整体单元来教授，结合季节、节气、节日、风景等进行古诗整合。学习完一个单元后学生进行传统古诗文配画比赛，也就是"诗配画"比赛，根据自己对所学古诗的理解，让学生做到"诗中有画，画中有诗"，学生创作出与古诗意相匹配的想象画。例如，《池上》《望天门山》《凉州词》《小儿垂钓》……这些千古名篇在学生脑中展开大胆想象，他们运用大量的美术元素表现出诗的意境，既提高了学生的自我审美能力，又展示了学生对古诗的理解。

2. 编写手抄报

传统文化教学包罗万象，手抄报能锻炼学生对所学知识的综合运用能力，学校曾要求学生按照节日主题办出有新意的手抄报。在以春节为主题的活动中，孩子们查找了春节的由来、民间习俗、对联等等，在手抄报中一一展示；在《遨游汉字王国》学习中，讲完一个单元，学生便将找到的有关汉字的演变、谐音、书法艺术等内容做成手抄报汇集成学习汇报材料，手抄报内容丰富，除了有大量的文字设计，还有大量的精美图片相配，关键是这些图片都是孩子们一笔一笔画出来的，充满童趣，形式活泼。

3. 制作电子作品书

网络的普及与应用为语文教学提供了丰富的课程内容，创设了新的教学环境，提供了一个前所未有的广阔空间。因此也就要求我们运用网络资源优势不断开发新的课型和教学资源。对于信息量与其他课程相比相对较大的语文课程来说，学生可以用网络搜集大量的资料，丰富视野，对此兴趣盎然。单元整体教学后，逐渐交给学生利用电脑将自己平时的优秀习作、日记、读书笔记、摘记打成电子文稿，再配以精美的图画，前面制作封皮、作者简介，最后装订成册，孩子们自己的"书"就诞生了。当自己的作品被打印出来，看到那优美的文字、和谐的配图，让"小作者"们惊喜不已。通过制作电子作品书培养了学生的写作创造力，激发了写作兴趣，提高了写作水平。

4. 编辑校刊

根据校刊《柳泉》，学生的童诗、童书、童话、童画等方面的优秀稿件，均可以刊出，下发到各个班级，使学生的读书作品可以在全校范围交流，使学生的读书成果得以展示，以此激发学生的读书写作兴趣，培养读书习惯。

【活动案例】

"读行上海，做新时代好少年"

——××市青少年传统文化研学夏令营

上海，是一座被称为"魔都"的多元国际城市。在这里，博物馆和科技馆诉说历史的辉煌与科技的发展；在这里，百年交大散发知识的魅力；在这里，黄浦江见证上海的成长；在这里，迪士尼乐园承载着孩子们的欢乐……这个有故事的城市，传统与现代相结合，魅力无限；文化与科技共发展，繁华尽显。本期夏令营带领你读行上海，做新时代好少年。

1. 特色课程

感悟文化：上海博物馆享有文物界"半壁江山"之誉，文化新地标中华艺术宫展现了中国之美。百年上海交大，在这里领略中国历史最悠久、享誉海内外的著名高等学府之风采。

探索科技：球幕影院、智慧之光、地壳探秘、生物万象。科技馆的科技知识包罗万象，上海影视城的高科技告诉你大片是怎样拍成的；标本模型、复原场景、缤纷生命、生态万象等等，在上海自然博物馆、上海科技馆中触摸自然与科技的奥秘，在体验互动中了解科技的前沿。

家国情怀：走进钱学森图书馆，了解钱学森为国奋斗、奉献的一生，浸润家国情怀，树立正确的世界观、人生观、价值观。

快乐爽翻：是的，快乐的童年不留遗憾，说走就走的研学怎能少得了笑声相伴。走进上海迪士尼乐园，邂逅你最爱的动画人偶，体验惊险刺激的游乐项目，在笑声、尖叫中释放自我。

2. 出行时间

2019年7月8—12日（五天四夜）。

3. 参与对象

面向全市8—16岁青少年，限额28人。

4.活动保障

交通：全程空调旅游车；

食宿：双人标准间，4早6正餐；

导学：资深教师＋专职导游；

保险：每人120万元旅行社责任险，10万元人身意外险。

5.活动过程

第一天：早7：30淄博北站集合开营，乘高铁（G224　08:46—13:58）前往上海，参观中华艺术宫（原中国馆），游览外滩、南京路，晚上登东方明珠，俯瞰美丽的外滩夜景。

第二天：参观上海科技馆、上海自然博物馆。

第三天：游学上海交通大学，参观钱学森图书馆、上海博物馆。

第四天：全天游览上海迪士尼乐园。推荐路线：入园→米奇大街→奇想花园→明日世界→午餐→梦幻世界→宝藏湾→探险岛。

第五天：游览上海影视城；午餐后乘高铁（G226（14：20—19：26）返回淄博。

备注：行程会根据实际情况进行微调。

6.活动小结

"读行上海"，别样的暑假，别样的欢乐。

7月8日，"读行上海，做新时代好少年"2019年××市青少年传统文化研学夏令营开营，来自各区县近30名营员参加活动。

最美丽的风景在路上，最精彩的课堂在路上。车水马龙的外滩、高入云端的东方明珠、诉说历史的博物馆、充满奇幻的科技馆、百年名校上海交大、疯狂玩转的迪士尼……五天四夜的时间里，营员们开阔了视野，增长了见识，结下了友谊，陶冶了情操。

登高极目知天地之大，置己苍茫知寸身之微。在上海自然博物馆，营员们期待、凝神、静心、探寻，收获到的不仅是知识和惊叹，还有人与自然和谐共生的思考。

上海博物馆里的一件件展品，让我们穿越历史的时空，追寻着悠久灿烂的中华文明。

"饮水思源，爱国荣校"。走进上海交通大学，感受着百年名校的文化与精神，细雨润物无声，今天播下向上励志的种子，明天成长为拄天大木！

科技推动社会进步，科技改变生活。走进上海科技馆，我们在科技的世界遨游，探索科技万象，又仿佛在欣赏一首自然、科学、技术和艺术的协奏曲。

"哇！太神奇了！太震撼了！"中华艺术宫，采用当代最新数码技术，让《清明上河图》动了起来，我们尽情享受着中华民族传统文化与当代科技完美结合带来的视觉盛宴。

形色各异的招牌、鳞次栉比的店铺、纵横交错的铁轨、漆色斑驳的电车……在上海影视乐园，我们回到了百年前的老上海。

盼望已久的迪士尼我们来啦！跟随小矮人去矿山冒险，和杰克船长海底寻宝，与爱莎来到美妙的冰雪王国，飞越地平线……惊险刺激的体验项目让我们挑战不可能，在惊叹与尖叫中释放、嗨翻；晴空夜幕下的烟火光影秀奇妙变幻，让我们置身童话世界乐不思蜀！

一情一景皆教育，研学路上有课程。学会垃圾分类，美好生活从身边的点滴做起；带着问题研学，真正做到了玩得痛快，学得丰富，游得深刻；互帮互助，感受到了集体的温暖，传递着满满的正能量。

新时代的号角，已经吹响，新征程的航船，已经起航。责任在肩，不忘初心。学习感悟祖国优秀传统文化，激发青少年向善向上，热爱祖国热爱党。青少年传统文化研学我们一直在路上！

7. 活动反思

本次夏令营前期策划和准备工作做得比较充足，也通过摸底调查，根据当前教育需求和学生兴趣制定了活动方案和微信宣传，当天就报满。五天四夜的活动行程紧凑，内容丰富，时时处处体现着润物细无声式的教育，取得较好的活动效果和社会反响。不足之处就是人数较多，超出预判人数，以后在组织活动中会提前预判，合理配置带队教师。

（六）开展以"八德"教育为载体的教育活动

（1）落实"八德"教育内容：立志、孝亲、尊师、友学、长善、救失、守法、谨行。

（2）落实"八德"教育模式。

1）利用班队会对学生进行"八德"教育，解决学生内在道德问题，实现"知"的教育。

2）深入开展"八德"外化教育模式：一个特色、两个课时、三个活动、五个校园道德环境建设、六个道德礼仪、十个道德文化。主要解决学生言行外在道德养成教育问题，实现"行"的教育。

（3）打造良好师德师风队伍。加强师德师风建设，积极开展对教师的中华优秀传统文化学习培训，打造出一支业务精湛、为人师表、爱岗敬业、严谨治学的教师队伍。

（4）利用家庭教育提高家长素质。一是发放《致家长一封信》，向家长说明学校开展中华优秀传统文化教育的目的、意义和作用，取得家长的理解和大力支持；二是做好家庭教育与学校教育互动。让家长参与学校传统文化教育活动，学会教育孩子的方法，培养子女成才。

【活动案例】

2019—2020学年度第一学期传统文化活动案例

本次活动的主题是《古村落，家乡情》，是根据《少先队活动指导纲要》中组织丰富多彩的实践性的活动，扩展学生视野开展的。

1. 活动目标

（1）走进古村落，体会人文风情；

（2）了解万家庄悠久的历史，学习其文化；

（3）良好的村风督促每个人心怀善心，孝心，自觉孝父母，爱家乡。

活动准备：

启发中队委策划活动。寻找中队中万家村和对万家村熟悉的队员，制定参观计划。

2. 活动过程

（1）走进古村景：这是一次我们利用少先队活动课参观古村落的活动。一眼望去，"万家古村"四个字赫然在目。万家庄参加了寻找山东最美古村落评选，通过领略古村"一楼一厅三轴线"的建筑群，队员们体会古村景，好奇古村风，兴致勃勃地走进万家古村。

（2）体会古家风：为纪念八世祖毕自肃建立的毕家祠堂，由毕道远亲题楹联。这对于队员们来说，是一种激励，孝友有礼，孝敬父母，十七世孝友门第，五百年孝友家。队员们深刻地体会到古村风，崇拜古村人。

3. 认识古村人

毕氏家族非常重视后人的文化教育和品德培养。淄西毕氏十七世毕道远是毕氏家族德高望重的典型代表。队员们一边瞻仰前辈们的事迹，一边展开讨论，前辈们是如何发扬优良传统的呢？

很快在"扬豆亭"找到了答案。毕氏祖先毕木修建一个六角亭，亭下放两个盂，盂前有两个盘，一个盘盛黄豆，一个盘盛黑豆，行好事放一个黄豆，心有错念，则放一个黑豆。投豆亭作为一种教育方式存在，告诫队员们一心行善。队员们对古村良习感叹不已，纷纷认识到少先队员更应该乐于助人，多行善事，做不断进取的少年。

4. 融入古村情

队员们在了解了"投豆"习俗以后,也跃跃欲试。于是他们发起了"大家来投豆"的活动。

队员们举出身边的好事、坏事来投豆,既体验了古村的传统,融入了古村风情,也加深了队员们对自己的认识,提高了队员们的团队感。

5. 活动反思

这是一节生动的人文风情课,队员们走出校园,走进古村,不仅完成了一节快乐、难忘的少先队活动课,也增长了知识,认识到要传承文化,发扬传统。

四、优秀传统文化教育的成效

(一)以课题建设为抓手,营造了良好的传统文化教育氛围

课题研究是传统文化教育的有力抓手,为了更好地做好少儿传统文化教育构建工作,我们先后组织了传统文化春、夏、秋、冬四季营,组建传统文化研学模块、有条不紊地对少年儿童进行传统文化教育,分阶段营造传统文化教育氛围。

第一阶段,此阶段主要是针对少年儿童传统文化教育现状进行调研,做好传统文化教育构建实施前的宣传、发动、准备工作。

首先,成立传统文化教育课题领导小组,制定并实施激励政策。我们××市青少年宫每年评选一次××市青少年宫教育科研成果奖,对已经结题的课题进行奖励,并且保证课题研究过程中的资金投入,这给老师们进行课题研究提供了极大动力。

其次,进行了少年儿童《传统文化》教学教材的通研工作。

对三、四、五年级《传统文化》课程资源整理与研究进行了研讨活动,明确如果我们组建传统文化研学模块,主要面临的问题是什么,组建

的意义有哪些，对此《传统文化》的研究我们已有哪些资源可以利用，困难是什么，我们的优势和劣势分别是什么，并按照课题模式（××市教研室提出的"九级台阶法"）来思考有关问题。

组织教师对《传统文化》三、四、五年级教材主题单元进行了研究。明确了教材的要求，编订的特点，知识结构，选文内容等。然后从学生发展的角度、评价知识能力要求的角度、学生兴趣的角度初步对教材进行分类筛选。

组织教师结合《山东省中小学德育课程一体化实施指导纲要》中《中小学语文学科德育实施指导纲要》，分析《传统文化》编排特点，对内容进行挖掘、分析和归类、梳理整理，整体把握目标，整合教材，形成《实施方案》。

第二阶段，开会论证。在此期间，青少年宫积极申报与传统文化相关的课题，其中六项课题《乡村少年宫艺术教育研究与实践》《幼儿武术课程的实践研究》《适龄儿童"五音不全"筛查矫正实验研究》《幼儿园汉字文化教育的研究与实践》《城市幼儿园种植课程的研究与实践城市幼儿园种植课程的研究与实践》《小学语文中高年级单元整体教学研究与实践》在 2016 年、2017 年先后确定为淄博市教育科学"十三五"规划课题立项，《青少年宫隐性德育体系的开发与实践研究》于 2021 年顺利结题。两项课题《幼儿文明礼仪养成教育实践与研究》《基于核心素养提升的示范性综合实践活动基地课程开发与实施研究》在山东省立项，并于 2020 年结题。

2017 年 5 月 23 日在张店区教师进修学校 ××× 老师、××× 老师、×× 老师的帮助下，分别在张店区教师进修学校南五楼党员活动室、淄博市青少年宫二楼会议室召开了开题会，顺利开题。

会上，教师都充分肯定了传统文化研究课题的价值，同时也指出研究目标要进一步细致、研究内容要具体化等问题。研究的过程证明，两位老师确实目光如炬，切中要害。

2017 年 5 月 23 日，举行开题报告会议。听取专家建议，完善开题报告。针对专家提出的问题，主要进一步思考了两个问题。一是研究内容的具体化。二是课题研究预期成果的多样化，主要从教学准备、教学实施和教学评价三个方面进行；2017 年 7 月、8 月，针对新的三、四、五年级师生，对《传统文化》教材进行了单元重组整合，根据学生发展、知识能力要求、学生兴趣，将《传统文化》每册拿出一个单元进行整体教学。一是选定三年级上册第五单元、四年级上册第七单元、五年级上册第六单元，作为整合课程面向三、四、五年级学生，纳入课堂，二是将读整本书篇目和与单元课文相补充的经典诗文作为校本课程面向学生开设；2017 年 9 月，召开小组成员会议，布置分工任务。要求充分研讨教材，初步提出教材的分析和重组设想；2017 年 10 月，初步确定每个年级的单元整合主题，及单元内读整本书篇目。

第三阶段，组织开展中高年级《传统文化》教学资源整理与开课工作。

对于传统文化研学模块，课题组坚持不定期召开经验交流会，总结经验，分析问题，制定措施，保障课题研究的实效性。本阶段具体的整理与研究活动如下。

2017 年，出示三堂研讨课——×××老师的三年级《传统文化》教学、×××老师的四年级单元整体教学，探究单元整体教学的具体方法和实施策略。每节课后，讲课教师写出教学反思，课题组成员充分研讨，逐步摸索探讨授课方式，并制定出各级各类评价量规。

2018 年 4 月，开展淄博柳泉艺术学校《传统文化》教学主题拓展的校本研究，开设单元整体教学下"读整本书"教学和"经典古诗文"背诵、校园读书节等综合实践活动。语文综合实践活动是对前一阶段研究成果的具体应用和实践，但它又与纳入正式课堂的单元整体教学不同,语文综合实践活动主要以满足学生兴趣为主,每单元只有一节课,学生根据主题合作探究活动。

2018年4月初,召开课题组会议,进行中期总结,研讨研究中得出的方法和发现的问题,整理教学案、课件等教学资料以及学生自主探究学习成果,逐步制定和完善各种类型评价量规,布置论文撰写工作。

2018年4月28日,向专家进行了课题中期研究汇报,听取专家建议。与会专家在充分肯定了课题组扎实有序的研究工作的基础上,提出了几点建议。

(1)调整研究计划建议。在教学中做到"质"和"量"相统一,既要让学生在学习过程中完成"量"的规定,又要让学生在阅读中真正受益,让每一次阅读都成为有效阅读。建立多元评价体系,通过开展与课题相结合的综合实践活动,给予学生展示课外阅读的空间、时间、舞台。

(2)课题研究内容具体化。适当细化和具体化核心的研究内容,把握课题研究的方向,组织开展与课题相关的理论研究培训,并对研究过程中的资料及支撑材料进行归档和整理。

对此,我们召集会议,提出了以下整改措施。

(1)召开课题组成员会议,下一步把研究重心放在如何激发学生兴趣,培养学生能力,发展学生核心素养上,构建适应校情、教情、学情的"传统文化"教学的操作流程,真正从学生出发来思考问题。

(2)明确下一步的研究内容和研究思路,做好规划。在日常教学和课程中应用研究成果,不断检验、丰富并完善。

(3)加强与专家的联系,希望得到更多的指导。课题组成员要勤于研究,争取把得出的成果写成论文,及时进行总结。

第四阶段:总结少年儿童《传统文化》教学的方法策略和综合实践活动实施方略。

　　首先，课题组群策群力，展开对"《传统文化》整体教学"的研究。召开第一次阶段性交流会，根据课题组成员的特点（比如某位成员讲过某个专题课，就优先选择这个专题课例进行研究）进行了合理分工，确定了每个课题的研究人员和每个成员研究的子课题。课题组成员根据自己研究的子课题，分别对各个课例资源进行了观评课研究。从百度云盘、中国知网、百度文库等媒体上下载各个课例资源，重点研究单元整体教学的有效性，总结出不同专题的有效教学规律，形成研究报告。

　　其次，课题组总结提升，撰写和发表论文。此阶段课题组召开第二次阶段性经验交流会，在第一阶段基础上总结经验，分析问题，制定措施，保障课题研究的实效性。课题组成员针对论文的撰写和投稿进行了交流和研讨，邀请张店区教师进修学校于主任与课题组全体成员进行了论文写作的交流，×××老师搜集课题组成员在论文写作中存在的诸多困惑，以"源头活水在何方"为题，代表课题组老师向×××老师进行了询问。于主任进行了耐心回答，并认真指导教师写作论文，对课题组老师的论文进行了细致的点评和修改。

　　第五阶段（2018.9—2018.11）做好传统文化框架下的课题结题总结工作。

　　课题组召开会议专门回顾了开题和中期检查时教科所的专家们提出的问题和建议，大家一条一条进行查摆，找出还有做的不足的地方，进行整改。将理论学习与现状分析结合，总结、提炼。根据《实施方案》整理出《××××学校传统文化教学阅读书目》并把课堂实践的课例整理形成《××××学校传统文化教学课例集》。

【活动案例】

淄博市青少年宫 2016 年首届

"优秀传统文化研学冬令营"活动总方案

1. 活动策划

（1）活动背景：淄博市青少年宫作为淄博市艺术教育体验的倡导者、开拓者、建设者，自 1982 年建宫以来，坚持用优秀的文化引领青少年思想，以丰富多彩的活动吸引和凝聚广大青少年，深入推进校外教育专业化、精品化、品牌化建设。2016 年，为贯彻落实党的十八届三中全会"关于完善中华优秀传统文化教育"的精神及教育部《完善中华优秀传统文化教育指导纲要》（〔2014〕3 号）通知要求，落实立德树人根本任务，进一步加强新形势下中华优秀传统文化教育。××青少年宫推出"传统文化研学冬令营"活动，推动传统艺术修行、学习游学共修，对学生进行包括书法艺术、功夫健体、德艺双修的封闭式教育，让青少年知礼仪、讲道德、有爱心、懂感恩，在欢乐和体验中互帮互助、互动学习，度过一个全新的寒假假期生活。

（2）活动目标、意义：以党的十八大和十八届三中、四中、五中全会精神及习近平总书记系列讲话精神为指导，以传承和弘扬中华优秀传统文化为主线，以推进校外教育传统文化建设为载体，以"传统文化研学"为主题，深入挖掘中华优秀传统文化尤其是淄博陶琉文化、齐文化、蒲文化、孝文化资源，大力营造弘扬中华优秀传统文化的浓厚氛围，教育引导学生领悟家乡优秀传统文化精华、感受家乡优秀传统文化魅力、接受家乡优秀传统文化洗礼，自觉传承和弘扬家乡优秀传统文化，积极探索爱学习、爱劳动、爱祖国、爱家乡活动的有效形式和长效机制，努力为培育和践行社会主义核心价值观作贡献。

（3）活动主题："文化根·民族魂·中国梦"——淄博市首届传统文化研学冬令营。

（4）活动时间：2016年1月27日至1月31日（五天）。

（5）活动对象：6—12周岁学生。

（6）活动步骤：

1）确定活动方案。

2）制作宣传册，网上信息平台和热线电话、网站、qq群组织学生报名。

3）做好相关准备工作：①与相关单位、部门做好教师配备及活动衔接工作。②落实具体活动时间、人员、及车辆安排问题。③所有体验活动的相关设施、道具等。

4）按照活动方案开展体验、游学活动。

5）总结反思。

2.活动安排方案

（1）体验活动安排：

1）传统文化体验活动内容：传统武术、习练太极、刻瓷艺术、蹴鞠体验、书法临摹、礼仪养成、传统剪纸、拓展游戏、齐文化游学、陶瓷艺术研学体验。

2）传统文化体验行动参考：①重新认识传统文化讲座。中国文化博大精深，源远流长，我们在享受着现代文明的同时，也渴望了解那些古圣先贤，追忆、探寻中华传统文化，对话自己的人生。②文明礼仪讲座。知礼懂礼，注重礼仪，是每个人立足社会的基本前提之一，讲授基本行为规范：鞠躬、握手、打招呼、坐立行走……（真正的学习就是养成良好的习惯）③中华书法艺术赏析。世界上，拥有书法艺术的民族屈指可数，中国书法，具有悠久的历史。她时刻散发着古老艺术的魅力，为一代又一代人们所喜爱。④传统蹴鞠体验。淄博是世界足球发源地，了解足球发展历史，学习蹴鞠运动，开展特色竞技性质的蹴鞠比赛，通过蹴鞠运动提高身体素质、弘扬中华传统文化。⑤刻瓷艺术体验。淄博陶瓷文化源远流长，底蕴深厚，被誉为"中华陶琉文化城"。"世界刻瓷在中国，中国刻瓷看淄博"，作为淄博人，我们更要对这一传统艺术做行动上的传承，欣赏刻瓷艺术，体验刻瓷技艺。⑥感恩课堂。"百善孝为先"，感恩父母主题小讲堂。通过感恩主题体验、影视观摩及写给父母的信来理解父母恩。⑦传统武术体验。武术是同中华民族文明的产生同步的。作为独立的社会文化现象，有助于促进德育、智育、体育、美育的有机融合，具有在增进学生体质的同时，弘扬民族精神、传承民族文化的作用。⑧春节窗花剪纸体验。剪纸是中国民间流行的一种历史悠久、流传广泛的艺术形式。每逢过节，人们便将美丽鲜艳的剪纸贴在家中窗户、墙壁、门和灯笼上，节日的气氛也因此被烘托得更加热烈。剪一幅窗花，送一份惊喜。⑨爱我家乡——陶琉文化游学（淄博琉璃厂）。琉璃是淄博地域文化的杰出代表，早在元代齐鲁先民就在这片土地上制作琉璃。数千年来，一代代的炉匠用他们勤劳灵巧的双手，为我们创造了灿烂的琉璃文化，在中华琉璃文化史上书写了辉煌的篇章。而今天，精湛高超的琉璃工艺、熊熊不绝的千年炉火、美妙绝伦的琉璃制品、精享誉中外的琉璃名家，依然焕发着琉璃艺术独特而巨大的魅力。在游学中欣赏陶琉文化，了解我们的家乡。⑩寻根之旅——齐文化游学（齐国历史博物馆等）。淄博，是齐文化发祥地，历史文化源远流长，革命文化波澜壮阔，民间文化各具特色，现代文化异彩纷呈，是名副其实的文化资源大市。通过"齐文化游学活动"，让孩子了解自己的家乡历史文化，让文化深入城市灵魂，让齐国故里魅力在孩子心中扎根。

3）活动具体安排表：

	时间		体验活动安排				
	1月27日		1月28日	1月29日	1月30日	1月31日	
1	8:20—8:40	20分钟	开营仪式	晨练 太极拳	晨练 太极拳		
2	8:50—9:50	1小时	传统文化礼仪讲座	感恩课堂	书法艺术书法讲评		游学：齐国历史博物馆
3	10:00—10:40	40分钟	拓展体验"飞叠杯"	拓展体验"急速60秒"	拓展体验木条创意搭建	游学：琉璃制作厂	
5	10:50—11:50	1小时	书法艺术欣赏 书法体验学习	传统蹴鞠体验学习	刻瓷艺术体验学习		
6	12:00—12:30	30分钟	午餐 餐前感恩词	午餐 餐前感恩词	午餐 餐前感恩词	午餐 餐前感恩词	午餐 餐前感恩词
7	12:40—13:00	20分钟	游园	游园	游园	游园	游园
8	13:10—14:00	50分钟	午休	午休	午休	午休	午休
9	14:10—15:10	1小时	刻瓷艺术体验学习		习练传统武术	传统蹴鞠体验学习	春节传统文化剪纸
10	15:20—16:00	40分钟	拓展传统体验游戏"滚铁环"	游学：中国陶瓷馆	拓展体验"有轨电车"	拓展体验"充气毛毛虫"	成果总结
11	16:00—17:00	1小时	习练太极拳		习练传统武术	春节传统文化剪纸	
	17:00		放学				

（2）教师体验安排（预设）：要求所有任课教师必须从"传统文化""文化历史"等角度进行体验教学。

1）传统文化礼仪讲座：王老师。

2）传统武术：丰老师。

3）习练太极拳：丰老师。

4）刻瓷艺术：刘老师。

5）蹴鞠体验：初老师。

6）书法欣赏、讲评：马老师。

7）剪纸艺术：杨老师。

8）感恩课堂：宋老师。

9）拓展体验游戏：金老师。

10）游学活动：根据实际情况确定老师。

3. 组织领导

成立"传统文化研学冬令营"办公室，办公室设在××市青少年宫教育集团。同时成立策划宣传部、招生部、教学体验部、后勤保障部负责冬令营组织实施。

（1）策划宣传部：

1）制定冬令营活动方案。

2）制定冬令营体验活动内容设置。

3）对冬令营所有资料进行留存、建档。

4）做好冬令营活动总结，并与青少年宫办公室协调宣传事宜。

（2）招生部：

1）制作招生宣传册。

2）开通"传统文化冬令营"网上信息平台和热线电话，营员可通过现场报名、电话报名和网上 QQ 群报名等方式参与活动。

3）组织报名工作。

4）冬令营活动拍照、录像。

（3）教学体验部：教学体验部主要负责场地安排、拓展活动体验器械安排及组织实施、教师调配及学生团队管理等工作。

（4）后勤保障部：后勤保障部主要负责财务预算、物品采购、游学活动地点联系、午餐午休安排、安全、车辆安排等工作。

4. 工作要求

（1）明确工作职责，落实责任分工。各部门要加强联通协调，做好冬令营前期准备、组织实施等工作。

（2）各部门要根据工作职能，制定工作方案，做好部署落实。

（3）加强安全教育，制定各部门安全预案，扎实做好体验活动、交通、食宿等方面安全工作。

淄博市青少年宫

【活动案例】

迎庚子送福送春联文化进万家活动方案

根据《关于 2020 年元旦春节期间广泛开展"我们的中国梦"——文化进万家活动的通知》的要求，秉承公益和教育职能，以积极开展文明创建活动，组织开展各类群众性文化活动，淄博市青少年宫联合共青团淄博市委、淄博市青年联合会单位共同举办了 2020 迎庚子送福送春联文化进万家活动。

具体安排如下：

1. 活动名称

2020 迎庚子送福送春联文化进万家活动。

2. 活动时间

2020 年 1 月 13 日（腊月十九，周一）。

3. 活动地点

高青县木李镇。

4. 活动内容

（1）送福送春联；

（2）文化进万家文艺演出；

（3）走访贫困户；

（4）送公益体验项目。

5. 活动准备

（1）联系高青县木李镇住户，准备对联、毛笔、春联专用纸、墨汁等材料，提前书写部分春联；

（2）筹备演出相关工作，汇总节目、联系灯光音响、确定演出地点等；

（3）提前对接需要走访的贫困户，准备所需捐赠的物资；

（4）体验活动项目手工编织、剪纸、木条搭建等的安排；提前对接木李镇的贫困留守儿童进行帮扶。

6. 具体分工

（1）活动方案的制定、协调人员等工作。负责部室：创新创意和策划模块。

（2）购买书写材料，组织书写等工作。负责部室：创新创意和策划模块、传统文化和研学模块、美术专业委员会。

（3）体验项目的安排与协调。负责部室：教育服务和体验模块。

（4）车辆协调等工作。负责部室：行政物业和信息模块。

（5）活动照片、影像资料的留存及宣传报道等工作。负责部室：新媒体中心。

（6）党员、青年群体对贫困留守儿童帮扶；贫困户走访等工作。负责部室：党务办、团总支。

【活动案例】

淄博柳泉艺术学校传统文化案例坚定文化自信，弘扬优秀传统文化

淄博柳泉艺术学校深入挖掘中华优秀传统文化蕴含的思想观念、人文精神、道德规范，开展富有地域特色的传统文化教育培训和主题活动，活动取得了良好的效果。

1. 主要做法

（1）突出重点，体现特色。以文明礼仪为重点弘扬传统美德。学校广泛开展文明劝导、志愿服务和文明礼仪进社区活动，举办文明礼仪、低碳生活、垃圾分类、家庭教育等讲座，组织社区"文明伴我行，大家共创城"主题讲座，发放文明创建宣传资料，倡导文明生活方式，提高社区居民文明素质。

（2）创设载体，丰富途径。"开蒙礼"既是祖国传统的礼仪习俗和礼仪文化，又是对孩子一生进行传统文化教育的开篇之笔。8月底至9月初，学校举办"开蒙启智仪式"活动，让即将迈入校园的孩子感受先人留下来的传统习俗，弘扬尊师孝亲、崇德立志、仁爱处世的中华传统文化精髓。

2. 活动成效

（1）坚定了文化自信，弘扬了传统文化。在全校学生中掀起了学习弘扬传统文化的热潮，孝、信、礼、廉等中华传统美德深入人心，更好地传承以非物质文化遗产为代表的优秀地域文化，重拾记忆中秋节、重阳节等传统节日的民俗文化，广泛倡导文明礼仪、崇尚科学等良好风气。活动的开展有力地坚定了学生对优秀传统文化的文化自信，增强了对中华优秀传统文化的认同感、归宿感和自豪感。

（2）拓宽了教育途径，培育了品牌项目。优秀传统文化是教育的优质学习资源，教育本身具有文化传承的功能。活动的实施，形成了具有学校特色的教育品牌。

3. 活动反思

要强化整合力度，形成各类资源要素的合力作用。活动的实施得到了其他有关部门的大力支持，但场地设施、活动师资、学习资源等各类资源要素的整合力度还有待于加强，要进一步发挥家庭、学校教育的作用，进一步整合学校、文化团体、民间文艺协会的优势资源，形成多方参与、协调配合、优势互补的活动格局。

（二）开展丰富多彩的活动，提升学生的国学素养

弘扬祖国优秀的传统文化，加强优秀文化熏陶，提高学生的道德素质、文化修养，促进学生全面发展和可持续发展。在《传统文化》这一门课的教学中，单元学习前，运用自主预习卡；学习中，在学习小组内互相交流、互相点评。学生的经典诵读的阅读量明显增加，他们从学会一篇课文到读懂一组文章、进行群文阅读，读整本书籍，构建阅读思维导图。学生在丰富多彩的传统文化综合实践活动中，其语言实践能力得到了培养，学习变"让我学"为"我要学"。促进了知识的吸收和内化，在共同学习的氛围中陶冶了情操，锻炼了思维，提高了综合素养。

【教学案例】

×× 学校中华优秀传统文化《国学经典》教学纲要

中华文化与西方世界的文明并峙鼎立，成为人类文明的一个不可或缺的组成部分。中华民族的伟大复兴，中华巨龙的跃起腾飞，都离不开传统文化的滋养。

《国学经典》课程是要将传统文化的精华深深植根到学生的心灵，引导学生树立正确的价值观，形成坚定的精神信仰，强化学生的爱国主义、集体主义和社会主义的意识，遵守良好的道德规范与行为准则，具备高度的责任心，使学生形成深厚的文化底蕴与高尚的思想情操，陶冶情操、锻炼审美，从而促进学生的全面发展。

1. 课程任务

《国学经典》的基本任务是通过课堂教学与师生互动，一方面使学生学习国学的基本知识，掌握中华民族传统文化的精华，热爱本民族文化并将其发扬光大。另一方面培养学生运用国学思想精华指导实践生活，提升文化内涵和自身修养，孝敬父母，懂得感恩，掌握为人处事之道，

学会管理，能够很好地适应社会。

2. 教学目标

（1）知识目标：了解中国传统文化的思想根基——儒、释、道三家的精华与成就。学习《论语》《道德经》《孟子》《周易》《孙子兵法》等古代典籍的主要内容和经典名句。掌握古代优秀的孝道文化、管理思想和为人处事的原则方法。

（2）能力目标：培养学生运用古代思想家的智慧和学说来指导实践的能力，通过学习国学，形成正确的价值观。能够用智慧的头脑、感恩的心态、管理的思维来处理周围的人与事，幸福、快乐地生活。

（3）情感目标：培养学生具有孝顺父母、感恩他人、诚实守信，爱岗敬业等优良品质。培养学生成为一个善良正直、积极向上、勇敢坚强、宽容豁达的人，能够很好地处理周围的人际关系。培养学生具有善于沟通、善于合作、善于分析、善于组织的基础管理素质。

活动设计（一）

国学课《单衣顺母》

1. 教学目标

（1）熟读背诵《单衣顺母》原文"闵氏有贤郎，何曾怨晚娘？尊前贤母在，三子免风霜。"

（2）让学生学会孝敬父母，学会尊敬长辈，学会关心他人。

（3）让学生受到传统道德教育。

2. 教学重点难点

（1）熟读背诵《单衣顺母》原文"闵氏有贤郎，何曾怨晚娘？尊前贤母在，三子免风霜。"

（2）让学生学会孝敬父母，学会尊敬长辈，学会关心他人。

（3）让学生受到传统道德教育。

3. 教学准备

收集历史故事《二十四孝图》制作课件。

4.教学过程

（1）故事导入、情境激趣:这节课我们来认识一个新朋友,《二十四孝图》你喜欢伯俞和闵损吗?

（2）配乐诵读、品读解意：

1)配乐读:(PPT出示《单衣顺母》原文:"闵氏有贤郎,何曾怨晚娘?尊前贤母在, 三子免风霜。")

2）请大家齐读。

3）同学们读得很认真,下面,我们让男生读一下。

4）男生读得很有气势,女生能试一下吗?

5）女生读得很有感觉, 谁还想试试, 教师指名读。

6）现在我们进行小组比赛读,看看哪个小组准备好了。

7）读了这么多,相信你一定背过了,来,咱们试试,来一个背诵比赛。

（3）联系实际感悟升华：

1）你觉得闵损是个怎样的孩子?

2）说的真好, 那么你在读书的过程中, 还知道哪些尊敬长辈,孝敬父母,关心他人的名人?

3）在生活中有吗? 在你身边有吗? 有哪些尊敬长辈的孩子, 孝敬父母的孩子, 关心他人的孩子?

4)说了这么多,那你在生活中是怎样孝敬父母的呢? 是怎么做的呢?

5）同学们, 通过今天我们学习的《单衣顺母》内容之后,你有什么打算呢?

活动设计（二）

弘扬中华传统美德——"尊老、爱老、敬老，让爱暖心间"

1.活动的设计背景

三一中队中队长孙小晴在放学回家路上, 看到有些队员在跟老人说话的时候缺少敬语，看到有些少先队员的背包自己不拿，随手扔给那些来接他们的年迈的爷爷奶奶。"尊老、敬老、爱老"是中华民族优秀的传统美德，作为一名炎黄子孙有义务将优秀的传统文化继承和发扬下去。在重阳节前，少先队员通过调研，开展中队委会议向中队辅导员提议开展一次以"尊老、敬老、爱老"为主题的少先队中队活动。为了让广大队员们积极参与进来，经过反复协商最终确定活动课主题为"尊老、爱老、敬老，让爱暖心间"。

2. 活动目标

按照习近平总书记在全国宣传思想工作会议中提出的"中华优秀传统文化是中华民族的突出优势，是我们最深厚的文化软实力。"这一内容。我想到了"尊老、敬老、爱老"是中华民族的传统美德，而传统美德是传统文化的灵魂所在。结合《少先队活动课指导纲要》中二年级段争夺"美德章"的活动要求，我和队干部共同确定了活动目标：

（1）了解老人的丰富的人生经验，学习优良的品质。

（2）通过活动，使学生知道，尊老、爱老、敬老是中华民族的传统美德，我们要继承和发扬这一优良传统；

（3）教育学生，"尊老敬老"不能够只停留在口头上，还要落实在行动上。

3. 活动前准备

（1）确定活动主题后，中队长拿出了初步的方案，并组织召开了中小队长会议，讨论活动方案，并进行分工。

（2）作为辅导员老师我给大家提了两条建议：一是让每位队员都参与我们的活动中来，比如搜集资料、参与实践活动、制作PPT模板等，要注意发挥每位队员的特长；二是如何让更多的少先队员在思想上改变，在生活中行动起来。大家马上想到了要写一份倡议书，并提出来不光在我们中队宣读，也要联系大队部的宣传委员通过国旗下讲话在全校宣读。

（3）经过全体队员的讨论，最后我们一起完善了中队会的活动方案并按照要求进行了人员分工。

1）队干部的分工：

中队长：负责策划整个活动，写出策划书；

副中队长：负责落实、检查各个小队分工、完成情况；

中队学习委员：负责汇总活动中形成的过程材料并制作PPT；

中队宣传委员：负责宣传推广、微信稿撰写，拍照及班级音响设备。

2）其他各小队的分工：

一小队负责写调查报告，调查身边忽视尊老、敬老不和谐的现象；

二小队负责查找古今敬老、爱老的名人故事；

三小队负责组织以"尊老、敬老、爱老"为主题的手抄报比赛；

四小队负责起草《倡树敬老新风，促进社会文明》的倡议书；五小队负责组织开展一次敬老、爱老的实践活动。

4. 活动过程

活动由中队长主持，队干部们各负其责，按照预定方案，活动顺利开展。这次活动共分五个环节，分别是：

活动一：调查——事例展示，纠错行

这是第一小队进行调查到的其中一个事例：学校里，学生A因为自己的彩笔忘记带了，课下跑到电话亭给奶奶打电话，电话接通后，命令式的口吻让奶奶给他拿彩笔来。当奶奶给他送到后，他夺过彩笔没跟奶奶多说一句话就跑回了教室。像这样的事例一小队还列举了几个：如在家中跟爷爷奶奶乱发脾气，不听老人劝说的小学生；公交车上，不为老人让座的年轻人；这些例子，例例真实，面对生活中被我们所忽视的时刻，不少队员低下了头，我感受到队员们都有所感触，让队员们思考着自己的行为对与错。

活动二：学一学——传统美德，立榜样

该环节首先由二小队展示他们小组所搜集的古今敬老、爱老的名人故事。如：三字经当中的"香九龄，能温席"的故事；主席敬酒的故事；赡养孤寡老人的全国道德模范林秀贞的事迹。故事的分享让队员们找到了自己学习的榜样，每个队员都受到了传统文化的熏陶。

活动三：评一评——作品展示，展文明

三小队展示了班内队员"情暖夕阳手抄报"作品，大家评选出优秀作品。从这些作品中大家看到了作者的用心，想必尊老、敬老、爱老行为已在他们心中根深蒂固。

活动四：读一读——敬老爱老，扬新风

面对疼我们、爱护我们的爷爷奶奶时，面对素不相识孤苦无依的老人时，面对身体羸弱、行动不便的老人时，你们会怎样做呢？四小队发出《倡树敬老新风，促进社会文明》的倡议书，主讲人充满激情的朗读，同学们齐声宣读的标语口号，将整个活动推向了高潮。

活动五：说一说——心灵感悟，倡温情

首先，由第五小队展示到独居老人家中实践活动的照片、视频，照片中老人笑得合不拢嘴，中队所有队员都感觉到很开心。我想此刻他们心中必定也是暖暖的。

其次，队员们交流参加本次活动的感悟。队员张博皓说，"以后要多陪爷爷奶奶说说话！"队员王鑫源说，"以后自己的事情要自己做，以后不再让奶奶辛苦了。"小队长张芯月还说道"形成敬老新风气，需要我们大家一起努力。"

5.活动总结

"尊老、敬老、爱老"是中华民族的传统美德，而传统美德是传统文化的灵魂所在。作为新时代的接班人，队员们承担着继承和发扬中华优秀传统文化的责任和义务。让我们行动起来，在一言一行中，在点点滴滴的小事中，为社会文明和谐发展贡献自己的一片力量吧。

6. 活动效果

活动课结束后，队员们"情暖夕阳"行动拉开帷幕。我欣喜的发现，队员们尊老、爱老、敬老的行为明显提高了，放学后爷爷奶奶手中没有了笨重的书包，在他们的对话中我听到了尊重，面对需要帮助的老人他们会伸出自己的双手。一个个队员卯足了劲，争做敬老标兵，要做尊老、敬老、爱老的美德少年。重阳节那天，不少家长给我发来照片，有的孩子给爷爷奶奶捶着背，有的队员为爷爷奶奶倒好了洗脚水。对于队员们的表现我感觉到欣慰，我为他们的表现而自豪。

在我们中队的提议下，学校大队部向全体少先队员发出"尊老、敬老、爱老"倡议，组织了《弘扬传统美德，敬老我先行》的主题教育活动。活动中，队员们向自己的爸爸妈妈，向自己身边的人传递着尊老、爱老、敬老的正能量。

7. 活动结束后的反思

本次活动课是成功的。队员们通过参与本次活动，意识到了平日里行为的不足，明确了以后学习的榜样。现实中，队员们缺少清醒的认识，忽视了尊老、敬老、爱老的重要性。展示搜集到的资料，感受身边的错误行为，通过学习名人故事，树立了自身学习的榜样。通过"情暖夕阳"实践活动，学会了与老人相处的技巧，改变了过往的观点认知。达到了将尊老、敬老、爱老落实到行动上来的目标。如果时间充裕，鼓励队员课前为自己的爷爷奶奶做一件事，并反馈爷爷奶奶对自己的评价，课上再交流感受效果会更好。

（三）群策群力，传统文化经典渐入佳境

实施少年儿童优秀传统文化教育构建以来，我们形成了浓厚的读书氛围、文化氛围，全校师生爱读书、会读书，由单科经典诵读、阅读拓展到学校全科阅读，师生的综合素质得到提高，师生的精神底蕴变得丰厚。教师的科研能力逐步提高，逐渐由实践型向科研型转变，"科研兴校"的观念与氛围已逐步形成。学校围绕学科本体性知识，拓展知识结构，以"传统文化教学"为起点，全面实施教师"全科阅读"。

在实施少儿传统文化教育教学的过程中，我校教学的整体质量有了大幅度的提高。尤其是青年教师，有了课堂教学模式的指导，他们的备课、上课能够直奔重点，教师再结合学情、教材内容特色、教师个性特点而不拘于教学模式，进行灵活运用与创新，课堂教学效果显著。

【活动案例】

一路书香 一生阳光——××学校经典诵读暨全学科
阅读提升师生核心素养活动纪实

在安徒生童话里陶醉，在唐诗宋词中穿行，在经典无声的语言里培育书香少年，涵育书香人生。2018年12月29日，元旦假期前夕，庆祝改革开放40周年"迎新年诵千古经典，爱祖国传华夏文明"××学校全科阅读总结表彰暨经典诵读展演如期举行。多功厅内，全校师生欢聚一堂。书声琅琅，精彩纷呈。腹有诗书气自华，"小演员"们饱满的舞台表现、深情的朗诵，让人感受到了经典的魅力和阅读所传承的巨大力量。而孩子们这些令人惊喜的表现，都缘于学校大力推行的全学科阅读。

为全面提高学生的阅读素养，拓展学生的阅读视野，营造良好的阅读氛围，根据《语文课程标准》（2011版）及《山东省德育课程一体化》的要求，自2018年4月以来，××学校以"一路书香，一生阳光"为活动理念，扎实开展"教师·学生全科阅读"，先后举行了"一路书香、一生阳光"校园读书节、各学科内"读整本书"教学、班级"朗读者"接力赛、级部诗词大赛、教师读书沙龙、亲子21天阅读习惯培养等一系列活动，涌现出了三年级五班等5个全科阅读"书香班级"，艺术组、语文组等 2 个全科阅读"先进集体"，60 名学生全科阅读"读书明星"，12 名全科阅读"教师读书先进个人"，3 个"亲子阅读明星家庭"。前不久，在淄博市第七届中小学读书节成果全科阅读评选活动中，××学校石琳琳、张莫小、薛凯篷被表彰为淄博市"中小学阅读明星"。五年级一班石琳琳的诗歌作品《我想》获得淄博市读书创作作品一等奖第二名的好成绩。

1. 全天候

晨午暮皆读 多措并举养成阅读习惯。

"大数据"时代，综合化教育的趋势，需要少年儿童阅读的样态由单纯的纸质阅读步入"全时空""全人员"共同参与"全领域"阅读，成为一种素养全面提升的新方式。

淄博市第七届中小学读书节开展以来，××学校成立"全学科阅读"工作领导小组，由校长担任组长，并纳入学校重点工作，落实到学校的各个部门的每学期的工作计划中，学校每周开设一节阅读课，对学生进行书目选取、读书方法的指导。同时广泛开展"特色晨读""快乐午读""亲子暮读"，让书香全天候浸润孩子的心灵。一年级五班学生每晚完成家庭作业后，自觉阅读课外书籍不少于 30 分钟，并与家长分享心得。二年级六班的孩子们通过每天晨诵《笠翁对韵》、午读背诵积累经典名言警句，每天晚上都在班级群内积极诵读经典古诗文，形成了良好的阅读习惯。三年级五班学生早读形式多样化，《成语接龙》以不同形式进行诵读，如随着音乐有节奏的诵读，以拍手、拍肩、拍腿、击掌等形式激发了孩子的诵读兴趣，寓教于乐。

2. 全领域

阅读贯穿各学科 整合课程探索"特色地图"。

在柳艺，阅读已进入各学科课堂。各学科组根据学校全科总方案，结合实际各自制定"学科阅读方案"。目前，语文学科"单元整体教学模式＋主题读书会（或网络阅读等）"、科学学科"自主探究式＋科普书籍读书会（或网络阅读等）"、数学学科"合作分享式＋数学科普书籍读书会（或网络阅读等）"、美术学科"品读鉴赏式＋美术知识阅读读书会（或网络查阅等）"、音乐学科"多元互动式＋音乐素养阅读读书会（或网络查阅、欣赏等）"、英语学科"拼读浸入式＋英语绘本阅读（或网络查阅、欣赏等）"已形成各自的阅读教学模式。学科教研也不再局限于原有学科教研组，实施学科整合。例如，五年级六班以阅读《爱丽丝漫游奇境记》为主题，语文老师引导孩子感悟幽默的语言以及离奇的故事情节，让学生感悟文本之美；数学老师创编了涉及推理数学的题目，让孩子们结合故事情节，寻找答案，训练孩子的逻辑思维能力；英语老师以故事为框架，让孩子设计创作绘本……不同的学科老师引领解读同一本书，让学生学会多角度分析问题，得到更丰富的收获。通过全科阅读带来的学科融合，教师积累阅读教学案例，研究相应的教学策略，业务能力及科研能力得到了很大提升。

3. 全人员

建立阅读共同体 三方聚力同享美好时光。

"全学科阅读"的实施，使学校孩子从单一的"语文教师＋学生"走向"各科教师＋全体学生＋家长"，实现阅读主体的"全人员"。学校积极为学生建设优良的阅读环境，建立了电子阅览室，利用网络资源开展课外阅读活动。充分利用现有图书资源，完善学校图书馆图书借阅制度，开展"献一本，看十本——图书漂流阅读体验"活动，选出本班图书管理员，负责登记、保管和借阅等。利用班级黑板报、墙报等方式开辟读书成果展示专栏，交流读书后的体会、收获。学生们参与热情极高，读书风气渐渐形成。

学校制定家校共育阅读措施，开展亲子、师生相伴阅读的读书体验活动，比如每班在书香家庭的评选中，要求由家长拍摄时长约为3～5

分钟的"微视频"的方式记录家庭亲子诵读的美好时光，在班级群上展示。学校建立家校联系卡，班级读书接龙微信群，由家长及时反馈学生读书计划实施情况，教师提出指导意见，与学生共同完成课外阅读计划，给学生创造一个良好的读书空间，能够坐下来、读进去、学进去。

4. 全方位

搭多彩展示平台 书香校园奠基优雅人生。

学校每年根据学生不同年龄段，开展丰富多彩的"全科阅读"活动，比如充分利用"红领巾广播站"，开设读书专栏，倡议学生自做"手抄报"，以激发学生的读书写作兴趣。

同时，建立促进学生"全科阅读"的评价体系：

（1）建立学生个人阅读档案袋，记录学生的阅读经历，积累阅读收获。

（2）建立奖励机制，每学年进行一次读书笔记评选，每学年评选"阅读之星""书香班级""书香家庭"。

"全学科阅读"项目实施以来，淄博柳泉艺术学校每一名学生的阅读量都得到了大大提升。现在一二年级孩子每年阅读量达到100万～200万字，三年级每年达到200万～300万字，四五年级达到300万～500万字，有的阅读量大的孩子可以每年达到1000万字以上。

全科阅读活动，在淄博柳泉艺术学校的每一位师生中定格读书的美好瞬间，激励孩子们珍惜光阴，以书为友。通过扎实推进"全学科阅读"，学校不断创新"立德树人"教育方式，夯实学生"乐学善思、勤勉求精"的文化基础，引领师生"崇德尚美"的价值取向，共享书香校园的悦读之美、文化传承之美，形成了"经典咏流传，书香润柳艺"的读书氛围，为每一个淄博柳泉艺术学校孩子塑造健全的人格，奠定优雅的人生底色。

第二节 地方特色文化教育的探索与实践

一、地方特色文化教育意义

十年树木，百年树人。优秀传统文化的传承是一个潜移默化、润物无声的过程，需要绵绵用力、久久为功。地方特色文化是民族文化的精华、民族智慧的象征，是中华文明的重要组成部分。我们积极探索有地方特色的传统文化课程，积淀民族文化的精髓，让人文精神基因浸润学生心田。

（一）提高学生的归属感和文化自豪感

淄博历史文化悠久，有着丰厚的文化积淀，开发、加强地方特色文化教育旨在引导学生弘扬传统文化，传承中华文明。通过课程建设、研学实践等多种载体与途径，打造传统文化课程的"自助餐"，涵养学生的文化底蕴，引导学生在学中研、研中思、思中行，研学并举，知行合一，深入了解了家乡文化，增强文化自信和家乡自豪感。

（二）增强学生爱乡爱土的情感

开展地方特色文化教育意在将孩子的视野从课本，引向"乡土"，能于潜移默化中，涵养他们的故土认同感，激发爱家乡的情感及责任感，培养他们成为继承与发扬地方文化的新一代。

淄博传统的历史和现代经济的发展形成了许多香味可口、独具特色的地方美食，我们通过带学生体验家乡饮食文化，使他们深入了解淄博的风土人情，对本土文化的情感得到进一步的升华。通过一系列特色主题活动，引导学生了解淄博的历史、本土民族英雄的事迹，激发他们热爱祖国，热爱家乡的情感。

（三）传承区域文化，构建和发展地域文化

课程是一种文化的建构。它不仅传承文化，而且建构、提炼着文化。只有做到整体设计和分类施策、内容优化和形式创新、问题导向与目标导向相互统一，才能培养充满文化自信的社会主义事业接班人。因而，自觉地、有意识地构建和发展地域文化，有助于培养学生的文化判断力和创造意识，从而推动一个地区文化的延续与发展。

二、淄博地域文化特色状况分析

地域文化是民族个性与独特精神的重要表征，也是地方历史的传承、文化的积淀、精神的传递。

灵秀之都，古韵淄博。千年文化底蕴，孕育着璀璨文明，明君贤相。淄博，是先秦齐国故都，在岁月荏苒中沉淀下悠久历史与灿烂文化。淄博市位于山东中部鲁中山地与鲁北平原的交接地带，南依泰沂山麓，北濒九曲黄河，丰富的山水资源，是自然对淄博的额外馈赠。

淄博历史悠久，文化底蕴深厚。临淄作为春秋战国时期"春秋五霸之首，战国七雄之冠"的齐国都城长达 800 年之久。在此期间，风云变幻，波澜壮阔，姜太公、齐桓公、齐威王、管仲等明君贤相，不仅创建了海内外闻名的东方名都，也创建了一部雄壮曲折的齐国史。淄博周村，是鲁商文化发源地，商埠文化中心。号称"天下第一村"，有"旱码头""三齐重镇"之美誉，千百年中，周村商人创造出内涵丰富又特色鲜明的鲁商文化。青石板、黛瓦、红灯笼，鲁商文化与鲁商精神在周村的古街道上薪火相传、发扬光大，鲁商也成为中国历史最悠久、对中华市场经济发展贡献最大、在海内外影响最大的民族工商业团体。"厚道、诚信、开放、包容"的鲁商精神为新时代淄博赋予更多的人文内涵。

三、结合地域文化特色开发课程资源的策略

（一）确定地方特色课程资源主题范围

课程资源主题范围的选择与确定对于开展综合实践活动十分重要。我们邀请市、区专家及综合实践活动教研员亲临指导，根据综合实践活动课程的性质，从各学科的相关知识、社会发展的需要以及学生的实际生活等方面划出了一个基本范围。具体来说，就是充分利用淄博市蕴藏的巨大课程资源，并考虑各年级的实际情况，特别是他们的年龄特点、原有知识水平、能力、兴趣与爱好、家庭环境及其实际生活经验，确定了"齐文化课程""陶琉文化课程""淄博历史""淄博名人""淄博端午节""淄博中秋节""淄博风味小吃""蒲文化研学"等主题，根据淄博文化和学校资源，制定如下传统文化活动课程结构、内容、实施计划。

【活动案例】

"传承红色基因 做新时代好少年"——

××市青少年优秀传统文化研学春令营活动方案

为更好地贯彻"实践育人、育社会主义新人"的宗旨，弘扬传统文化，传承红色基因，引导青少年积极践行社会主义核心价值观，为青少年扣好人生第一粒扣子。在清明节到来之际，特举办"传承红色基因 做新时代好少年"——××市青少年优秀传统文化研学春令营活动。

1.活动主题

"传承红色基因 做新时代好少年"。

2.主办单位

市少工委、市青少年宫。

3.活动时间

2019 年 4 月 5 日。

4. 活动流程

8:00　在市青少年宫集合，举行开营仪式。

8:30　集体乘车前往黑铁山。

9:00　举行纪念活动（敬献鲜花、宣誓等），参观黑铁山抗日武装纪念馆、纪念壁、瞻仰英雄雕像；同唱一首歌、齐诵一首诗。

10:00　乘车前往东高村，参观红色东高革命纪念馆。

12:00　午餐。

13:30　乘车前往淄博市档案馆，参观淄博历史展览馆。

15:00　与淄博市少先队总辅导员（或老红军）面对面，分享活动心得。

15:30　"放飞春天的希望"户外团队拓展。

16:00　乘车返回市青少年宫。

16:30　闭营式。

17:00　活动结束。

5. 招募对象

6—14 周岁少先队员，限额 50 人。

6. 活动预算

为体现公益性、普惠性，本次活动费用全部由市青少年宫承担。

7. 活动过程及成效

"传承红色基因，做新时代好队员"——××市青少年宫优秀传统文化研学春令营

又是一年春草绿，又是一年清明时。绿水青山留浩气，苍松翠柏慰英灵。4月5日，"传承红色基因，做新时代好队员"——××市青少年宫优秀传统文化研学春令营开营仪式活动在黑铁山抗日武装起义纪念壁前举行。

（1）奏唱《中华人民共和国国歌》《我们是共产主义接班人》。全体

少先队员肃穆敬仰。

（2）辅导员老师为同学们讲述"一马三司令"的英雄事迹。

（3）齐唱《我和我的祖国》。随后少先队员代表朗诵革命诗词，齐唱《我和我的祖国》向革命先烈敬献鲜花，在烈士纪念壁前三鞠躬，向先烈们致以崇高的敬意。

（4）分享心得：在淄博历史展览馆通过工作人员的讲解，师生们深刻感受到了淄博人民不屈不挠、奋斗不息、开拓进取、牺牲奉献的伟大精神。参观结束后，"五老志愿者"车爷爷与队员们面对面交流，分享心得，讲述新中国70年的发展历程，感受改革开放的伟大成就。

"放飞春天的希望"户外拓展活动，让队员们在团队中认识自我、超越自我。

（5）小结：仪式结束后，师生们来到沣水镇红色东高革命纪念馆，在义务讲解员、东高村党支部书记的带领下，师生们来到了古槐树下，聆听革命烈士的英勇事迹，并参观了纪念馆内陈列的烈士遗物、珍贵图片，队员们感受到了革命先烈不畏艰难，视死如归的英雄气概。

8. 活动反思

活动育人、实践育人、育社会主义新人，是我们永恒不变的宗旨。通过开展一系列的少先队活动，大力弘扬传统文化，传承红色基因，引导广大青少年积极践行社会主义核心价值观，扣好人生第一粒扣子。

本次活动从前期各项工作的准备、方案以及安全预案的制定、组织实施过程都做到了细致周密。让营员在以红色教育为主题的活动中度过了充实而又有意义的一天。营员和家长们对此次活动都作出了很好的评价，起到了较好的社会效应。

需要改进的问题在于活动内容过于丰富、整个行程略显紧促。在以后的活动组织中会注意这一点。

（二）规划地方特色课程资源校本开发方案

校本课程的开发是新课改的一项重要内容，就是实行国家、地方、学校三级课程管理。传统文化学校课程的实施，使学校对课程的开发有了一定的自主性和灵活性，为校本课程的开发奠定了基础。

【活动案例】

"游学齐鲁 拜谒'四子'做美德少年"——

××市青少年宫优秀传统文化研学夏令营

中国传统文化，是中华文明成果根本的创造力，是民族历史上传统道德、文化思想、精神观念形态的总体，是以老子道德文化为本体、以儒家、庄子、墨子的思想，以及道家文化为主体等多元文化融通和谐包容的综合体系。春秋战国时代，儒、法、道、墨等思想流派著书讲学，互相论战，出现了学术上的繁荣景象，后世称为"百家争鸣"。"士不可以不宏毅，任重而道远"，2017年暑假，我们将游学齐鲁大地，拜谒"四子"（管仲、孔子、孟子、墨子），追溯圣贤思想，做谦谦君子、美德少年。

1. 活动时间

7月10日—14日（五天四夜）。

2. 活动人数

限额36人，面向全市7—14周岁中小学生。

3. 活动目标

（1）实地观摩、体验传统文化课程，初步学会2～3种传统文化艺术技能。

（2）走进齐国故都、孔孟圣地、墨子纪念馆，拜谒圣贤，浸润"四子"的圣贤思想精髓，感悟鲁风齐韵，涵养浩然之气。

（3）了解"管鲍之交""孟母三迁""视死如归"等历史典故，积淀人文素养。

（4）聆听专家讲座，诵读儒家经典，体验古典礼仪，接受心灵的净化和熏陶。

（5）对"四子"的思想、观点和主张进行梳理、整合。

（6）在集体活动中，锻炼自理自立能力，团结合作能力。

4. 收费标准

活动费用共计 1980 元，本次活动仅收取营员食宿、游学交通营服、保险等费用 1490 元 / 人，其他费用由市青少年宫承担。7 月 2 日前报名可享以下优惠：3 人团报 1410 元 / 人，5 人以上团报 1390 元 / 人；往届传统文化研学老营员持优秀营员证书 1410 元 / 人，3 人以上 1390 元 / 人。贫困生凭相关证明免收部分费用。

5. 活动报名

（1）报名时间：

6 月 6 日—7 月 2 日，额满为止。

（2）报名方式：

网上报名：登录 ×× 市青少年社会教育网站（ http://www.zbsqsng.org.cn/ ）。

现场报名：×× 市青少年宫教育培训服务中心。

（3）咨询电话：

× × × × × × × × × × × ×

× × × × × × × × × × × ×

（4）请关注"传统文化夏令营"QQ 群：

× × × × × × × × ×

6. 活动小结

7 月 10 日上午，团市委、市少工委、市青少年宫联合主办的"游学齐鲁拜谒'四子'做美德少年"——2017×× 市青少年优秀传统文化研学夏令营在管仲纪念馆开营，来自全市各区县的优秀少先队员参加了夏令营活动。他们将在五天的时间里游学齐鲁大地，用心感悟"四子"（孔子、孟子、管子、墨子）的思想，亲身体验身边的传统文化，培养民族自信心，提升综合素养。

孔子广场行"拜师礼"，齐诵《孟子》经典语录拉开了2017××市青少年优秀传统文化研学夏令营的帷幕。烈日炎炎下，营员们参观了管仲纪念馆，了解了管子"以法""以德""以礼"治国的思想，以及"管鲍之交""鲍叔荐相""一箭之仇"等经典故事。传统射艺、电烙画等体验课程，更是让营员们对中华传统有了切身的感知。接下来，营员们还将前往曲阜、邹城、枣庄，参观"三孔""两孟"、墨子纪念馆、鲁班纪念馆、邹城博物馆、台儿庄大战纪念馆，游览台儿庄古城，着汉服体验束脩礼、投壶、丝网印刷，聆听孟子课堂、感恩课堂。

7. 活动反思

通过本次活动，我们对"传统文化研学"进行反思。为下一步形成系统的传统文化课程体系做好充分的准备。

（1）开阔思路：

以《关于推进中小学生研学旅行的意见》《中小学德育工作指南》为指南，充分发挥××市青少年宫青少年社会教育优势，示范性综合实践基地采用"基地＋营地"的课程教学模式，以动手实践为主，以传统文化研学旅行教育为辅的综合实践活动课程体系，让学生在游中学、学中研、悟中做，形成立体的、全方位的框架。比如，"走进齐文化博物馆"探寻齐文化，"走进蒲松龄书馆"了解蒲文化，"走进西冶工坊"感受琉璃艺术，"走进王村醋博物馆和国台酒庄"学习酿造（醋、酒）技术……学生走进社会，感受大自然，在集体活动中历练团队素养、从而进一步提高学生的人文情怀、审美情趣。

（2）实践示范：

2017 年 9 月至 2020 年 8 月，组织 12 期 "××市青少年优秀传统文化研学活动"。其中面向小学中高年级学生 10 期，面向初中一、二年级学生 2 期，共开设书法、八段锦、茶艺、剪纸、彩绘脸谱、手工编织、绘团扇、画彩蛋、创意超轻黏土、包水饺、中医讲座等 20 余个传统文化类的综合实践活动课程，共计 1000 余人次参与活动；××学校先后在 2018 年 7 月、2019 年 7 月和 2020 年 7 月，组织了三期 "我的童年我做主　快乐成长体验营" 暑期综合实践活动，开设领袖风范、时间胶囊、艺术创想、烘培时光、变废为宝 DIY、舌尖上的淄博、科学大揭秘、生命教育、泡沫之夏、赶大集等综合实践活动教育课程，共计 2000 余人参与活动。

（3）指导提高：

在活动组织过程中，我们坚持不定期召开 "碰头会"、研讨会、经验交流会，总结经验，分析问题，制定措施，保障传统文化研学研究的实效性。2019 年 7 月 15 日，邀请专家对我们的优秀传统文化研学进行指导，对前期的研究进展和成果提出了中肯的意见和建议。专家提出以下整改措施。

一是把研究重心放在如何结合淄博地域文化开发富有地方特色的综合实践活动课程上。着重激发学生兴趣，培养学生能力，发展学生核心素养，构建适应市情、宫情、教情、学情的综合实践活动课程体系和操作流程。二是明确下一步的研究内容和研究思路，做好规划。三是加强与专家的联系，得到更多的指导。四是传统文化研学课题组成员要勤于研究，善于总结，形成主题论文及案例。

四、地域文化特色资源的开发与实施

（一）齐文化教育

1. 齐文化简述

齐文化是中华民族传统文化的重要组成部分，对华夏文明的形成和发展具有深远的影响。齐立国后，由于在文化上采取了"因其俗，简其礼"的宽松政策，为齐国艺术提供了良好的发展环境，使齐文化在漫长的发展过程中积淀了丰富的艺术成果，在绘画、音乐、舞蹈、陶瓷、服饰、建筑、青铜等方面取得了突出成就，并形成了自己独特的艺术风格[1]。

2. 齐文化的育人思想

齐文化内涵丰富，博大精深，齐文化的民本思想、爱国思想、廉政思想、法治思想、和谐思想、敬业思想……这些都是我们极其宝贵的历史文化资源。

齐国的强大，是因为它长期遵循了姜太公尊贤尚功的治国方略。姜太公和周公旦曾在一起议论怎样治理国家，姜太公说："尊贤尚功。"周公旦说："亲亲尚恩。"齐桓公的国相管仲继承并发展了姜太公的治国方略，形成了具有代表性的富国强兵、礼法并重的法家思想。在对外政策上，管仲一再劝谏齐桓公以礼德对待诸侯，从而成就了一匡天下的功业。齐国更加注重商业、生产和法制，也强调顺民和礼义廉耻，因此，齐国物阜民丰，国富兵强，形成了开放、发展、法制、仁义和礼仪为特征的齐文化。海内士人争相入齐，以图施展政治抱负，同时也把各种文化、各种思想融入齐文化之中。儒家的宗师孔子来到齐国，当了高昭子的家臣，齐景公向他询问怎样施政，孔子说了"君君、臣臣、父父、子子"这句治世名言。孟子长期在齐国活动，《孟子》一书很大

---

[1] 张越、张要登：《齐国艺术研究》，齐鲁书社 2013 年版，第 1 页。

部分记载了孟子与齐宣王君臣的问答。齐国士人也到各诸侯国任职，把齐文化发扬光大到各诸侯国家①。

在齐文化的百花园中，既有政治家、军事家，又有思想家、科学家。姜太公因俗简礼，尊贤尚功，奠定齐国发展之基；桓公管仲，变革开放，九合诸侯，成为春秋首霸；威宣盛世，战国称雄，稷下学宫，大家辈出，群星璀璨。

在改革开放的今天，齐文化被人们重新审视，齐文化倡导的发展、法制和鲁文化倡导的仁爱、礼义相得益彰。淄博市是齐国故都，有着厚重的文化底蕴。无论是珍藏传承，还是艺术创新，作为齐国故都和齐文化发祥地——淄博这座城市流淌着的齐文化精神力量远不止此，开放包容、创新务实……泱泱齐风至今已传承了三千年。三千春秋，几多风雨。风云激荡与时光淘洗，淹没了曾经的宫阙万间，却未能消减齐文化的深厚魅力。我们提出要把淄博市建设成为经济强市、文化大市、绿色城市，并将其作为一个长远的宏伟目标，而齐文化的研究和开发是建设文化大市的重要内容之一。

3. 齐文化与少儿教育的融合

淄博，是先秦齐国故都，是齐文化的发祥地。博大精深的中华优秀传统文化要和国家现代化建设、实现中华民族的伟大复兴真正结合起来，是我们在世界文化激荡中站稳脚跟的根基。而通过教育创新的方式，是实现优秀传统文化继承和发展的根本途径，同样，弘扬优秀传统文化，也是落实立德树人根本任务的重要基础。××市青少年宫一直把"立德树人""致力于素质教育，服务青少年成长成才"作为工作宗旨和行动指南，把校外教育的服务触角延伸到全市中小学、幼儿园，用中华优秀传统文化滋养少年儿童的心灵，培养具有民族自信和民族情怀的

---

① 王修德：《齐国轶闻》，齐鲁书社 2006 年版，第 2 页。

新时代接班人。

××市青少年宫积极促进齐文化与少儿教育的融合，致力培养少儿对传承中华文化基因的自觉性、积极性，汲取民族智慧、弘扬民族精神、传播传统价值，将齐文化与少儿教育相融合，不断增强优秀传统文化的生命力和感染力；开展一系列主题活动，培养少儿的创新精神、求实精神、包容精神。与时俱进，使优秀文化生生不息、薪火相传。

4. 齐文化的实践案例

2016年，××市青少年宫组建了优秀传统文化研学课程项目组，探索用中华优秀传统文化挺立民族自信，通过开展"优秀传统文化进校（园）"和"青少年优秀传统文化研学活动"，走出了一条适合市情、宫情的中华优秀传统文化教育之路。

【活动案例】

淄博市青少年宫"文化根·民族魂·中国梦"研学活动

一、营员分析

60名营员，来自淄博市的五区三县，年龄最小的7周岁，最大的13周岁。

二、活动目标

整合地方资源，凸显地方特色。以淄博、齐鲁大地的地方特色文化和青少年宫现有场馆和课程资源为内容，广泛挖掘、有效利用本地的传统文化资源，以传统文化为主线，以游学、体验为主，采用传统文化课程体验、参观历史文化场馆、鲁国游学、专家讲座、晨诵暮读等形式，将儒家思想、孟子的"浩然正气"贯穿活动始终，将"齐""鲁"文化有机融合。注重青少年思想引领，通过"美德少年成长故事分享会"将中华优秀传统文化与身边的美德少年的成长故事融为一体，在潜移默化中思想受到熏陶，行为得到矫正，习惯得以养成。

三、活动过程

第一阶段：探究齐国历史，体验传统文化。

（1）"破冰"建队。通过"破冰"建队，营员们分成了两个班，共6个小团队。设计队名、队徽、队歌，选定队长、自我介绍、才艺展示……很快，大家就像亲密得像一家人了。

（2）优秀传统文化课程体验。在课程的设置上，我们结合青少年宫的课程资源，利用体验场馆设计了：陶艺、茶艺、电烙画、传统绳艺编织、彩绘脸谱等课程，并初次尝试带领学生走进射箭馆，进行传统弓的射艺体验。

欣赏课《京剧脸谱的艺术魅力》，教师用制作精美的PPT向营员展示京剧脸谱的分类、色彩与性格、脸谱艺术在生活上的应用等，帮助学生建立脸谱与色彩的直觉印象，了解脸谱的绘制方法；观看京剧经典片段，了解人物性格与脸谱的表现关系，感受京剧国粹的艺术魅力。

（3）"美德少年"成长故事分享会——学有榜样。参加本次活动的营员中，有8位同学是淄博市第四届"美德少年"，他们是青少年的榜样，他们的成长故事就是一份很好的教育资源。在夏令营的第二天晚上，我们举行了"美德少年成长故事分享会"，大家在聆听的过程中意识到：美德，是内化于心灵、外化于行动的，是做好日常生活中的每一件小事，持之以恒。

第二阶段：游学孟子故里，感受传统文化。

（1）游孟府、观孟庙。带着儿时对"孟母教子"故事的崇敬之情，踏着斑驳的青砖，走进"棂星门"，这里的一砖一瓦、一草一木、一碑一刻，都是无声的熏陶、浸润，孟子的"民为贵，社稷次之，君为轻"的思想，"浩然正气"的大丈夫形象在孩子们的头脑中慢慢地清晰、生动。

（2）体验"束脩礼"、传统丝网印刷和古代宴请宾客礼仪（投壶）。在松柏林立、幽静、肃穆的孟府，营员身着汉服，按照中国传统文化中敬拜老师的"束脩"礼仪，向老师敬献"腊肉""酒""帛"等礼品，学生们在庄严的仪式中亲身感受、体验尊敬师长的中国传统文化。

（3）聆听专家讲座：孟子《浩然正气》、感恩课堂。

夏日的孟子学院，红砖碧瓦、廊檐低回，在绿树红花的点缀下别有一番意境。以"浩然正气"为主题的专家讲座，让营员们再一次跨越时空，与孟子同行。

（4）晨诵、暮读，共读《孟子》。晨光熹微中、黄昏夕阳下，营员们手持《孟子》语录折页，气沉丹田、高声诵读，每一次都有新的理解，每一天都有思想的升华。

（5）餐前感恩教育。就餐前，教师向营员讲解集体就餐基本礼仪——就餐前保持安静，不让餐具发出声音；夹取距离自己最近的饭菜；别人在夹取饭菜时，不要转转盘；即使是自己喜欢的食物也不要一次取太多，要顾及他人……就餐前集体起立，用心诵读《餐前感恩词》后方可用餐；就餐后集体离开。

（6）参观邹城博物馆。近距离欣赏古代汉像画石，了解邹鲁文化。

（7）书写《一封家书》。参观、体验之后，对中华优秀传统文化是否有了新的认识？有何感悟？或千言万语，或片言只语，都化作饱含深情的中国汉字从笔尖流淌，化作《一封家书》。

四、活动评价

活动结束后师生互动回顾活动和收获，并将其用快板的形式进行总结；学员分组、携带自己的作品（脸谱面具、电烙画、编织作品、陶艺作品、丝网印刷背包）分别登台展示；分享自己的收获和感悟；颁发优秀学员证书。本次活动从前期各项工作的准备、方案以及安全预案的制定、组织实施过程都做到了细致周密。营员和家长们对此次活动都作出了很好的评价，起到了较好的社会效应。

【活动案例】

淄博市青少年宫"弘扬传统 文武双修"

做美德少年优秀传统文化研学

1. 营员分析

80 名营员，来自淄博市的五区三县，年龄最小的 8 周岁，最大的 15 周岁，其中有 21 人曾参加过研学活动。

2. 活动目标

以传统文化研学为主线，通过结合综合实践体验和素质拓展活动，让学生在研学旅行中感受中华传统美德，感受改革开放伟大成就，增强对坚定"四个自信"的理解与认同。

3. 活动过程

（1）拜师礼。在孔子广场，面对孔子雕像正衣冠、三鞠躬（双手以掌叠加，男生左手在上，女生右手在上，置于胸前。行礼时，鞠躬 90 度，双手自然下降）、诵读《诫子书》。

（2）传统文化实践体验。静心书法、修习太极。古人云"静能生定，定能生慧"，学生在体验静心书法（描红《诫子书》）和太极的过程中沉淀思绪、沉稳内心，在一笔一划、一招一式中感受中华传统文化的内在魅力。

（3）专家讲座。《让我们和礼仪做朋友》，每个营员做到在营期间勇于亮出文明礼仪三张名片——微笑礼，路遇他人要微笑；鞠躬礼，师生见面要鞠躬；赞美礼，竖起赞美的大拇指。

（4）专家讲座。邀请尚书坊国学堂堂主、著名电视节目主持人进行以"发扬好传统 弘扬好家风"为主题的专家讲座，邀请家长参与，从家长自身做起，从生活中的一言一行做起，家校携手，共同营造良好家庭和社会氛围，为少儿健康成长保驾护航。

4. 活动评价

学生在活动中锻炼意志,强健体魄,拓展视野,形成正确的世界观、人生观、价值观,成为德智体美劳全面发展的社会主义建设者和接班人。

【活动案例】

淄博市青少年宫追梦齐都文化城研学旅行

1. 营员分析

60 名营员,来自淄博市的五区三县,年龄最小的 7 周岁,最大的 14 周岁,其中有 25 人曾参加过研学活动。

2. 活动目标

齐鲁大地名人辈出,人杰地灵,素称"孔孟之乡,礼仪之邦"。身为齐鲁儿女,我们要了解齐鲁文化的历史与渊源;作为炎黄子孙,我们有责任继承和发扬中华优秀传统文化。

3. 活动过程

(1)参观齐都文化城。

时长:1 小时集体项目。

齐都文化城,地处郊区,没有了市区里的喧哗和高楼大厦的衬影,显得格外宁静和神秘。晴朗的天空,使得地上的齐都文化城与天上"齐都蓝"遥相辉映,似乎要向大家诉说千百年前发生在这里的动听故事。

齐都文化城因其位于太公湖北岸,姜太公铜像以北高台之上,建筑群体自东向西排列,就像一条龙一样,取"龙入东海"之意。

"海岱唯青州,嵎夷既略,潍淄其道。""淄水迳牛山西……东得天齐渊口。"显而易见,天齐渊与淄河北去实合为一流。正是缘于这种因由,齐都临淄方因濒临淄水而得名。毫无疑问,淄水是鲁中人民的母亲河,它不仅滋润了肥沃广袤的沿河大地,哺育滋养了两岸先民,还孕育了博大精深的齐文化。据说:大禹治水时,三过家门而不入,当他治水完毕,驾船巡视天下，沿淄水上溯到达原山之阴时，但见山岩土石皆呈黑色山泉突涌，墨浪翻滚。大禹目睹如此景色，遂欣然为之命名，"淄水"称谓由此诞生。因淄河是一条季节性河流，"齐之水躁而复。"故而两岸受急流冲撞，多形成悬崖峭壁状，呈现出天然屏障之态，宜于战守。

想当年，姜太公封齐，都于营丘，也就是今天淄河西岸的老临淄县城城北百步之遥的地处。姜太公赴国尚未站稳脚跟，东方强大的东夷人就在莱侯的率领下前来与之争夺营丘。运筹帷幄的姜太公充分利用陡峭的淄河岸为壁垒，以淄流为天堑，埋伏兵士于此一举打败了气势汹汹前来争丘的东夷人，安定了周王朝的东方。公元前九世纪中叶，姜齐第七代国君齐献公谋杀前任国君齐胡公，将迁徙于蒲姑的国都又迁回营丘，他唯恐胡公余党勾结东夷人复仇来犯，从防御处看眼，认定淄河两岸地势险要，宜于防守，重建齐国都城，并更名为临淄。

（2）参观齐文化博物馆。

时长：1小时集体项目。

一座集文物收藏、展陈、保护、研究、教育、休闲功能于一体的综合博物馆，依托原齐国故城遗址博物馆（齐国历史博物馆）建设，建筑面积3.5万平方米，拥有文物3万余件，上展文物4100余件（套）。

齐文化博物馆展厅分为四个部分，分别是基本陈列展厅、特色陈列展厅、专题陈列展厅和临时展厅。

（3）齐文化小课堂。

地点：齐文化博物院多功能报告厅。

时长：1小时集体项目。

齐文化小课堂根据学生年龄、专业特点和不同学科的教学内容需要设置齐文化相关课程，重点介绍齐国历史人物故事以及珍贵馆藏文物，寓教于乐，让营员们更进一步地走近齐国历史、走近馆藏文物，构建起同学们了解齐文化的兴趣。

营员们发挥想象力和主观能动性,拿起画笔亲自描绘心目中的齐国历史人物或参观中感兴趣、印象最深刻的馆藏文物。

(4)足球博物馆。展览内容主要包括中国蹴鞠和近现代足球两大主题,由基本陈列、专题陈列和临时展览三大部分组成,共有文物1000余件(套),复员场景10余个,它浓缩了中国的蹴鞠文化史、体育文化史和世界足球史,是一部足球文化的百科全书。

1)蹴鞠小课堂。

地点:临淄足球博物馆一楼蹴鞠场地。

时长:1小时集体项目。

参观足球博物馆,认知蹴鞠的发源地是淄博的临淄,淄博被称为世界足球发源地,提升民族自豪感;通过参观,了解蹴鞠到现代足球的发展历程,了解中国的蹴鞠文化史和世界足球史;回顾历史,展望明朝,在心中立下振兴中国足球的远大理想。

临淄足球博物馆(中国体育博物馆临淄分馆)是全国唯一一家拥有专业蹴鞠表演队员及蹴鞠体验场地的主题性博物馆,蹴鞠表演队负责教授学生基本的技巧、解数动作和蹴鞠相关知识,亲身体验唐宋时期盛行的单球门对抗赛。

参观完足球博物馆,体验蹴鞠的乐趣:摸一摸、看一看,观察蹴鞠的形状、材质;踢一踢,感受蹴鞠与足球的不同;赛一赛,做一个奔跑的足球少年;想一想,未来的足球还会有怎样的改进。

2)足球嘉年华。

地点:足球博物馆二楼嘉年华体验区。

时长:30分钟集体项目。

足球嘉年华互动体验区共设有10个游戏,其中足霸天下、蹴鞠工坊、百步穿杨三个游戏为免费体验游戏,其余7个游戏为收费游戏。丰富的游戏令孩子们流连忘返,广受好评。

4. 活动评价

本次传统文化研学活动，突出思想引领，注重实践体验，将中华优秀传统文化的种子根植于少儿内心，增强了民族自信、文化自信，培育了社会主义核心价值观，引导少儿做彬彬有礼的美德少年。

（二）蒲文化教育

1. 蒲文化简述

（1）文化背景。蒲松龄，山东淄川人，代表作《聊斋志异》，清末文学家。他的一生都在科举中度过，然而命途不济的蒲松龄至死也未谋得一官半职，但是作为一个文人他却在历史的长河里留下了他的足迹，至今无论在文学、经济、社会生活等方面蒲文化的影响都是广泛而深刻的。

（2）衍生文化。在蒲松龄的家乡淄川，当地人民政府将蒲松龄故里淄川区洪山镇蒲家村改建为组群式旅游胜地，建设聊斋园，园内有蒲松龄艺术馆、满井寺、狐仙园、观狐园、柳泉、石隐园、聊斋宫、松龄墓园等景点；同时，在蒲家村建立了"蒲文化"地方特色小吃一条街，这里有"蒲家宴食品""峨庄煎饼""中华咖啡茶""蒲乡酱菜""柳泉啤酒""聊斋白酒"等等，一大批与聊斋文化相关的美味佳肴，同时又满足了游客的胃口。

除此之外，在其家乡还有用松龄先生的字"留仙"命名的留仙湖公园。在淄博市更不乏柳泉路、松龄路等以蒲松龄先生的名字命名的道路、地名。这都足以看出蒲老先生在当地的重要地位。在今天蒲文化已渗透在生活中的各个方面，无论是在经济、文化还是社会生活上都有着深远影响。

2. 蒲文化的育人思想

蒲松龄生于教育世家，其父蒲磐从教几十年德高望重。他与父亲相似，教私塾四十年，对教育非常热心和重视。下面我们初步来了解蒲松龄的育人思想。

（1）设馆绰然堂。蒲松龄一生设馆四十年，绝大多数时间都在王村毕际有家。走进毕尚书府后，就是在绰然堂设馆任教的。声名远播的《聊斋志异》大部分篇章和大量的诗词文赋，正是在这里完成的。绰然堂的中西间，是毕氏子弟的学堂，东间为蒲氏卧室。史料记载，蒲松龄教的是毕际有家的子孙。蒲松龄坐馆 30 余年，大部分时间是与这群弟子打交道，为他们讲授"四书五经"、诗词韵律，研习八股文。

（2）师道必尊严。作为教师来说，在蒲松龄看来，其道德修养、知识修养必须要达到较高的水平。他认为，这是教师尊严的基础，也是教师为人师表的重要依据。

在《聊斋志异》中，蒲松龄在《叶生》篇中就塑造了一个具有矢志传道，死而不已的精神教师形象。姓叶的书生文章词赋在当地称得上是首屈一指，但每次应试都名落孙山。但是知县丁乘鹤，很欣赏叶生的文章，经常用钱粮接济叶生家。叶生又一次落榜后，生病死掉了，但是他的魂竟然跟着丁乘鹤去了，教他的儿子，使他取得功名，直到最后返家才知道自己已经死掉。叶生虽死犹生，代友教子。

蒲松龄至老不显达，授徒设馆，所以叶生的为师之道就是蒲松龄对自己的一种期望和要求，而期间所体现出的更是蒲松龄内心那种教书有至乐，师道必尊严的教育理想与追求。

（3）与生平等。蒲松龄又认为教师和学生的关系不应过分拘谨和僵化，不能因为传道的缘故而严苛到让学生敬而远之。

《小谢》篇就表现了蒲松龄对良好师生关系构建的期望。文中陶望三在教学时按照两人的天分和兴趣，顺应性情，激发学习动机，师生共同学习和进步，充分体现了"师生－朋友"的平等关系。这是蒲松龄最希望看到的学习场面。

陶生遇见两个俏皮的女鬼，她们趁着陶生睡觉用纸条来捅他鼻孔，又着双手捂住陶生看书的眼睛，鬼灵精怪。一天天地，陶生与她们渐渐熟了起来，知道一个名叫乔秋容，一个叫阮小谢。两个女孩后来把陶生当老师对待，陶生改教她们读书，秋容的领悟能力很强，说过一遍马上就能记住，没有再问第二遍的了。秋容常常整夜不眠地和陶生一起比赛读书。小谢又叫来了弟弟三郎来拜陶生为师，陶生让他和秋容共读一门功课，从此满堂都是咿咿呀呀的读书声，陶生开启了快乐的"鬼学馆"。

（4）师生类父子。《褚生》这篇文章表现的是形同父子的师生关系。文中吕先生处处都有蒲松龄的影子，这在蒲松龄时代更有其积极意义。

吕先生喜欢懂事又爱学的学生，他了解到褚生因为交不起学费要辍学，责怪褚生"子既贫，胡不早告？"不但不收钱，还负责学生食宿，把他当儿子样关心、爱护。后来"居半年，吕临别，褚为洒涕依恋而已，吕嘱陈师事褚"（过了半年，吕先生要走，褚生流下了眼泪，恋恋不舍，吕先生嘱咐陈老师继续爱护褚生），表明吕先生对褚生学业的肯定和赞赏，实则"吕先生与仆（褚生）有父子之分"。

（5）亦师亦朋友。蒲松龄在《娇娜》篇中用极其简略的笔墨勾勒出心中"师尊生慧"的塾师理想，也描绘出孔生与皇甫公子平等和谐、不生分的生活学习场景，表现出一种轻松活泼的新型的师生关系。这样的故事，寄托了蒲松龄对平等的师生关系的理想。

书生孔雪笠流落他乡，遇见了皇甫公子，当起了公子的师傅，但他和皇甫公子师生之间以朋友相称，且二人秉烛畅叙，谈笑甚欢，至快意处，忘乎所以，遂共榻而眠。这在古代，这样的行为是不可思议的。

【知识链接】蒲松龄最喜欢的老师

《胭脂》篇塑造了优秀教师施愚山（施闰章）的形象，实则这也是蒲松龄内心所崇拜和极力去模仿的。对待学习优秀的学生，奖励提拔，不讽刺挖苦与体罚学生：爱护有才能的学生，就像爱护自己的生命一样。对犯有错误的学生，给予他重新做人的机会，这体现出施愚山开阔的胸襟和对学生满腔的期待。

因此，蒲松龄才称颂自己心爱的老师："愚山先生吾师也"。

3.蒲文化与少儿教育的融合

中国是文明古国，素有"礼仪之邦"之称。在古代，儒家对少年儿童的教育主要集中在思想道德方面。如何看待少年儿童教育？蒲松龄有着自己不同于世人的独特见解。

（1）博大宽广的胸襟。"童年抱卷，便怀濡翼之羞，午夜闻鸡，即有雄飞之志。"他少年时代读书时就立下了将来才德卓越、报效朝廷的远大理想。蒲松龄在《聊斋志异》中塑造了许多勇敢智慧、诚笃重义的少年儿童形象，寄托了他对少年儿童的殷切希望。

（2）在逆境中磨炼。蒲松龄赞成把孩子放到艰苦的环境中去磨炼，让广大少年儿童亲近大自然、回归大自然，并对其进行耐挫教育，增强体质，培养吃苦精神，强化集体意识。

（三）陶琉文化教育

1.陶琉文化简述

中国是世界著名的陶瓷古国，我国陶瓷的产生、发展特别是精湛的制作工艺和悠久的历史传统，不仅是中华灿烂文化的重要组成部分，而且也对人类文化作出了卓越的贡献。齐地制陶历史悠久，是我国古代陶器的发源地之一[①]。

宋代是中国陶瓷史上繁荣昌盛的时期。伴随陶瓷生产技术的改造，产品开始向高档次的精制制作发展。宋代淄博陶瓷生产水平以磁村为

---

① 张越、张要登：《齐国艺术研究》，齐鲁书社 2013 年版，第 108 页。

代表。名贵的陶瓷品种有茶叶末釉色瓷、雨点瓷、粉棱瓷。至明清时期,淄博地区陶瓷业不断发展,逐渐确立了全国陶瓷重要产地的地位。生产方式以家庭手工业一家一户为主要形式,制作出现了生产门类的分工。有些地方形成自己的特色。如:福山的大碗,渭头河的大瓮,八陡的瓶子。

博山琉璃,是淄博的传统产业。博山是我国琉璃生产重要基地之一。博山的琉璃产品,以其高超的工艺水平,闻名于世。其中一些高档产品,如内画壶、刻花瓶等,以其技艺精湛,被视为珍奇艺术品,在国际市场上享有很高的声誉。

根据出土文物和考古研究,中国琉璃生产和历史可以追溯到西周早期。至于博山的琉璃生产,现在可以确认在明朝的洪武年间就已有生产,而且具有相当高的工艺水平。明朝嘉靖年间,博山琉璃已成为重要的地方物产。琉璃制造业聚居的地方叫西冶街。明末清初,博山琉璃业继续发展。清初大学士孙廷铨撰写的《颜山杂记》,全面系统地反映当时琉璃生产状况,为我国最早的一部琉璃专著。

康熙年间,社会安定,经济繁荣,随着人民生活的提高,以美化、丰富生活为目的的琉璃业生产得到进一步繁荣发展。乾隆年间,博山琉璃业继续发展,一个明显的特点是业户增多,财力雄厚。传说乾隆到过博山,对琉璃生产很感兴趣。曾微服私访西冶街,被群众围视,所以本地还把西冶街叫做"闹龙街"①。

2. 陶琉文化的育人思想

陶与瓷历经千年不衰,以其独特的魅力在人类文明史中穿梭,不老,不过时。无论是承载百年、千年包浆的古董,还是新出炉的佳作,都是人类智慧文化里的不朽印记,让人惊叹不已。

陶琉文化在文化之路上跋涉、图强和坚持。迭起世界美的高度,也

---

① 王秀亮等:《淄博乡情》,大众文艺出版社 2003 年版,第 68 页。

打通美的共享通道。陶琉之美从实用出发，无论盘、瓶、壶，还是其他，生于实用，美于实用，跋涉在人类的追求空间里。

一抔陶土、一块石料经过陶艺人的匠心独运，从揉泥拉坯，到上色勾画，华丽转身为一件件璀璨夺目的精美作品，无不包含着陶瓷艺人或工匠者们的付出。他们执着、探索、创新，如同朝拜的虔行者，孜孜以求，去实现与陶土的精神与情感的结合。

博山的琉璃制品早在清代就已名声在外，一件件精美的琉璃制品都是匠人们在一千度高温的炙烤下心血的凝结。一道道精细的工序，一个个动人的故事，能工巧匠们在小小的球体里八仙过海各显神通，工艺越来越精美，花样百出，美轮美奂，蕴含着人们对生活的执著追求和对美的向往。

一件美轮美奂的瓷器，要经过多少次的揉碎、磨练、扭曲、成形、修坯，几次的烈焰高温烧烤，才会焕发出那夺人心魄的光彩？一个人，要经过怎样的岁月沉淀、欢笑、泪水、拼搏、磨难，才能在美丽的容颜背后透出知性的光辉，坚定的成熟。

陶瓷文化博大精深，淄博大地万年窑火不熄，陶瓷真实、忠诚、完整、丝毫不差地摄录下历史文明的投影。历经岁月的洗礼，折射出时代特有的光辉。陶琉，是我们这个民族奉献给世界的宝藏，是我们最有底蕴的文化自信。

3. 陶琉文化与少儿教育的融合

（1）亲近自然，塑造个性发展。人类与生俱来就有一种亲近大自然、亲近泥土的天性。泥土多变的特性使孩子得以释放自我。陶土湿润柔软，陶瓷琉璃制作的学习过程中，敲打、揉搓、拉、团，动作自由、随心所欲，使少儿感到亲近、自由轻松。同时也是他们幼小心灵接触中国传统文化，增强自信心的有效措施。

（2）提升审美及艺术素养。精美绝伦的陶琉作品能启迪孩子去感受美、理解美、鉴赏美和表现美。少儿陶琉文化教育充分体现素质教育的本质，是美育的生动体现，对提升孩子的文化素质也有着长远的意义。

（3）陶艺启迪智力，培养创造力。通过陶艺的学习，孩子捏、揉、搓、拉泥巴时，手、眼、脑并用，促动了左右脑的细胞活动，对孩子的手、眼、脑协调发展起到很好的作用。通过陶艺，孩子们能在持续的实践中了解泥塑的规律和要求，培养细心和耐心，塑造优良的品格。

××市青少年宫将陶琉文化与少儿教育相融合，制定了陶瓷琉璃研学课程体系。

【教学案例】

陶瓷琉璃研学课程体系

1. 课程背景

2017 年教育部印发的《中小学综合实践活动课程指导纲要》中提出"综合实践活动是国家义务教育和普通高中课程方案规定的必修课程，与学科课程并列设置，是基础教育课程体系的重要组成部分。"

2020 年教育部印发《大中小学劳动教育指导纲要（试行）》（以下简称《指导纲要》），要求在大中小学设立劳动教育必修课程，中小学劳动教育课平均每周不少于 1 课时，高校本科阶段不少于 32 学时。将劳动教育纳入人才培养全过程，切实解决"有教育无劳动"的问题。

2020 年教育部、国家文物局联合印发《关于利用博物馆资源开展中小学教育教学的意见》，指出"将博物馆青少年教育纳入课后服务内容，鼓励小学在下午 3 点半课后时间开设校内博物馆系列课程，利用博物馆资源开展专题教育活动。"

近年来国家、学校、社会等对中小学生研学教育、综合实践活动重视程度不断增强，青少年群体不断提升综合素养，在社会实践活动中扩充知识储备、充分实现自我价值与社会价值，争做新时代中国特色社会主义事业的合格建设者和可靠接班人。

2. 课程目标

（1）中国陶瓷琉璃发展跨越数千年，具有重要的历史地位和国际影响，推广陶瓷琉璃研学实践课程，旨在提高全社会对中国传统文化的重视，传承千年文化，弘扬东方情操；

（2）启蒙学生中国陶瓷琉璃文化的认识，亲身体验陶瓷的文化精髓及独特魅力，体验在指尖上创造中国历史发展奇迹；

（3）通过陶瓷琉璃的艺术和影响力，培养学生对传统技艺的热爱和民族文化自信心，树立民族传统文化保护、传承和创新意识；

（4）在研学实践中形成合作意识、集体意识，学会分享、学会创造，形成主动思考、主动探究的学习意识。

3. 课程组织

课程的组织实施由传齐教育与资源单位联合负责，在研学导师、课程教师、安全员及校内班主任的共同指导下完成。

建议以学校为单位，按班级分批次进行研学实践，将班级划分为若干学习小组，有助于各专题开展过程中每位同学参与其中，鼓励学生发挥个人专长承担组内任务，引导学生勇于探索、敢于尝试，通过系列专题学习与活动发掘学生潜在能力与闪光点。

4. 课程内容

实施地点	课程内容	课时	课程内容	备注
市陶琉实践学校	必修课：中国陶瓷艺术与淄博陶瓷发展简史	3课时	1. 质朴与浪漫——陶器的出现与发展：沿着陶器主要发现地域——黄河流域，讲授仰韶文化、马家窑文化、齐家文化、大汶口文化、龙山文化时期陶器特点，探究西周至秦汉时期陶器起源历史，思考该阶段淄博陶器发展迅速的原因。（1课时） 2. 争奇斗艳——陶瓷发展鼎盛时期：自青瓷诞生发展至明清年代出现过几次高度发展时期，认识不同时期陶瓷特点，向外延伸探究陶瓷为何得到快速发展。（1课时） 3. 与时俱进、继往开来——家乡陶瓷的复兴与发展：作为"八大瓷都"之一，淄博是中国最早的陶瓷产地之一，共同学习家乡陶瓷走过的光辉岁月，一起感受家乡陶瓷从诞生—发展—鼎盛—式微—复兴的整体历程。（1课时）	
市陶琉实践学校	必修课：中国琉璃与家乡琉璃发展嬗变	2课时	1. 不一样的烟火——古代琉璃发展历程：古代琉璃在国内收藏圈逐渐受到重视，探究琉璃作为一种舶来品在中国的发展历程，感受不同年代不同的琉璃审美演变。（1课时） 2. 传承与创新——淄博琉璃的前世今生：世界琉璃看中国，中国琉璃出淄博，寻找家乡在琉璃发展历程中的重要地位及原因，探究古今琉璃的发展变化。（1课时）	
中国陶瓷琉璃馆	必修课：走进陶琉世界探寻非遗魅力	4课时	参观中国陶琉馆1～4楼展厅，完成研学手册，形成参观感悟。	

续表

实施地点	课程内容	课时	课程内容	备注
中国陶瓷琉璃馆	选修课：变身陶琉大师感受匠人精神	4课时	前往淄博市中小学生陶瓷琉璃实践学校（陶琉馆负一层），完成琉璃灯工、内画、陶杯制作、刻盘等陶琉体验，体验琉璃迷宫拓展项目，通关卡上集齐全部印章后可得活动纪念徽章一枚。	
古窑村	选修课：徜徉千年古窑村	4课时	1.参观陶瓷艺术展厅，与大师近距离交流；2.走进古窑村，近距离接触"馒头窑"、烧窑轨道等，学习其相关知识。	
人立琉璃艺术馆	选修课：人立墨彩五彩亮相	4课时	1.参观博物馆，了解琉璃历史，完成研学手册；2.手工制作琉璃灯工、内画。	
1954陶瓷文化创意园	选修课：经典工业遗迹非遗技艺传承	4课时	1.参观老厂房、老设备；2.参观陶瓷历史博物馆；3.陶瓷手工制作体验；4.手工制作披萨。	
领尚琉璃	选修课：走进热塑车间感受琉璃热情	4课时	1.参观生产车间、休闲区、琉璃博物馆、琉璃展厅和淘宝区；2.体验琉璃热塑、灯工、内画、串珠、弹琉璃球等项目。	
华光国瓷	选修课：走进生活与艺术的交融	4课时	1.参观华光国瓷文化艺术中心；2.进行素坯绘画、刻盘等制作。	

4.陶琉文化的实践案例

【活动案例】

淄博柳泉艺术学校教师人立琉璃研学基地专业培训

1.活动目标

使淄博柳泉艺术学校教师进一步了解到了身边的传统文化，在继承与创新的基础上拓宽教学视野。

2. 活动过程

2018 年 5 月 11 日，××学校美术教师参加了由张店区教研室组织的专业培训，培训活动在博山人立琉璃研学基地开展。

本次培训活动主要从大炉吹制，鲁派内画鼻烟壶，灯工吹制三个项目进行学习。

（1）大炉吹制项目。此项目在人立琉璃烧制实验室进行体验，学习了吹杆，主炉里取料，以及葫芦钳（制作琉璃底部）的使用方法。

（2）鲁派内画鼻烟壶项目。在琉璃鼻烟壶胚料中绘画，制作出精美的内画鼻烟壶作品。

（3）灯工吹制项目。吹制技术是利用琉璃在一定温度范围内具有可塑性的特点，使用中空的玻璃材料高温加热，在冷却过程中不停转动手中的铁棍，吹制玻璃的形状。

3. 活动评价

本次培训，使学校教师增长了见识，提升了研究空间，为学校的美术教育、多元教学创作注入了新思路、新活力。

【活动案例】

淄博市青少年宫走进原生态陶琉文化基地研学

1. 营员分析

60 名营员，来自淄博市的五区三县，年龄最小的 8 周岁，最大的 14 周岁，其中有 18 人曾参加过研学活动。

2. 活动目标

小泥巴，大智慧。引导少儿在泥塑中激发创造性思维，在与泥土的接触中培养孩子的艺术情怀，对陶瓷琉璃文化有更深的理解和认识。培养他们对传统技艺的热爱和民族文化自信心，体会中国工匠精神，树立民族传统文化保护、传承和创新意识。

3.活动过程

对于琉璃制品的晶莹剔透、巧夺天工，我们常常感叹：每一件艺术品都是独一无二的，这么美的东西是怎么做出来的？带着这样的一份好奇，我们带领学员走进博山原生态手工琉璃制作基地。

群山连绵的鲁中腹地，有一座秀美的山城——博山。在这块神奇的大地上，处处闪耀着"琉光璃彩"的印记，成为名副其实的"中国琉璃之乡"。

（1）参观古窑村。走进山头古窑村，穿行在一条条小巷里，青青石板路，见证了一段辉煌的历史。

清康熙二十三年（1684年）《宋氏旧谱原序》载："益都之西偏有山城焉，日颜神镇，名从孝妇。泉水出其祠下，孝水而东可三里，抵黑山西趾，篱落烟火，势与山接者，山头村也。自三世祖讳云，徙居兹土。"清乾隆十八年（1753年）《博山县志》载村名为"山头"。据传，因始建村时位处万松山下的土山头上，故名"山头"。山头地区地产丰富，蕴藏着优质陶土，驰名中外的博山陶瓷厂、美术陶瓷厂都设在这里。古窑村一带用来烧制陶瓷的窑大多为圆形，如同一个个馒头，因此当地人依然习惯称这种窑为"馒头窑"。现古窑村为"省级文物保护单位"，我们带领学员探秘古窑村，了解陶瓷烧制的历史与奥秘。

（2）参观人立琉璃艺术馆。淄博人立琉璃艺术馆，是国内首家以收藏和制作古法手工高端艺术品为主的琉璃艺术馆。这里珍藏着中国古代、近代、现代的陶瓷琉璃精品，每一件藏品都历经岁月洗礼。通过讲解员耐心地讲解，让同学们观看作品的同时也明白了作品的创作内涵。

（3）琉璃艺术知识讲堂。由专业老师从琉璃的历史起源、发展脉络、艺术成就等方面进行琉璃艺术基础知识的培训。

在人立琉璃烧制实验室，同学们零距离观赏琉璃制作的全过程，近距离感受琉璃艺术的神奇。观看完工匠师傅吹制琉璃后，同学们进行了体验学习，留下了人生第一次自己动手制作琉璃的纪念。

4. 活动评价

活动使学员近距离欣赏琉璃艺术作品，实地观摩了琉璃制作过程，了解璃制作工艺，并深深地体会到：劳动人民的智慧是无穷的，能工巧匠在民间。

（四）乡村记忆文化教育

1. 乡村记忆文化简述

乡村是人类文明的诞生地，土生土长的乡村气息里蕴含着丰富的文化遗产，具有很高的社会价值。保护和传承别具地方特色的乡村记忆文化，有助于更好地培育和发展现代文化，为地方建设的可持续发展注入力量。

乡村记忆文化印证着时代的发展，历史的年轮。在一物一景，一器一皿中，体现着村史溯源、艰辛岁月、乡土风情、历史人物……记录着乡村的发展脉络与建设历程，讲述着一方百姓生活的变迁，承载着珍贵的记忆和老辈人的奋斗历程。

一个个美丽而又有历史厚重感的典型村落，传统建筑、民居、街巷、祠堂、园林、乡村大院……弥足珍贵的历史文化遗迹里，无不传送着令人"无穷遐想"的文化气息。我们要携手共同守护和传承好这些独具特色的乡村文化记忆，共同守护好我们的精神家园，让中华民族博大精深的文化代代相传。

2. 乡村记忆文化的育人思想

中华传统文化，是中华民族智慧的结晶。少儿是我们国家和民族的未来，我们的传统文化必定要经过他们的双手代代相传。加强少儿文化自信提升，开展中华优秀传统文化教育，用优秀传统文化统领少儿思想阵地，并内化于心，外化于行，具有重大而深远的历史意义。

齐鲁文化源远流长。"赵执信的廉，颜文姜的贤，博山的孝文化传了千百年……"淄博，作为齐文化的发祥地，在历史的长河中书写了浓墨重彩的一笔：足球起源——蹴鞠、齐长城遗址、颜文姜祠、世界琉璃艺术之乡、舌尖上的中国、鲁菜的代表"四四席"……浓郁的乡村记忆文化，带着独有的地方特色，让更多的少儿感受到中华优秀传统文化的魅力。

3. 乡村记忆文化与少儿教育的融合

××市青少年宫传统文化研学活动课程以"文化根·民族魂·中国梦"为主题，以齐鲁文化和淄博地域特色文化为主要内容，利用传统节假日和寒暑假期间面向少儿开展研学旅行活动。我们的乡村记忆传统文化研学活动是对《完善中华优秀传统文化教育指导纲要》《关于推进中小学生研学旅行的意见》的贯彻落实，是对学生发展核心素养的落地与推动。

淄博位于山东省中部，历史文化源远流长，是作为中华优秀传统文化重要组成部分的齐文化的发祥地，有着丰富的乡村记忆文化，临淄的齐文化、淄川的聊斋文化、博山的陶琉文化、孝文化，周村的丝绸文化……如此得天独厚、内容丰富、积淀深厚的淄博文化是一份宝贵的财富和教育资源。营员们通过参观历史文化展馆、走进古村落、聆听专家讲座、体验传统民间技艺、诵读经典诗文等活动，近距离接触家乡的儒家文化、齐文化、鲁文化、乡村文化……感受中华优秀传统文化的魅力与渊源，在心中种下中华优秀传统文化的种子，做自信的中国人。

4. 乡村记忆文化的实践案例

自 2016 年起至今，××市青少年宫以"文化根·民族魂·中国梦"为主题，先后利用每年的寒假、清明节、暑假、国庆节等契机，策划、组织了 10 期青少年传统文化研学活动，每一期的活动课程都根据节气、节日有所不同、有所侧重，活动主题凸显时代特色。如："走进最美乡村·感悟身边的传统文化"2016 年 ×× 市青少年传统文化研学秋令营、"弘扬传统 文武双修"2017 年 ×× 市青少年传统文化研学冬令营、"风筝·蒲文化·乡村记忆"2017 年 ×× 市市青少年传统文化研学春令营、"游学齐鲁·拜谒'四子'做美德少年"2017 年 ×× 市青少年传统文化研学夏令营、"做新时代的好少年"2018 年 ×× 市青少年传统文化研学冬令营、"访红色印记·学四世家风·做新时代好少年"2018 年 ×× 市青少年传统文化研学春令营等，500 余名少儿受益。

（1）让博物馆变成会说话的教科书。我们以淄博、齐鲁大地的地方特色文化和场馆课程资源为内容，广泛挖掘、有效利用本地的传统文化资源，如陶瓷博物馆、临淄的齐文化博物馆、足球博物馆、管仲纪念馆、博山西冶工坊、颜文姜祠、蒲松龄书馆、乡村记忆博物馆、王渔洋纪念馆等，让孩子们走出教室、走出校门，走进博物馆，让博物馆化身为会说话的教科书，向少年儿童讲述我们的民族历史、传统文化。

（2）让游学 + 体验成为学习的常态。摒弃传统、死板的说教，以游学、体验为主，采用传统文化课程体验、参观历史文化场馆、外出游学、专家讲座、晨诵暮读、体验老游戏等形式，动、静结合，充分考虑青少年的年龄和认知特点。先后开设了书法、剪纸、太极、武术、彩绘脸谱、陶艺、画瓷、传统射艺、茶艺、面塑、画彩蛋、传统年画、中医、电烙画等十几个传统文化体验课程；邀请专家为营员进行了《孟子的"大丈夫"学问》《家风的传承》《二十四节气》《中医的智慧》的主题讲座。

（3）让仪式感成为培育社会主义核心价值观的有效载体。仪式感是孩子不能缺少的成长历程。开营式的拜师礼、闭营式颁发优秀营员证书、国庆节升旗仪式、身着汉服在"亚圣庙"施"开笔礼""束脩礼"……神圣而庄严的仪式净化了少儿的心灵，敬畏之心、崇敬之心油然而生；餐前感恩、晨诵暮读、美德故事分享会等形式，强化了"五自教育"（自理、自强、自律、自学、自护），思想在潜移默化中受到熏陶，行为在积极暗示中得到矫正，习惯在言行举止间得以养成。

（4）注重红色基因的传承，让归属感和红色记忆陪伴童年。作为共青团所属的青少年宫，我们在研学活动中将红色教育、传统文化教育与少先队元素有机结合：开营"破冰"建队，佩戴红领巾，授队旗、营旗、唱队歌，升国旗、唱国歌，邀请"五老志愿者"为孩子们讲述革命故事、走进黑铁山抗日武装起义纪念馆、祭扫烈士墓，传承红色基因。

（5）注重科学规范，力争活动课程化。2016 年 4 月，淄博市青少年宫组织教师到华东师范大学进行课程建设的培训学习，并尝试将课程的理念引入到研学活动中，从活动主题的选择、活动目标的确定、活动内容的组织实施、活动效果的评价等方面坚持"以生为本"，注重学生的体验参与，将活动方案与活动课程纲要相结合，以《活动课程纲要》的形式进行规范，做到活动课程化。编写的《淄博市青少年传统文化研学活动课程纲要》在 2017 年华东地区校外教育课程设计交流活动中荣获一等奖，并被推荐参与第四届"真爱梦想杯"全国课程设计大赛。

（6）注重示范引领，体现公益性、普惠性。2016 年，青少年传统文化研学活动还是一个新鲜事物，青少年宫选派优秀教师组成项目团队，边学习边实践，率先在全市开展青少年传统文化研学活动，仅收取基本食宿费，游学、体验等费用由青少年宫承担，以此带动全社会关注、重视少儿传统文化教育事业。经过两年的示范引领，截至目前，淄博市众多活动基地、旅游景点都已对自身的传统文化资源进行深入挖掘，创设适合青少年体验的传统文化项目，相继开展起形形色色的青少年传统研学活动，呈现出一派"百花齐放"的态势。

【活动案例】

　　"爱祖国·知家乡·做新时代好少年"——2019年淄博市
青少年优秀传统文化研学冬令营

1. 营员分析

　　80名营员，来自淄博市的五区三县，年龄最小的7周岁，最大的16周岁，其中有32人曾参加过研学活动。

2. 活动目标

　　使少儿在团队活动中认识自我、超越自我；在实践体验中感悟中华优秀传统文化，增强文化自信；在参观游学中感知家乡的历史发展，爱祖国、知家乡；在集体生活中锻炼"五自"能力，做新时代好少年。

3. 活动过程

　　2019年1月28日，农历小年，"爱祖国·知家乡·做新时代好少年"2019年淄博市青少年传统文化研学冬令营在淄博市青少年宫开营。

　　（1）在三天两夜的活动中，营员们参加了轻松有趣的心理健康沙龙，在团队活动中认识自我、超越自我。

　　（2）来到中国三大传统名醋的发祥地——王村，王村醋文化博物馆占地1.86亩、建筑面积1245平方米，是山东省内专业性主题醋文化博物馆。王村醋选用优质小米为原料，采用传统古法工艺与现代工艺相结合，拥有"醇香色淡"的独特口感与卓越品质，被国家商务部认定为"中华老字号"，并以"传统酿造技艺"被列入省级非物质文化遗产名录。学员在王村醋博物馆了解小米醋的发酵、酿造工艺、历史发展以及"醋"在生活中的妙用，品尝地道的王村醋，还可以亲手体验制作王村醋。

　　（3）做陶艺、写春联、写"福"字、编织平安结、手绘年画挂历，用电烙画的传统技术画一只萌萌的小猪，祈求新的一年诸事顺意。师生们一起动手包水饺，揉面、擀皮、包饺子，小营员们个个不甘示弱，人人都是行家里手。吃着水饺蘸着醋，享用自己的劳动果实。

（4）在淄博历史展览馆，营员们在一幅幅图片前驻足观看、仔细聆听，了解历史，铭记历史。回顾新中国70年的发展历程，感受改革开放的伟大成就，希望同学们牢记嘱托，爱祖国、知家乡，争做新时代好少年。

4. 活动评价

本次活动从前期各项工作的准备、方案以及安全预案的制定、组织实施过程都做到了细致周密。让营员在以知家乡、爱祖国、动手实践、团队拓展等为主题的活动中度过了充实而又有意义的三天两夜。营员和家长们对此次活动都作出了很好的评价，起到了较好的社会效应。

【活动案例】

"传承红色基因 做新时代好队员"——2019年××市青少年
优秀传统文化研学春令营暨2019红领巾春令营

1. 营员分析

65名营员，来自××市的五区三县，年龄最小的7周岁，最大的15周岁，其中有13人曾参加过研学活动。

2. 活动目标

在淄博历史展览馆通过工作人员的讲解，师生们深刻感受到了淄博人民不屈不挠、奋斗不息、开拓进取、牺牲奉献的伟大精神。

3. 活动过程

（1）绿水青山留浩气，苍松翠柏慰英灵。2019年4月5日，别开生面的少先队主题队日活动在黑铁山抗日武装起义纪念壁前举行。奏唱《中华人民共和国国歌》和《我们是共产主义接班人》，全体少先队员怀着崇敬的心情，肃穆敬仰。

（2）来到沣水镇红色东高革命纪念馆，在义务讲解员、东高村党支部书记的带领下，师生们来到了古槐树下，聆听革命烈士的英勇事迹，并参观了纪念馆内陈列的烈士遗物、珍贵图片，大家感受到了革命先烈不畏艰难，视死如归的英雄气概。

（3）参观结束后，"五老志愿者"车爷爷与营员面对面交流，分享心得，讲述新中国70年的发展历程，感受改革开放的伟大成就。

4. 活动评价

活动育人、实践育人、育社会主义新人，是我们永恒不变的宗旨。本次活动从前期各项工作的准备、方案以及安全预案的制定、组织实施过程都做到了细致周密。让学员在以红色教育主题的活动中度过了充实而又有意义的一天。通过活动大力弘扬了传统文化，传承红色基因，引导广大青少年积极践行社会主义核心价值观，扣好人生第一粒扣子。

【活动案例】

××市青少年宫"我的童年我做主"快乐成长
体验营——周村古商城研学

1. 活动目标

周村古商城历史悠久，更有丰富的研学路线。带领营员感受古城文化底蕴，追寻乡村记忆，传承优秀文化。

2. 活动过程

（1）集合抵达周村古商城，学习体验鲁商文化。周村是古老而又新兴的商贸名城。自古商业发达，明末清初周村就以其优越的地理位置，成为鲁中工商业重镇，开始走向繁荣，成为远近闻名的"旱码头"。乾隆帝到周村来观元宵灯会，御赐周村为"天下第一村"。

沿着大街、丝市街行走，古色古香的气息扑面而来。在银子市街，学员们还见到了票号，是过去人们存钱、取钱、办业务的地方。了解古代银行的密码，分别是掌柜的笔迹、印章、防伪水印和防假密押（即汉字密码）。

（2）大染坊小掌柜 染坊染布技艺，扎染体验。扎染是中国特有的一门技艺，距今 1700 多年历史，唐代是扎染的鼎盛时期，人们流行穿扎染服饰。周村的大染坊始建于清朝道光年间，距今 200 多年历史。扎染小课堂上，营员们聚精会神地观看扎染作品着色的过程，听讲解员老师讲大染坊的历史故事。并亲身体验扎花的过程，将布折叠、用绳捆绑、将绳打结，不一会儿，一幅幅五颜六色的作品便新鲜出炉了。

（3）三益堂印刷展馆，体验刻板印刷术。三益堂印刷展馆是淄博地区最早的印刷书坊。孔板印刷、雕版印刷、凹版印刷、胶版印刷……一张张图片展示着印刷历史，一件件物件在诉说着印刷传承。营员们兴致勃勃地体验印刷术的神奇，首先将版摆正，然后拿起鬃刷轻轻蘸墨、刷版，再将宣纸不偏不倚地放到版上，用拓轻轻按压宣纸，最后快速起纸，一幅作品便跃然纸上。古老的印刷术记述着中华文明，也传承着文化自信。

（4）周村烧饼制作体验。周村烧饼是淄博的传统小吃之一，源于汉代成于晚清，是山东省名优特产之一。使营员深入了解国家级非物质文化遗产——周村烧饼传统手工制作技艺；通过体验，让学生进一步感受周村烧饼的传统手工技艺的不可替代性和独特魅力。学生们在老师分步骤讲解下，亲手制作周村烧饼，体验和面、醒面、抹油、做饼、撒芝麻、烤制等整个过程，最后尝尝自己亲手做的周村特色烧饼，格外香甜，酥、香、薄、脆一点不输商店里卖的。

3. 活动评价

读万卷书，不如行万里路。周村古城探究，学员们研有所思、学有所获、旅有所感、行有所成，对鲁商文化、传统技艺有了更深刻的感受。增强了营员的社会责任感、创新精神和实践能力。

五、地域文化特色课程资源实施初步成效

（一）丰富了青少年宫的课程体系

青少年宫致力于研究青少年不同发展时期的成长特点，坚持"寓教于乐"的理念，让青少年在校外活动的良好熏陶下，直面自己的内心，得到更深层次的提高、发展和完善。

地域文化特色资源课程教学基本环节如下：

第一步：了解该课程的起源、发展、现状，确定价值体认目标；

第二步：认识课程项目的基本原理、操作程序、基本工艺和制作方法等；

第三步：学生自主探究、小组合作，制订问题解决方案；

第四步：制作、加工、搭建、拼接、组装、装配、改良等创意物化环节；

第五步：成果汇报、作品展示；

第六步：多元评价阶段；

第七步：生成性任务及创新方案制定。

【教学案例】

　　　　　　××市青少年宫课程建设项目实施方案

一、课程名称

基于核心素养的青少年宫"七彩教育"课程

二、课程名称阐释

阳光透过三棱镜就会出现七种美丽的可见光，美国哈佛大学著名学者加德纳（Howard Gardner）的多元智能理论认为"每个人都拥有语言、音乐、空间、逻辑数学、身体动觉、自然探索、内省和交往等七个领域的能力，就像七彩光一样，在每个人的身上，以综合的方式散发出独特的光芒，人类的智力某种程度上也和阳光一样，根据一定的方法可将其划分为不同的理论结构，但这些结构又以综合的方式在每

个人的身上体现出其独特的魅力。"

基于上述加德纳的多元智能理论，我们开展适合青少年的个性和能力多元发展的青少年宫"七彩教育"课程建设。

三、课程建设项目目标

（一）总目标

全面贯彻党的教育方针，践行社会主义核心价值观，落实立德树人根本任务，突出强调社会责任感、创新精神和实践能力，促进青少年全面发展。通过青少年宫教育课程学习，为青少年能够成长为中国特色社会主义合格建设者和可靠接班人奠定以下基础：

（1）热爱祖国，欣赏、弘扬中华优秀传统文化和社会主义先进文化，具备家国情怀；

（2）生发好奇心，具备探究创新意识，发现兴趣爱好与潜能，发展特长；

（3）发展主体意识，提高自主学习水平，增强合作、交流能力；

（4）走进社会、亲近自然，在综合实践活动中获得直接经验，促进核心素养养成；

（5）锻炼意志，修炼心智，形成全面发展而又兼具个性的健康人格。

（二）具体目标

1. 低年龄段课程目标（普及型课程目标）

通过参与青少年宫普及型课程的学习活动，少年儿童能够：

在自主选择参与各学习领域的过程中，逐渐发现自己的兴趣和特长，了解自己感兴趣的学习内容，初步掌握个性化的特长技能，提升人文、艺术、科学等方面的基本素养。

在综合实践活动中拓展视野，初步体验特长知识和技能在实际生活中的运用，获取个人成长的经验，萌发发展个性特长的意识；增进对社会的认识，初步形成自己的校外责任感和增强社会实践能力。

在日常生活中，逐步培养热爱生活的情趣，学习合理安排自己的校外闲暇时间，积极参加丰富、健康、有益的活动；在团队学习活动中，初步形成合作、进取、创新的意识。

2. 中高年龄段课程目标（提高型课程目标）

通过参与青少年宫提高型课程的学习活动，少年儿童能够：

（1）在专业教师的引导下，通过选修式的系统学习，提升自身具有发展潜能的专长能力，努力达到师生共同制定的个性化的专业能力水平目标，初步具备相应的专业素养。

（2）在团队活动中增强自主学习能力，尊重他人，勇于探索，敢于创新，培养不怕挫折、坚忍不拔、敢于迎接挑战的意志品质，具有较为丰富的学习经历和更为广阔的专业视野，培养良好的合作、交往能力，提高发现问题、分析问题、解决问题的素养。

（3）在丰富的社会实践中，培养广泛的兴趣和积极健康的生活态度，学会合理安排闲暇时间；增强关心社会和为他人、为集体服务的责任感和为国家尽责的使命感。

四、基于核心素养的 ×× 市青少年宫"七彩教育"课程内容

（一）"七彩教育"课程内涵

（1）注重多元培养；

（2）满足多元需求；

（3）促进多元成长；

（4）挖掘多元潜质；

（5）创造多元文化；

（6）成就多元发展；

（7）筑就多元梦想。

（二）"七彩教育"课程设置原则

对于青少年，青少年宫育人的载体是课程，无论是城市还是乡村，

一切有益于青少年身心发展的积极因素，皆可作为课程。课程是青少年宫的重要产品，课程架构是青少年宫的的核心工作。

青少年宫七彩教育课程设置遵循以下原则：

原则	要点
整体优化原则	要立足于专业建设，从课程体系的整体角度出发，优化结构，精选内容，突出个性，注重实践，形成特色。
灵活多样原则	课程开发以活动课程为主线，以模块化的项目课程为主体，体现灵活性和多样性，方便学生根据自己的兴趣爱好选择相应的学习内容，发展学生的个性特长，培养创新精神。
协调发展原则	要把核心素养置于课程建设的核心地位，有效促进学生思想道德、科学知识、专业能力与整体素质的协调发展和综合提高。
以人为本原则	要强化学生在课程建设与教学过程中的主体地位，不断改进教学方法和教学手段，提高课程教学质量。
辐射示范原则	要充分发挥现有课程的示范与辐射效应，带动其他课程的建设与发展。

五、课程实施

（一）课程开发

××市青少年宫课程开发，依据老师和学生的实际情况把学生专业课程和特色课程进行内化和整合，形成符合实际可行、具有可操作

中国学生发展"核心素养"

青少年宫"育人"

性的青少年宫课程体系，与学前教育、学校教育一起成为推动基础教育的"一体两翼"。其核心就是要践行××市青少年宫的育人理念，"用爱呵护每一颗心灵，用心放飞每一个梦想"。围绕中国学生发展核心素养，以培养"全面发展的人"为核心，从文化基础、自主发展、社会参与三个方面着手，相互融合、拓展整合，绽放而成"七彩教育"课程，成就青少年的七彩梦想。"七彩教育"使青少年宫课程改革更加有"魂"，更加有"根"。

七彩素养	课程	科目（社团）	总课时	普及型短课程（体验、特色活动）	普及型长课程（文体、艺术）	提高型	适用年龄
品德素养	文明礼仪课程、感恩课程	文明宝宝					3—6
		感恩课堂					3—18
		传统礼仪					3—18
艺术素养	艺术表演课程	少儿艺术团	30		√		5—14
		器乐	30		√		5—14
		舞蹈	30		√		5—14
		声乐	30		√		5—14
		表演	30		√		5—14
		书法	30		√		8—14
		美术	30		√		5—14
		趣味美术	30		√		5—14
		小梨园社团	30		√		5—14
科学素养	创客机器人课程	创客学习					
		机器人	30		√		5—14

七彩素养	课程	科目（社团）	总课时	普及型短课程（体验、特色活动）	普及型长课程（文体、艺术）	提高型	适用年龄
健康素养	阳光体育课程、心理拓展课程	超体重学生健康夏令营活动	90	√			9—14
		武术	30		√		6—14
		羽毛球	30		√		6—14
		乒乓球	30		√		6—14
		篮球	30		√		6—14
		网球	30		√		6—14
		跆拳道	30		√		6—14
青少年领袖素养	少年军校	少先队"领头雁"		在研究开发中			
创新素养	综合实践活动课程	生存体验	50			√	9—18
		素质拓展	50			√	9—18
		科学实践	50			√	9—18
		专题教育	50			√	9—18
		场馆体验	50			√	9—18
人文素养	传统文化课程	传统文化研学营	40~60	√			8—14
		国学	30	√			6—12
		茶艺	30	√			6—12
		播音主持	30		√		6—18
		幼小衔接	30		√		5—6
		阅读写作	30		√		8—14
		数学思维	30		√		8—14
		新概念英语	30		√		8—14

（二）课程实施

"七彩教育"课程实施应在课程开发方案的基础上，制定课程实施方案，合理安排课程，保障青少年在青少年宫个性化学习的需求。在教师层面，指导教师根据学员个性差异编制模块或主题课程纲要（以学期纲要为主），合理有序规划课程实施具体内容和方法。

课程纲要包含以下内容：

课程名称		设计者	
适用年级	总课时	课程类型	
课程简介（200字内）	描述该课程的概况；让小孩子一看就明白、喜欢。		
背景分析（500字内）	为什么开设这门课程。（必要性和可能性）		
课程目标（4-6条）	指向本课程的育人功能，不能太具体，也不能太空洞。指向学生的学习结果即学会什么，指向学生所形成的关键能力与相关品格（三维叙写）。主语必须是学生。		
学习主题／活动安排	内容：相当于教学进度表，即内容安排，第一课时"分享课程纲要"。实施：说清楚如何教如何学，让学生明白此课程学习，要我做什么，明确主要学习任务／活动。		
评价活动／成绩评定	围绕目标设计评价方案，即评什么、怎么评、谁来评，评后如何处理，最后成绩如何呈现。		
主要参考文献			
备注	如所需条件等。		

六、课程评价

（一）课程评价的理念

课程评价倡导多元化与开放性，评价方法有课程纲要评估、教案方案评估、说课评估、社团成果展示等评估的多维度；

课程评价是由课程专家、管理人员、家长、社会人士、学员等来自不同领域的评估者共同参与的多角度评估；

课程评估场所有课堂、现场、舞台、社区等评估的多方位。

（二）课程评价的框架

1. 对课程方案的评价

由课程建设团队组织实施，主要对课程建设理念的明确性、课程规划的可行性、课程项目的适切性、课程实施过程的规范性、课程实施的成效性展开评价，并明确提出改进意见。

《学期课程纲要》的评价。《课程纲要》是教师撰写的一个学期的纲要式的课程规划方案。在新学期开班前，由各专业委员会负责在教研时进行内部交流、分享、评议，并在开班前第一课跟学员或家长进行分享。

2. 对教师教学的评价

教学评价的重心是教师的教学行为，而不是教师本人。教学评价是一种专业行为，主要由教师自己、各专业委员会或第三方评价机构来完成。对教师的评价由各专业委员会评价、教师自我评价、家长评价、学生评价、第三方评价机构组成（表1）。各专业委员会评价可与教师研修相结合，家长等评价可以通过公开教学，进课堂，满意度测评（表2）等多方面、多形式、多维度展开。

表 1　课程行为评估表

课程实施具体行为分析框架	自我分析	专业委员会评议	专家或领导评议
参与课程纲要及文本教材编写			
创建促进学习活动的环境			
深入研究、理解、适应学员			
明确课程目标与课程内容			
开发与利用各类课程资源			

课程实施具体行为分析框架	自我分析	专业委员会评议	专家或领导评议
设计多样的课程活动			
鼓励学员之间合作探究学习			
提供展示学习成果的平台			
持续的教学反思与创新			

表2　课程满意度调查表（家长填）

课程 名称		上课 时段		任教 老师	
评价内容		评价级别（直接打钩）		备注	
教学 评价	对教师教育教学满意度的评价	□满意	□较满意	□不满意	
	对学员课堂参与度的评价	□满意	□较满意	□不满意	
	对学员课程提升情况评价	□满意	□较满意	□不满意	
专家 评价	对青少年宫各项工作的评价	□满意	□较满意	□不满意	
	家长的意见和建议				

广泛收集评价信息，正确处理评价反馈。召开教学评价反馈会，及时肯定长处，对存在的问题提出改进建议。

3.对学员学习的评价

明确评定的范围。根据具体课程目标，采用多样的、开放式的评价方法，如知识技能掌握、实践问题解决、作品展示表演、对学员表现观察、学员成长档案袋等，促进每位学员进步。

设计学员学期素养报告单。报告单内容包括出勤情况、学习评价（学习能力、参与能力、个性情感、学习效果）、教师寄语等。

尝试建立学员成长电子档案。在上述信息的基础上，为每位学员建立网络电子成长档案，保持与家庭互动，记录学员在青少年宫的课程学习成长的轨迹。

七、课程管理体系

（一）课程管理

依据国家、省、市、区教育部门和校外教育机构的指导性文件以及××市青少年宫的育人目标，综合考虑青少年的兴趣爱好和发展需要，依托现有的课程资源，突出青少年宫课程特色，涉及学校、幼儿园的特色，经课程学习共同体及创新研发团队集体审议，成立课程建设领导小组。

（二）师资管理

围绕"育人"这一课程核心，我们根据职能先后进行模块整合，进行青少年宫课程"矩阵式"管理，指向各专业委员会，由各专业委员会牵头组织研究，建立专兼职结合的师资队伍、建立教师专业发展骨干教师培养计划、建立以青少年宫为本的教学教研制度鼓励教师针对教学实践开展研究，根据青少年宫整体课程规划方案，研究编制本专业的学期课程纲要及相应的文本教材，不断完善青少年宫的七彩教育课程体系。

【教学案例】

"专题教育"主题——传统文化（淄博地域文化）版块课程体系

一、课程主题

文化根·民族魂·中国梦

二、课程背景

中华优秀传统文化，是中华民族智慧的结晶，是中华民族的重要文化软实力，为中华民族发展提供强大的精神力量。青少年是我们国家和民族的未来，加强青少年文化自信提升，开展中华优秀传统文化教育，用优秀传统文化统领青少年的思想阵地，并内化于心，外化于行，具有重大而深远的历史意义。

淄博位于山东省中部，历史文化源远流长，是作为中华优秀传统文化重要组成部分的齐文化的发祥地：临淄的齐文化（姜子牙、齐桓公、管仲、孔子闻韶处、晏婴墓、东周殉马坑、蹴鞠……），淄川的聊斋文化，博山的陶琉文化、孝文化，周村的丝绸文化、商埠文化，桓台的马踏湖湿地文化……如此得天独厚、内容丰富、积淀深厚的淄博文化是一份宝贵的财富和教育资源。

××市青少年宫作为淄博市唯一一所市级校外教育机构，自2016年成立传统文化和研学模块，致力于青少年传统文化活动课程的开发和组织、实施。我们通过申请财政活动补贴，以政府购买服务、免费（市内活动）或仅收取食宿成本费（市外活动）的形式组织开展青少年优秀传统文化活动。

淄博市青少年优秀传统文化研学活动是对《完善中华优秀传统文化教育指导纲要》《关于推进中小学生研学旅行的意见》的贯彻落实，是对学生发展核心素养的落实与推动。

三、课程设计理念

（一）整合地方资源，凸显地方特色

以淄博、齐鲁大地的地方特色文化和场馆课程资源为内容，广泛挖掘、有效利用本地的传统文化资源，如临淄的齐文化博物馆、足球博物馆、管仲纪念馆、博山西冶工坊、颜文姜祠、蒲松龄书馆、乡村记忆博物馆等，让孩子们走出教室、走出校门，到社会生活中体验、发现、感悟。

（二）创新形式

游学＋体验。摒弃传统、死板的说教，以游学、体验为主，采用传统文化课程体验、参观历史文化场馆、外出游学、专家讲座、晨诵暮读、体验老游戏等形式，动、静结合，符合青少年的年龄和认知特点。

（三）注重仪式感和思想引领，培育社会主义核心价值观仪式感是孩子不能缺少的成长历程。开营式、闭营式、国庆节升旗仪式、身着汉服在"亚圣庙"施"开笔礼""束脩礼"……神圣而庄严的仪式会净化青少年的心灵；充分利用"餐前感恩""晨诵暮读""美德故事分享会"等形式，强化"五自教育"（自理、自强、自律、自学、自护），让青少年在潜移默化中思想受到熏陶，行为得到矫正，习惯得以养成。

（四）融入少先队元素，让归属感和红色记忆陪伴童年

在研学活动中融入少先队元素：开营"破冰"建队，佩戴红领巾，授队旗、营旗、唱队歌，升国旗、唱国歌。

（五）体现公益性、普惠性

青少年传统文化研学活动仅收取基本食宿费，游学、体验等费用由青少年宫承担，以此带动全社会关注、重视青少年传统文化教育事业。

四、课程对象

小学高年级，每班 30 人。

五、课程目标

（1）通过参观齐文化博物馆、管仲纪念馆、足球博物馆，了解齐文化的历史起源与发展，感受齐文化的核心魅力，知道齐文化在治国理政中的应用及相关历史典故，感知世界足球运动的发展历程及足球文化对社会进步的助推作用。

（2）参观西冶工坊，在了解传统琉璃技艺及琉璃的制作过程中，感知琉璃艺术之美，感受"世界琉璃在中国，中国琉璃在博山"的魅力所在。

（3）通过查阅资料，聆听讲解，品尝美食，制作"豆腐箱子"等，了解饮食文化"四四席"的起源与发展，知道其文化价值及典型菜品所蕴含的传统文化。

（4）走进最美乡村李家疃，了解蒲文化，在乡村记忆博物馆和明清建筑群中寻找爷爷奶奶的"乡村记忆"，感受淳朴的民风、民俗，陶冶民族魂。

（5）了解"年"文化，通过传统剪纸、写"福"字和对联、包饺子等富有生活气息的体验活动，进一步感悟中华传统文化的"和"与"美"。

（6）通过一系列研学课程的体验与参与，能够对我们的家乡——淄博所特有的文化有较为清晰的认识，从中感悟中华优秀传统文化的魅力，把中华优秀传统文化的精髓内化于心、外化于形，做美德少年。

六、课时安排

总44课时，可按课程菜单进行选择、自由组合。

七、课程内容及实施

单元名称及课时安排	单元课程内容	备注
第一单元：修身养性（8课时）	1. 开营式，分享研学旅行课程纲要，了解活动安排，学习相关规章制度。 2. 拜师礼。 3. "破冰"建队。 4. 传统文化实践体验：静心书法、修习太极。 5. 专家讲座：《让我们和礼仪做朋友》《发扬好传统 弘扬好家风》。	统一营服，佩戴红领巾。
第二单元：齐文化（6课时）	1.分享单元课程纲要，了解活动安排，学习《营员守则》。 2.走进齐国故都临淄，参观齐文化博物馆，了解齐文化源流绵长，博大精深，认识在历史长河中孕育的一大批彪炳青史的政治家、军事家、思想家，如姜太公、齐桓公、管仲、晏婴等。 3.通过参观、查阅资料，知道齐文化所包含的齐国政治文化、经济文化、管子学、晏子学、稷下学的发展历史及主要思想观点。 4.集体参观后，学生自由活动，对自己感兴趣的内容进行深入了解，丰富、充实自己的《任务清单》。 5.参观后组织分享会，分享自己的学习收获以及对齐文化的认识。	

单元名称及课时安排	单元课程内容	备注
第三单元：蹴鞠文化（6课时）	1. 分享单元课程纲要。 2. 提前发放《任务清单》，布置任务，学生自己查阅资料，了解足球的起源与发展。 3. 走进足球博物馆，聘请讲解员引领参观足球博物馆，并详细介绍有关蹴鞠和足球的历史、文化，了解蹴鞠的来历和世界足球的发展历史，从蹴鞠到现代足球的发展历程，知道蹴鞠起源于2000多年前的齐国故都临淄（今淄博临淄），淄博临淄被称为世界足球发源地，提升民族自豪感。 4. 通过参观、查阅资料，知道与蹴鞠相关的历史人物、历史典故，增加历史文化积淀。 5. 回顾历史，展望明朝，能与同伴分享自己对振兴中国足球的认识与感悟。 6. 通过户外活动"耍蹴鞠"体验，了解并初步掌握蹴鞠的基本方法与规则。 摸一摸、看一看，观察蹴鞠的形状、材质； 踢一踢，感受蹴鞠与足球的不同； 赛一赛，做一个奔跑的足球少年； 想一想，未来的足球还会有怎样的改进； 试一试，我来设计未来的足球。	
第四单元：陶琉文化（4课时）	1. 分享单元课程纲要。 2. 提前发放《任务清单》，布置任务，学生自己查阅资料，了解淄博陶琉的起源与发展。 3. 走进西冶工坊，参观琉璃制作车间，了解琉璃的制作过程及传统琉璃技艺。 4. 参观琉璃展厅，欣赏传统的鸡油黄、鸡肝石、松石绿等名贵材质的琉璃工艺品，从色彩、造型发现艺术之美，感悟民间艺人精湛的技艺和劳动人民无穷的智慧和力量，感受"世界琉璃在中国，中国琉璃在博山"的魅力所在。 5. 采访琉璃制作老艺人，了解"中国陶琉之乡"的繁荣与衰落，传承与创新。	1. 窑炉温度高，组织学生观看时需注意安全。 2. 参观琉璃展厅时，提醒学生注意爱护展厅、展架、展品。

单元名称及课时安排	单元课程内容	备注
第五单元：家乡美食"四四席"（6课时）	1. 分享单元课程纲要。 2. 制作并发放《任务清单》。 3. 走进聚乐村美食博物馆，了解"四四席"的宴席规制、宴席菜品、宴席特色、文化价值。 4. 了解"四四席"菜肴分类、器皿规制、上菜顺序、就坐就餐礼仪、菜品寓意中蕴含的传统文化，知道四红四喜、四平八稳、四面八方、四季来财等吉祥寓意。 5. 邀请"四四席"嫡系传承人面对面座谈，深入了解"四四席"的特色和蕴含的文化，以及目前"四四席"的传承情况和创新发展构想。 6. 学习制作"豆腐箱子"，品尝"四四席"，感受其在色、香、味、形、具方面的美感和特色，以及其中蕴含的传统文化。 7. 吃"豆腐箱子"：打开盖子，浇上汤汁，称为"开箱取宝"。 8. 品尝"四四席"，体验舌尖上的家乡美味。	动手制作"豆腐箱子"时，为安全起见，只参与部分环节。
第六单元："年"文化（8课时）	1. 分享单元课程纲要。 2. 制作并发放《任务清单》。 3. 传统文化体验：传统剪纸、趣识对联、写"福"字和对联、画年画…… 4. 在前期描红的基础上，教师展示自己创作的各种字体的"福"字，讲解相关字体的书写要领和关于春节贴"福"字的习俗，引导学生用自己喜欢、擅长的字体在教师提供的规范的红纸上书写"福"字，并保存好，带回家进行张贴。 5. 选择（或创作）自己喜欢的对联内容，在教师的指导下按照上联、下联、横批的顺序，用自己喜欢、擅长的字体书写一副自己满意的对联，知道对联张贴的顺序。 6. 指导对联的来历和创作技巧，完成一幅对联的创作。 7. 了解"年"和"饺子"的来历和其中的文化，动手体验包饺子的乐趣。	剪纸时注意用剪刀的安全，并做好环境清洁。

单元名称及课时安排	单元课程内容	备注
第六单元："年"文化（8课时）	8. 年文化主题电影晚会，观看纪录片《中国春节》之"欢庆"。 9. 写一封家书，用书信的形式向家长汇报自己的收获和感受。	
第七单元：蒲文化与乡村文化（4课时）	1. 亲临"世界短篇小说之王"清代文坛巨匠蒲松龄先生生前教书、读书、著书的地方——王村镇西铺村"蒲松龄书馆"，瞻仰书馆，拜谒先生，领略蒲氏家风。 2. 走进最美乡村李家疃，参观"乡村记忆博物馆"，听王氏后裔讲王氏家族的发展史，从明清建筑群王家大院中寻找爷爷奶奶的"乡村记忆"，感受厚重的民族文化和淳朴的民风、民俗，陶冶民族魂。	
第八单元：闭营式（2课时）	1. 营员展示自己的作品。 2. 分享交流活动收获。 3. 做冬令营活动总结，为家长志愿者颁发荣誉证书，为营员颁发证书。	

【课程案例】

优秀传统文化课程——扎染基础课程纲要

一、课程名称

七彩体验——扎染基础。

二、适用对象

6—13岁少年儿童。

三、总课时

4课时。

四、课程类型

☑普及型□提高型□长课程☑短课程

内容类别：□学习与创新技能类□生活与职业技能类课程☑地方文化特色□信息技术与媒体技能类□传统才艺培养。

五、课程简介

扎染是我国传统的工艺，学习扎染能够继承祖国的传统文化遗产，传承并发展地域文化。

扎染基础比较简单易学，适合小学生了解学习。本课程属于普及型课程，引导学生从基础学起，重点学习扎染的捆扎和染色方法。使少年儿童通过学习，促进手脑发育，开发智力等。同时培养学生的注意力、观察能力、创新能力、合作能力等核心素养。

背景分析：扎染是人类最早采用的染织布料的方法，在人类文明史中占据重要的地位。它起源于秦代，魏晋、南北朝大发展，流传至今；现中国、日本、印度、非洲等仍流行，目前中国每年出口量在100万米以上，对于丝绸业比较发达的淄博地区，扎染更是具有地方特色的染织工艺。在我国经历了历史的演变，发展到现在，扎染成为工艺史和科技史中的一个独特的分支，也已经成为我国传统的工艺，更是我们淄博地区地域文化的代表之一，它不仅是锻炼身心的一种很好的载体，同时染织作品也美化着我们的生活。

学习染织工艺不仅可以促进手脑发育，开发智力等，同时培养学生的注意力、观察能力、创新能力、合作能力等核心素养。在国家大力提倡传承文化遗产的背景下，因受机械化、电脑化的冲击一度冷落的手工扎染工艺，在改革开放初期，曾经有一段时间的回暖，得到了一定程度的发展，之后又开始了出现了平静期。现在除了部分专业人士外，大多数青少年儿童并不了解扎染工艺，因而，有必要进行普及性的宣传辅导。

根据党中央关于培养青少年综合素质的文件精神，青少年宫大力开展少年儿童的各种体验活动，不断丰富综合实践项目，尤其是在传统文化的普及传承方面做出了积极的努力并初见成效。推动扎染的系列化、系统化学习，对于促进少年儿童的身心发展，培养热爱祖国、热爱家乡文化的美好情感，传承祖国的优秀文化及地域文化，培养核心素养有重要作用，同时对于综合实践活动基地课程的系统化教学也是一个很好的尝试。

六、课程学习目标

（1）通过认真聆听教师讲解，了解染织工艺部分基础的捆扎和染色要领，养成专心倾听的习惯。

（2）仔细观察教师的示范动作，学习捆扎和染色的方法技巧，养成仔细观察的习惯。

（3）通过观察、思考，理解消化教师所讲要领，进行模仿式练习，尽快掌握捆扎和染色的方法。

（4）在练习掌握教师所授手工扎染方法基础上，开拓思路，寻找更适合自己的捆扎方法技巧，创新捆扎作品，培养创新意识。

（5）在学习手工扎染过程中，以小组为单位进行练习时，能与他人合作，共同完成，并能分享经验，培养合作意识，提升合作能力。

（6）每个作品学习完成后，进行集体总结，与大家分享自己在观察、思考以及在练习过程中的收获和反思。然后以绘画或日记的形式记录下来，养成善观察、勤思考、勤动笔的好习惯，提升绘画能力、写作能力，同时养成善于总结的好习惯，为未来的人生发展打下良好基础。

七、学习主题

扎染基础。

八、活动过程

（1）扎染作品实物展示，激发兴趣导入。

（2）简单介绍扎染的定义、中国扎染工艺的历史及学习扎染的意义。

（3）简单介绍扎染的特点、捆扎方法分类，扎染所使用的材料要求，并分发材料。

（4）重点学习：

第一步，学习扎染的步骤之一——捆扎法。

先让学生观看捆扎物视频，对捆扎物有所了解；教师演示讲解部分捆、叠、夹的扎制方法；学生练习捆扎。重点辅导学生如何设计图案、叠制布料，扎制线绳，以及使用夹子等辅助工具。练习过程中，教师在集体讲解的基础上，引导学生以小组为单位扎制一个作品，教师进行巡回辅导，直至学生成功扎制出作品。

第二步，重点学习扎染的步骤之二——染色法。

先指导学生掌握颜料和水的搭配比例、加热时长，然后逐步指导浸染、固色等步骤及相关时间，让学生逐步掌握浸染技艺。

（5）巩固提升：在前期学习扎制和染色的基础上，进一步提高要求，指导学生每个人创意一至两个图案并进行扎制，然后染色。先引导学生进行发散思维，想象创意自己喜欢的图案并进行扎制，教师进行个别辅导，并辅助学生染色。

（6）拓展学习：向学生简介"缝"的扎制方法及滴染、吊染等其他染色方法，拓展学生知识面，进一步激发其探索兴趣。

（7）分享展示：在学生巩固练习，并初步掌握扎染技术的基础上，学生展示自己的学习成果，并分享成功经验。

（8）活动延伸：回家后将扎染的作品展示给家人看，还可以将扎染方法传授给家人、朋友，达到熟练巩固的目的，鼓励进行进一步的图案创编，并通过网络学习其他扎制和染色方法。引导同学们将今天学习的过程及反思，回家后用绘画、日记等形式记录下来，并在记叙过程中写出自己的收获和乐趣。引导学生学会总结，培养善于总结的好习惯。

九、学习评价活动／成绩评定

本课程采用相关技能评价、过程表现评价与技能展示评价相结合的方法，以及多元主体评价贯穿全过程的评价方法。每人一本"评价手册"，每次活动一张评价表,对整个学习情况进行评价。评价项目包括自评(学习过程)、互评、教师评。根据表现情况,分为优秀、良好、合格、不合格。(为了鼓励学生,一般不采用不合格等次。)

评价方式:

(1)学生自评:每节课结束时,由学生自己对学习体验过程进行评定,并填入"评价手册"。

(2)学生互评:每节课结束时,与大家分享收获和反思,并互相评价别人可取之处,指出可提高或改进的地方。将评价结果填入"评价手册"。

(3)教师即时评价:对学生学习过程中的亮点、优点随时点评、指导。评价结果,填入"评价手册"。

评价说明:

此项评价以鼓励为主,基本达到标准即可得良好,即使完成得不是很好,得合格的同学,老师也要重视他们,在教学的过程中完善教育,用学生接受的方式细心辅导、不断提醒逐步达到目标。不合格选项只是起到约束、提醒的作用,不建议连续使用。老师针对模仿能力弱一点的学生,可通过发表自己的感想、收获来奖励自己,填补到弱项,让学生感觉到只要付出都会有收获。

【课程案例】

"专题教育"主题——传统文化（淄博地域文化）版块学

与教单元课时方案

单元	年文化	单元课时	3	备注
主题	包水饺			
背景分析	饺子，又名水饺，原名"娇耳"，是中国的古老传统面食，源于中原宛城，距今有一千八百多年的历史，深受中国广大人民的喜爱。虽是日常美食，但它的每一个部分，无一不蕴涵着中华民族传统文化，是每家平常时候，更是在年三十晚上必备的美食，表达着人们对美好生活的向往与诉求。在春节来临之际，与学生一起深入了解饺子文化，探究年文化，过和谐年、文化年。			
学习目标	1. 了解饺子的文化，知道饺子与百姓生活的密切关系。 2. 知道包饺子的方法与技巧。 3. 掌握包饺子的基本技能，感受包饺子的乐趣。 4. 感受饺子在"中国传统文化"和"年文化"中的地位和作用，对探究"年文化"有浓厚兴趣。 5. 能与伙伴进行合作，积极参与包饺子体验。			
学习评价设计	过程性评价： 　　全程参与包饺子活动过程，认真观看视频、聆听教师和家长讲解，与同伴分工合作，评价等级为：ABC，视程度不同进行评价，会擀饺子皮的可以提升一个等级。 结果性评价： 　　每人自己动手包饺子 10～20 个，做到"形状基本标准""煮后不露馅"。 知识性评价： 　　活动结束后，能够向同伴分享、交流有关饺子的起源的历史典故、各种馅料代表的含义、不同地域饺子的摆放方式等。评价标准：分享的知识是否点准确、全面；语言是否丰富、生动；能否激发别人聆听的兴趣。			

单元	年文化	单元课时	3	备注
学与教活动设计	一、活动前 1. 师：优秀传统文化研学冬令营的"快乐厨房"开张啦！俗话说"舒服不如躺着，好吃莫过饺子"，今天我们就一起来包饺子。大家想一想：要包饺子，需要准备哪些工具和材料啊？ 2. 小组商量后，提交需要准备的物资清单，教师汇总后列出清单，并根据就餐人数准备好面、馅（肉馅、素馅各适量）、面板、擀杖等工具和材料。 3. 邀请5～6位家长作为志愿者参与包饺子活动。 4. 准备关于饺子文化的视频、PPT、欢快喜庆的音乐 二、活动过程 （一）了解饺子文化 1. 多媒体播放关于饺子文化的视频，以及影视作品中包饺子、吃饺子的场面和镜头，营造"年"的氛围。 2. 营员观看后分享自己的收获和感受。 3. 谈一谈：你吃过哪几种饺子？你知道怎么包饺子吗？你知道不同的馅料所代表的含义吗？ 4. 欣赏视频或PPT，加深对饺子文化的认识和了解。 （二）准备工作 按小组在指定划分区域就坐，净手、领取工具和材料，每组一名教师、两名家长志愿者。 （三）包水饺 1. 教师或志愿者示范擀饺子皮、包饺子，重点示范传统饺子和博山水饺的包法，学生观看、聆听讲解。 2. PPT展示"有文化的饺子馅"，帮助学生了解不同馅料代表的不同含义，并酌情选取饺子馅，为自己的饺子注入文化元素。学生动手包饺子，可以尝试常规包法，也可以大胆创新花样饺子，限定每人根据自己的食量包10～20个饺子。 3. 准备糖、花生、枣、苹果、豆腐、鱼和栗子等包进馅里。 （四）煮饺子 　　为确保安全，学生须远离煮锅，煮饺子必须由教师或家长进行操作，操作的同时，介绍煮饺子的要领和注意事项。			让学生参与准备工作，学生的主体地位得到体现。 家长参与其中，保障活动效果。 在指定区域体验，告诉学生每一样工具和材料的准确名称，注重准备工作，强调卫生、有序；确保活动效果。 博山水饺，家乡的水饺，吃法别具一格，"来自妈妈的味道"。 注重传统，更鼓励学生创新。 限定包饺子的数量，避免浪费或暴食。

续表

单元	年文化	单元课时	3	备注
学与教活动设计	（五）吃饺子 　　比一比，谁包的水饺胖嘟嘟（馅子多）；看一看，谁包的水饺最好看（不露馅）；尝一尝，谁包的水饺最吉祥。（吃到糖的人，来年的日子更甜美；吃到花生的人将健康长寿，吃到豆腐，未来的生活美满幸福；吃到苹果，来年平平安安……） 三、活动评价：分享自己的收获 四：大家齐动手，打扫"战场"			远离隐患，安全第一。 这一环节会让人胃口大开、食欲大增啊！

（二）促进教师专业发展

地域文化课程开展以来，青少年宫形成了浓厚的学习氛围，每一位教师都由本专业跨学科参与到传统文化、地域文化综合实践活动课程的开发与实施中。通过阅读专业理论书籍，教师们的理论水平有了很大提升，教学理念有了新的突破，科研积极性空前高涨，综合素质得到提高，精神底蕴变得丰厚，教师的科研能力逐步由实践型向科研型转变，"科研兴宫"的观念与氛围已逐步形成。

通过本课题的研究，青少年宫组织的每一次综合实践活动，课程内容都有不同的创新点和新发现，参与教师及时把成果、心得、反思等记录下来，形成活动案例，撰写论文，成果收集和论文写作能力也得到了加强，多篇论文、案例（课程纲要）在正式刊物发表，在中国宫协、华东校外分获一、二、三等奖。

（三）构建传统文化活动课程评价体系

传统文化课程评价是课程实施的重要组成部分，评价体系应注意几个方面：一是基于核心素养提升的教学目标，课程评价应注重过程性评价，课程专家、后勤管理人员、学生家长、参与学生等不同主体成为过程评价的主体。二是课程评价应当体现"全面育人"的教育理念，将学生在学习活动中的表现进行全方位评价。三是要采用学生互评、自评等多元化评价方式，让学生成为主人。四是教师要鼓励学生建立自己的实践活动成长档案，记录学生在综合实践活动中的行为表现、情感达成、体验反思。

传统文化研学活动课程采用过程性评价、作品展示评价、结果性评价相结合，多元评价贯穿全过程的评价方法。其中"过程表现评价"以评价表来记录，用"☆"记录学生和小组在各项活动中的表现和成果，5 颗"☆"代表优;4 颗"☆"代表良好;3 颗"☆"代表一般（有待改进）。

具体如下：

1. 过程表现评价

（1）自我评价：

通过这次活动，我知道了……

通过这次活动，我学会了……

在这些活动中，我最喜欢的活动是：……（简单写出喜欢的理由）

（2）同伴、教师评价：

序号	评价项目	评价标准	评价结果
1	文明礼仪	在研学活动中是否做到遵守纪律、使用文明用语、以礼待人。	☆☆☆☆☆
2	合作分享	在研学活动中是否能够和同伴进行合作，并愿意、积极分享自己的发现的问题和收获、感悟。	☆☆☆☆☆
3	活动参与	在研学活动中是否能够积极、主动参与到相关的活动中。	☆☆☆☆☆
4	传统文化知识掌握	在分享过程中分享的知识点和收获感悟的多寡。	☆☆☆☆☆

序号	评价项目	评价标准	评价结果
5	传统文化技艺掌握	完成的作品是否完整以及传统文化元素的体现。	☆☆☆☆☆
6	传统文化认同感	在言谈举止中是否体现民族自豪感。	☆☆☆☆☆

2.展示作品评价

在体验课程规定时间内进行体验，并完成作品，课程结束时完成作品，且作品完整、具有一定的美感即可得 A（5 ☆）；课程结束时未完成得 B（4 ☆），但在课程结束 24 小时后完成即可由 B 上升为 A；活动结束时仍未完成的得 C（3 ☆）。

3.结果性评价

（1）将学生的作品、书信和师生评价表统一放入成长档案袋。

（2）评选优秀学员，颁发证书。

（四）引导学生保持良好的社会道德精神

通过开展传统文化教育，引导青少年建立和保持良好的社会道德精神。例如韩愈的"业精于勤荒于嬉"，曾国藩的"君子之道，莫大乎以忠诚为天下倡"等，都是传统文化中的经典。这些教会了学生要艰苦奋斗、精益求精，对待社会、国家要忠诚，对待自己的职责勇于承担。

（五）强化学生专业技能

在传统文化教育和专业技能教育之间，并不存在矛盾的关系，合理开展优秀传统文化教育，对学生专业技能提升也有促进作用。例如对美术专业的学生，利用传统文化中的京剧、瓷器、山水画等，能够激发创作灵感。所以，优秀传统文化教育对学生专业技能的培养提升是有着较大帮助的，只要根据专业内容和特点，找到优秀传统文化中能够与之契合的内容，并在专业教学中合理应用，对学生专业素质的提升很有意义。

第五章

少先队教育文化构建

"中国少年先锋队是党创立和领导的中国少年儿童的群团组织，是少年儿童学习中国特色社会主义和共产主义的学校，是建设社会主义和共产主义的预备队。"这就是说少先队教育文化应当具有鲜明的政治性、独具特色的组织性、实践育人的目标性。少先队独特的队章、队旗、队徽、队歌、队礼、标志、呼号都有着特殊的意义，少先队的礼仪、鼓号、队服、红领巾等也都体现着少先队的文化。少先队主题队会的仪式感是传承少先队组织文化的重要途径，当少先队员站在星星火炬的队旗下，就感到光荣使命担当在肩；戴上红领巾，就感到革命事业薪火相传；举起队礼，就感到人民利益高于一切；举手呼号，就感到美好理想已经开启；鼓乐响起，崇高情感神圣无疆。那一刻就是少先队文化的浸润而形成的独特文化。

少先队文化的延续性、丰富性、多层次性、特殊性，是符合少年儿童自身的特点和发展的规律，其活动内涵成为少先队文化对少先队员熏陶教育的良好载体和有效形式，是中国先进文化的一部分，是少年儿童成长成才的重要路径，它明确了少先队培养什么人、怎样培养人、为谁培养人的共产主义价值追求。

第一节 少先队组织文化教育

一、少先队组织文化教育的概念

组织文化是指在一定的社会历史背景下，组织在长期的实践活动中所形成的并且被组织成员普遍认可和遵循的价值观念、心理意识、行为规范、活动准则和思维模式的总和。

中国少年先锋队是由 6—14 岁的少年儿童自愿组成的，是中国共产党领导并委托共青团管理的群众性组织，是少年儿童组织在我国的特殊体现。少先队组织承担着对少先队员思想意识、道德品质、价值教育的重要使命。少先队组织文化教育既有组织文化的一般特征，又有少先队独特的组织特点。少先队组织文化是少先队组织得以生存与发展的灵魂，也是少先队组织长期创造的行为、制度和精神财富的总和。

二、少先队组织文化教育的目的和意义

"培养好少年儿童是一项战略任务，事关长远。"少年儿童树立正确的世界观、人生观和价值观，增强组织文化的认同感，是国家和民族未来稳定繁荣的保障。因此，少先队组织文化建设有其现实需求。发挥少先队组织文化教育的作用具有理论和现实层面的重要意义。

（一）少先队组织文化教育能增强队员的光荣感和组织归属感

通过开展"中队品牌化活动"，创建"动感中队"，各中队根据实际，分别创建了"时尚中队""活力中队""自主中队""艺乐中队"等特色中队，增强少先队的活力，使少先队员的光荣感和组织归属感不断增强。

（二）少先队组织文化教育能提升少先队员对组织的认同感

坚持把少先队工作与坚持"德智体美劳"五育并举育人机制结合，把全员、全程、全方位"三全"育人教育理念落到实处，落实"立德树人"根本任务，通过"小学生一日常规养成教育"创新性地开展少先队主题活动，培养少先队员良好的行为习惯，提升少先队员对组织的认同感。

三、少先队组织文化教育的方法与途径

少先队组织文化教育的方法和途径是指少先队的领导层、辅导层和主体层根据一定的组织目标，采用一定的形式对少先队的内外物质资源和精神资源进行加工创造，形成符合组织目标和具有组织特性的物质存在、制度规范、行为表现和价值精神的过程。少先队组织文化教育主要包含人、资源、手段三个方面。

第一，少先队组织有其特定的领导和管理机构。少先队的领导层源于少先队的创立者。2020年7月24日，在中国少年先锋队第八次全国代表大会上修改通过的《中国少年先锋队章程》第二条规定："我们队的创立者和领导者：中国共产党。党委托中国共产主义青年团直接领导我们队。"因此，中国少年先锋队是由中国共产党最高领导并委托中国共产主义青年团直接建立和领导的少年儿童群众性组织。中国共产党、中国共产主义青年团和中国少年先锋队三者之间存在着一脉相承的组织关系。为了促进少先队工作有序开展，建立少先队总辅导员制度，中青发[2003]31号文件《共青团中央关于加强全团带队的意见》中指出："各省（区、市）、地（市）团委应设总辅导员，各县（市、区）团委要在本单位或争取在教育部门设总辅导员。"少先队组织的辅导层是在学校、青少年宫或者社区直接与少年儿童接触、开展少先队教育的一线少先队

辅导员，包括大队辅导员和中队辅导员。一所学校、一处青少年宫或社区设一名大队辅导员，负责少先队的工作部署以及少先队伍的管理建设工作；还发挥着上传下达的枢纽作用。学校、青少年宫或社区均以教学班为单位成立少先队中队委员会，设中队辅导员一名，一般由班主任教师兼任。少先队阵地建设、制度维护、队伍管理、活动举行以及课程安排等都需要大队辅导员和中队辅导员统筹安排并落实推进。由于少先队成员是6—14岁少年儿童，具有半自主性特点，因此需要少先队组织的辅导层在保证少先队员主体性的同时进行适时的启发指导。少先队的主体层是少先队员，是少先队真正的主人。根据队员人数规模的不同，少先队分为大队、中队、小队。大队以学校、青少年宫、社区或校外教育机构为单位，由两个以上的中队构成，设立大队委员会，大队委员会由大队长、副大队长和各个职能部门以及大队委员等 7 ~ 13 人组成。中队以班级为单位，由两个以上的小队组成，成立中队委员会，中队委员会由中队长、中队委员等 3 ~ 7 人组成。小队由 5 ~ 13 人组成，设立正副小队长。少先队领导层、辅导层和主体层的构成，体现了层级严密的组织管理机制，为少先队组织文化建设奠定了重要的基础。

第二，少先队组织文化教育的资源包括少先队已有的、有价值的物质财富、规章制度、行为习惯和信念信仰等等内在资源；还有社会政治、经济、文化、制度、军事等可借鉴的潜在资源。

第三，少先队组织文化教育的手段是少先队领导层、辅导层和主体层在开发利用少先队资源时采取的方法，是少先队组织文化建设的途径。少先队组织文化教育的方法为少先队教育组织形式，即少先队活动。

四、学校少先队组织文化教育建设

（一）学校少先队组织机构建设原则

1. 遵行队章

少先队组织建设按照《中国少年先锋队章程》的规定进行。

2. 立足教育

必须注重建设过程就是教育过程。

3. 队员自理

少先队员是少先队组织的主人，让每一个队员都要有自己的岗位。

4. 常抓不懈

"组织教育"是少先队永存的教育主题，少先队组织建设不是一成不变的，需要常抓常新。

（二）学校少先队小队建设

1.《中国少年先锋队章程》规定

"小队由 5 ～ 13 人组成，设正副小队长。"小队的活跃是少先大队活跃起来的基础。小队建设需做到：

（1）编队——依据队员兴趣爱好自愿编队；依据队员家庭住址编队；依据学习小组编队；

（2）小队长定期轮换——民主选举小队长。小队长 1 人、副小队长 1 人，可设"常任小队长"和"值勤小队长"。也可以设"活动小队长"。

（3）取小队名——体现小队特色。如："向日葵小队"，"一张纸小队"，"百灵鸟小队"等。

（4）设立岗位——设立人人有为小队集体服务的岗位。

（5）开展活动——小队应该自主、主动地开展活动，小队活动一般每周 1 次。

（6）建立小队阵地——如小队日志、小队花角、小队开心农场等。

（7）集体制定"小队公约"。

（8）聘请小队辅导员——由小队自主聘请"小队辅导员"。

（9）激励评价——激励小队集体不断进步。

2. 中队辅导员注意的问题

一是小队岗位的设立，要为小队服务。二是小队活动既要凸现小队特色，又要多彩快乐。三是小队公约须切实可行。四是小队聘请辅导员时，中队辅导员需要出面帮助协调。

（三）学校少先队中队建设

1.《中国少年先锋队章程》规定

"中队由两个以上的小队组成，成立中队委员会，由 3 ~ 7 人组成。"

2. 大队辅导员需要重视的问题

一是"少先队中队"是全队活跃的核心；"中队辅导员"是关键人物。二是大、中队辅导员必须认识"中队的特殊性"。三是中队以"教学班"为基础建立；四是"中队辅导员"由"班主任"兼任。少先队中队的建设，是在这种特殊情况下进行的。

3. 中队建设必须注意的问题

要充分认清班队异同，"班队混淆""以班替队"是在弱化少先队组织的功能，是不科学的。做到以队促班，充分发挥和利用中队组织的功能，既能活跃中队又能促进班级发展，可以获得双赢效果。

4. 中队的地位作用

学校组织的一切教育、教学活动，要通过中队所在的班级进行；小队的工作与活动需经中队领导、组织与发起；中队是队员生活的基本单位，中队辅导员是队员的直接指导者。

（四）学校少先队大队建设

1.《中国少年先锋队章程》规定

"大队由两个以上的中队组成,成立大队委员会,由 7 ~ 13 人组成。"

少先队大队干部工作职责表

职务	职责
大队长	大队长要大胆、沉着,思维敏捷,敢想、敢说、敢做,有开拓精神;有较强的组织能力和号召能力。其职责是负责召集、主持大队委会议;协助制订大队工作计划,进行工作总结;指导中、小队工作;负责组织大队活动;负责上传下达及加强横向联系工作,活跃少先队生活;主持少先队集会。
副大队长	副大队长要有认真负责的工作作风和较强的工作能力,而且要善于同队长合作,有甘当副手的精神。其职责是在队长的领导下,协助队长工作或与队长分工分管国旗队;做好队委会会议记录;大队集会时负责出旗和退旗,大队列队行进时负责执旗。
宣传委员	宣传委员要有敏锐的观察力,思维敏捷,善于捕捉贴近时代、贴近生活、贴近少先队员实践的各种信息,并且能写会画。其职责是负责组织好"红领巾广播站"、黑板报等宣传阵地的工作;负责培训广播人员及有关宣传方面的积极分子。
学习委员	负责红领巾读书、读报活动,管理大队部的图书、报刊,并负责向全大队推荐好书和报刊,做好订阅报刊的工作,准时发放报刊;负责组织大队各种科技和各种知识的学习与竞赛活动。管理少先队各项资料档案归存工作。
文艺委员	文艺委员要有热情奔放、活泼爽朗的性格,并具有某一方面的文艺特长和爱好。其职责是负责组织大队的文化娱乐活动;经常向少先队员推荐好歌、好舞、好游戏;负责培训文艺积极分子;负责协助组织艺术节等文艺汇演工作;负责协助管理各项文艺活动。
体育委员	体育委员要喜爱体育运动,有一项或多项体育技能。其职责是领导各中队的体育委员,负责组织大队体育游戏和体育活动,协助体育老师进行大型集会及运动会的进退场秩序维持、场地安排和一些组织工作;负责各中队课间游戏的组织和监督工作。

职务	职责
卫生委员	卫生委员要帮助同学养成爱劳动、会劳动的好习惯。宣传卫生知识，协助老师管理好卫生检查人员，组织卫生检查、评比，引领队员养成热爱劳动、保护环境的好习惯。
礼仪委员	礼仪委员负责同学礼仪习惯的监督和养成，要以身作则，以身示范，引领校园礼仪新风尚，主要工作：红领巾检查、文明用语检查、仪表仪态检查等。
纪律委员	纪律委员要以身作则，公正无私。其职责是负责管理及监督红领巾监督岗工作；负责协助值周老师及监督岗做好全校纪律检查工作；负责扶助员队伍管理，负责监察队员在校纪律。
国旗班	在队会上护旗，平时保管队旗；大队旗手还要组织训练中队旗手和护旗队员；管理大队室。
广播站	负责红领巾广播站的设施管理、广播监督，协助负责广播站的老师做好广播员的培训、安排等工作，保证广播站的正常运作。

2.制订《学校少先队大队委竞选方案》

【活动案例】

淄博柳泉艺术学校××学年度少先队大队委竞选方案

为了提高××学校少先队组织的整体素质，使少先队组织更具有活力，增强队员们的竞争意识，为队员们创造充分展示聪明才干的机会，搭建一个展示自己才能的舞台，学校少先大队将在中高年级全体少先队员中开展少先队大队委竞选活动，活动方案如下：

一、竞选原则

公平、公正、公开

二、竞选对象

各中队民主推选2名少先队员参与大队委员竞选。

三、竞选形式

采取各中队民主竞选，然后按规定人数申报候选人，进行全校性的竞选活动，最终产生出新一届少先大队委员会。

四、推荐条件

（1）品学兼优的优秀少先队员。

（2）责任心强、思想健康、学习优秀，有组织才能，起到模范带头作用。

（3）能独立完成辅导员交办的工作任务。

（4）有为队员服务的意愿。

（5）在同学中有较高的威信。

五、具体要求

每名参加竞选的中队委员进行2分钟演讲和1分钟才艺展示。

（1）自我介绍。

（2）自己的优势，不足之处。

（3）结合工作实际，谈谈对学校大队部工作的看法和建议。

（4）对竞选岗位的设想。

六、竞选程序

（1）各中队利用少先队活动课时间，民主选出2名参加竞选的少先队员。将报名表交学校少工委，逾期将不能参与竞选。

（2）形式为每人2分钟演讲和1分钟的才艺展示。

（3）除参加竞选人员外，各中队选派2名队员参加活动，参与投票选举。

（4）竞选结果将在学校公示栏公布。

淄博柳泉艺术学校少工委少先大队部

××年×月×日

3.大队辅导员要做好三件事

培训大队长，指导中队委和大队委工作；指导特色中小队建设；引导中队辅导员正确指导中队和小队建设。

（五）学校少工委建设

《中国少年先锋队队章》规定："全国和地方各级少先队工作委员会，是全国和地方少先队经常性工作的领导机构，由同级少先队代表大会选举产生。""少先队代表大会"是少先队组织召开的以队员代表为主体参加的会议，是同级少先队组织的最高权力机构。依据《队章》由同级少代会选举产生少先队经常性工作领导机构的原则规定，作为学校少先队工作委员会，应由学校少代会选举产生。

1. 学校少代会的总任务

把握本校少先队发展方向，总结上一年度工作成果，商定下一年度重点工作。会议达到振奋精神、明确目标的效果。具体任务主要有：审议大队委员会工作报告；少先队员民主提案；商讨、决定本校少先队下一步的发展及其他重大事务；选举产生新一届少先队工作委员会。

2. 召开学校少代会的一般方法

学校少代会每个学年度召开一次，是学校少先队一件喜庆的大事。所以，我们要把"少代会"办得像"少代'节'"一样才好。

"会议方案"是大会的总体设计与安排，关系到会议质量与效果。学校少代会方案，要表述本次少代会的目的、任务，周密计划会议的准备工作与会期安排。凡事预则立，不预则废。一个完整、规范、可行的会议方案，表现出对于会议的筹划、准备深入细致，意味着会议的成功。

【活动案例】

淄博柳泉艺术学校第 × 次少先队代表大会方案

一、会议目的

以习近平总书记对少年儿童提出的"从小就要立志向、有梦想"要求为指南，以学校的办学理念"关爱赏识每一个孩子为孩子的一生发展奠基"为目标，学习、理解少先队基础知识，培养增强少先队员的组织意识，制定、通过《学校少先队员一日常规方案》，努力营造我校少先队组织安静、文明、有序的良好氛围，为少先队员们提供一个自主、快乐的成长环境。

二、会议主题

做安静、文明、有序的好少年。

三、会议时间

××年××月××日。

四、代表组成

本次少代会共有代表120人，其中少先队员代表90人、辅导员代表（含志愿辅导员）20人、特邀代表××人。

五、主要议程

（1）听取并审议××学年度大队委员会工作报告；

（2）审议通过《关于淄博柳泉艺术学校××年少代会民主提案处理报告》；

（3）审议通过《学校少先队员一日常规方案》；

（4）选举产生××学年度少先队工作委员会；

（5）公布新一届少先队工作委员会和大队委员名单。

六、工作安排

1.会前筹备工作

（1）推荐××学年度少先大队委员会委员候选人并公示。

（2）组织少先队大队委竞选。

（3）大队委竞选结果公示。

（4）推选产生淄博柳泉艺术学校第×次少先队代表大会代表：

1）代表人数：各中队推荐队员代表2～3名（包括大队委）。

2）代表条件：①少先队的积极分子，受到队员信任，具有代表性。各年级产生代表时，需注意男生和女生比例、队干部与队员的比例。②

思想活跃，语言表达能力强，能为学校少先队工作及学校各项工作献计献策。③一学年来，在少先队组织生活中有突出表现、获得明显进步、成绩显著或为少先队集体争取了荣誉的队员，可作为代表。

3）代表登记：被推荐的代表，请填写"淄博柳泉艺术学校第 × 次少先队代表大会代表登记表"。

（5）征集少代会提案：

1）提案产生：少代会的队员代表，在本中队征集队员们所关注的少先队组织建设、活动建设，学校管理、学习生活、社会环境等方面的问题提交本次少代会。

2）提案内容：写明所要解决的问题，说明此问题的原由，提出解决该问题的建议。每一份正式提案须有 3 名以上少先队员联名附议。提案内容工整地书写在提案登记表上，字数可 200 ～ 300 字。

3）提案递交：每个中队至少 2 份提案，提前将"淄博柳泉艺术学校第 × 次少先队代表大会提案登记表"交大队部。

（6）其他准备工作：

1）大会筹备组完成的工作：起草《×× 学年度淄博柳泉艺术学校少先队大队委员会工作报告》；起草《关于淄博柳泉艺术学校 ×× 年少代会民主提案处理报告》；起草《学校少先队员一日常规方案》；发邀请函、印制代表证、选票、准备红领巾、制作 PPT 等。

2）各中队委员会完成的工作：组织本中队大队委员候选人、少代会代表的推选工作，填写登记表；组织、指导、汇总少代会代表提案。

2.会期日程安排

（1）少代会开幕式。少先队仪式；文艺演出；校领导与代表互动；作少代会工作报告；"一日常规方案"说明；讨论审议少代会工作报告和"一日常规方案"；提案发布；审议通过"提案处理报告"；民主选举 ×× 学年度少先队工作委员会，公布大队委员名单，商定分工。

（2）少代会闭幕仪式。校领导答复有关提案；表决通过"工作报告""一日常规方案"等决议；新大队委员会就职；原大队长致闭幕词。

（3）会后工作要点：新一届大队委员会作为学校少先队经常性领导机构，执行少代会决议，推进学校少先队进一步发展；当选大队委员进行培训；继续完成提案答复工作；整理会议所有文字材料（电子版或书面版）、影像资料，收存归档。

淄博市柳泉艺术学校第 × 次少先队代表大会筹备组

（六）校内少先队组织机构图

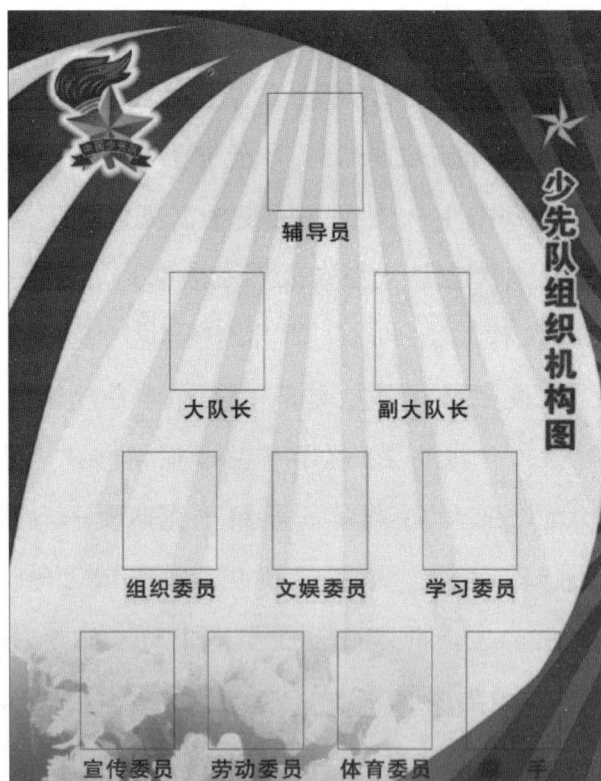

五、校外少先队组织机构建设

为贯彻落实习近平总书记致中国少年先锋队第八次全国代表大会的贺信精神、全国第八次少代会会议精神和新修订的《中国少年先锋队章程》要求,淄博市青少年宫在省内率先成立了青少年宫少先队组织,这是自少先队章程修订后率先成立的青少年宫少先队。

飒飒五星红旗,熠熠星星火炬。在少先队建队 71 周年纪念日来临之际,淄博市青少年宫少先队大队成立暨淄博市红领巾社会实践基地揭牌仪式举行。

在鲜红的队旗下,全体少先队员齐唱队歌、重温入队誓词,有关负责同志宣读少先队大队成立决定、授大队旗并为××市红领巾社会实践基地揭牌,新聘任的大、中队辅导员面向队旗庄严宣誓。市青少年宫在少年宫系统率先成立少先队组织,承担着少先队深化改革试点的重要任务,对于构建资源有效利用、队伍有效动员、队员广泛参与的少先队实践教育和社会教育工作体系具有重大的现实意义,也必将会为全面深化少先队改革提供实践和理论支撑、为少先队事业再添新动能。

广大少先队员牢记习近平总书记的教导,刻苦学习知识,坚定理想信念,磨练坚强意志,锻炼强健体魄,从小学先锋、长大做先锋,为实现中华民族伟大复兴的中国梦时刻准备着。

市青少年宫将以成立少先队大队为契机,继续深入贯彻落实"立德树人"要求,扎实推进少先队组织教育、自主教育、实践教育,突出政治属性、发挥育人职能,创新有效形式、拓展阵地载体,为广大少先队辅导员搭建理论知识和专业技能的学习交流平台,为广大少先队员打造立志向、修品行、练本领的广阔空间,努力将市青少年宫打造成少先队员和少先队辅导员的优质阵地和温馨家园。

（一）青少年宫少先队大中队建设

淄博市青少年宫是对全市青少年进行素质教育和思想道德建设的重要校外教育阵地，也是全市唯一的市级青少年宫。第八次全国少代会修改通过的《中国少年先锋队章程》规定"在学校和社区、青少年宫等校外场所建立大队或中队，中队下设小队"。为落实文件精神，以实际行动贯彻落实习总书记的贺信精神、全国少代会会议精神和新修订的少先队章程要求，淄博市青少年宫成立了省内首个青少年宫少工委；淄博青少年宫率先建立少先队章程修订后的青少年宫少先大队，大队下设绘梦中队、奉献中队、阳光中队、翰墨中队、逸飞中队、朝阳中队、雄鹰中队、艺乐中队、音舞中队等 9 个中队，每个中队民主选举中队委并聘请一名优秀教师担任中队辅导员。

【活动案例】

淄博市红领巾社会实践基地揭牌暨淄博市
青少年宫少先队大队成立活动方案

为积极响应第八次全国少代会号召，深刻领会习近平总书记贺信精神，为新时代少年儿童茁壮成长提供有力条件，团结、教育、引领广大少先队员高举队旗跟党走，传承红色基因，做共产主义事业接班人。经市青少年宫党总支会研究决定，市红领巾社会实践基地、市青少年宫少先队大队举行揭牌仪式。具体方案如下：

一、活动时间

2020 年 10 月 11 日（周日）上午 9:00。

二、活动地点

市青少年宫院内。

三、参加人员

团市委领导、市教育局领导、市少工委领导、区县少先队总辅导员代表、市青少年宫全体教师、少先队员代表（9 个中队）。

四、活动内容

第一阶段：揭牌暨成立大会。

主持人：×××

第一项：升国旗、奏唱国歌

第二项：出中国少年先锋队队旗

第三项：唱《中国少年先锋队队歌》

第四项：领导致辞

第五项：宣读大队委委员名单

第六项：授大队旗、为大队委授标志

第七项：聘请辅导员

主持人宣读辅导员名单并颁发聘书

第八项：重温入队誓词

第九项：为"市红领巾社会实践基地"揭牌

第十项：领导讲话

第十一项：呼号（大队辅导员）

第十二项：退旗

第二阶段：主题活动

主持人：×××　×××

第一项：颁发捐建"希望小屋"证书

第二项：绘制"童心永向党绘就中国梦"长卷

第三项：红歌联唱：《共产儿童团歌》《红星歌》《少年，少年，祖国的春天》

第四项：中队主题活动：勤俭节约爱惜粮食

活动内容：少先大队发出倡议——各中队主题活动（集体学习、"我是节俭小能手"头脑风暴、"我是节俭宣传员"走进社区、公园等）。

五、责任分工

（1）制定活动方案、工作细则。

（2）国旗杆、音响：确保国旗杆能够正常、顺利升降；会场音乐、话筒正常。

（3）主持人、旗手训练及现场指导。选拔、训练主持人、旗手；要求主持人仪态大方，表达流畅，富有感染力；旗手着装统一、动作规范；训练宣誓、呼号、授旗接旗、接受大队委标志等环节；宣誓环节4人扯大队旗。

（4）鼓号队现场演奏《出旗曲》《退旗曲》。

（5）邀请、接待领导嘉宾、领导讲话。

（6）场地布置。

（7）捐建"希望小屋"。落实前期捐款、与团市委相关部门对接活动当天流程。

（8）绘长卷：翰墨中队、逸飞中队、阳光中队、朝阳中队、雄鹰中队。绘制"童心永向党绘就中国梦"长卷,主题为社会主义核心价值观、红色故事、中国梦等。

（9）红歌联唱、指挥指导。排练红歌联唱，第三首《少年，少年，祖国的春天》时，台下队员同唱，并持花束、小国旗挥舞。

（10）主题活动。集体活动结束后，辅导员结合本中队特色带领队员进行中队活动。提前做好活动策划，形成活动方案，注意规范使用红领巾、队旗等。

（11）媒体宣传。联系、接待新闻媒体；活动现场拍照、录像，做好资料留存。

（12）学生发动及现场组织。发动学生参与活动，传达活动通知，活动现场组织学生;练习唱《中国少年先锋队队歌》(唱2段)、练习宣誓、呼号；每个中队在指定区域列队，旗手执旗在队伍前方，中队长在大会开始前向大队长报告：跑步向前，敬队礼，"××中队应到××人，实到××人，报告完毕"，敬礼，向后转，跑步回到队伍中。

（二）市青少年宫少先队组织架构图

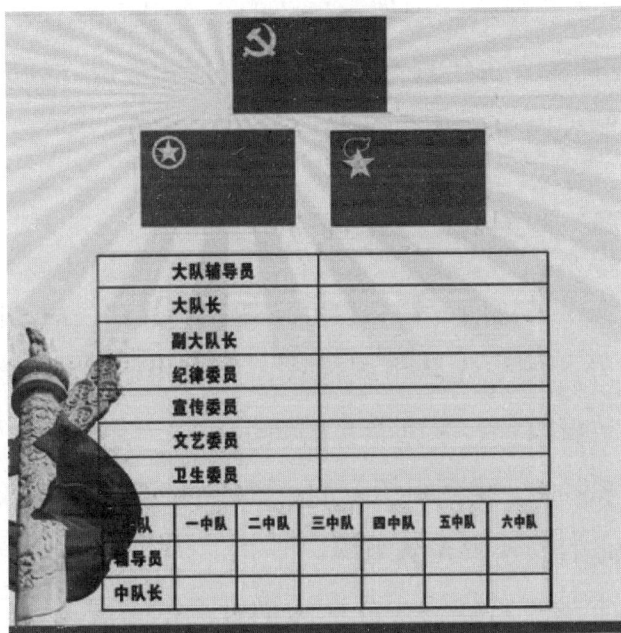

（三）社区少先队组织机构建设

大力发展社区教育，是加快建设学习型社会、提高国民综合素质的迫切需要，是全面贯彻落实习近平新时代中国特色社会主义思想和党的十九大精神，推动社区治理体系建设、提升社区治理水平、建设社会主义和谐社会的重要途径。少先队实践活动离不开社会的支持，离开社会就像无水之源。我们少先队的教育活动在设计目标上是以学校、家庭为主导，如何做好校外少先队活动是我们探索与实践的重点，校外教育活动实际上已经贯穿于社会各个方面，只要是走出校门，有利于学生健康成长的实践活动都是我们应该设计组织实施的。

社区青少年宫的设立为我们近距离服务青少年提供了最基本的条

件，2004年12月1日教育部《关于推进社区教育工作的若干意见》中指出："开展教育培训，是社区教育的基本工作……积极抓好社区内青少年学生的校外素质教育，加强未成年人的德育工作。"2016年6月28日教育部等九部门《关于进一步推进社区教育发展的意见》联合发布，文件指出："社区教育是我国教育事业的重要组成部分，是社区建设的重要内容。"在社区青少年宫等校外教育场所积极成立社区少先队组织，成立程序可参照校内少先队建设模式。

（四）"双减"政策下，少先队的应对对策

少先队必须立足校内、拓展校外，加快恢复社会活动阵地，加快构建"校内＋校外"的少先队组织模式，大力构建社会化工作体系，使社会成为联结学校教育、家庭教育的纽带。

（1）在占领阵地，建立组织方面，"青少年宫、社区、校外培训机构"要建立多种形态的校外少先队组织。

首先要将青少年宫作为少先队迈向社会的重要支点。二要将社区作为少先队组织迈向社会的重要支撑。孩子们放学回家，都是在一个个小区内活动，这是开展少先队同伴教育、实践活动的天然平台。三要将校外培训机构作为少先队组织迈向社会的重要增长点。

（2）在开展活动方面，要进一步坚持组织教育、自主教育、实践教育相统一。面对越来越多社会机构加入实践教育行列、越来越多家长支持孩子参加社会实践的发展形势，少先队组织却囿于学生安全、课业负担等因素裹足不前，每周一课时的少先队活动也大多在教室里完成。事实上是丢掉了实践活动这个"传家宝"、放弃了实践育人这个基本方式。

一是突出活动内涵，铸牢实践之魂。多采用全景式、体验式、沉浸式的实践活动，提升红色教育的代入感、时代感、获得感。

二是丰富活动载体，塑造实践品牌。比如，要着重加强社区少先队活动，积极在社区开展升旗仪式、"国旗下的讲话"、鼓号队训练展演、垃圾分类、劳动实践等活动。

三是建设活动机制，加强实践保障。比如：打造"少先队实践教育地图"，推动革命纪念场馆、博物馆、科技馆、体育馆等公共文化设施常态化免费向少先队开放，组织少先队员开展机制化的"打卡"实践。

（3）在建立队伍、形成机制方面，多种方式建设辅导员队伍、充分用好互联网。不仅要建强校内老师辅导员，也要逐步建立规模宏大的校外辅导员队伍；既可以由学校聘请校外辅导员到校内帮助少先队开展工作，也可以由团委聘请学校辅导员老师到社区、青少年宫等场所帮助开展少先队工作。同时，要注意发挥邻近社区老党员、团干部、热心家长作用，灵活机动地在社区内开展活动。

第二节　少先队制度文化教育

一、少先队制度文化教育的概念

少先队制度文化是由少先队性质所决定，在少先队长期实践中形成，植根于少年儿童群体，面向未来，具有鲜明的政治性、教育性、导向性和实践性，并以一切可以利用的资源为载体的独特的文化。多年来，少先队以其丰富的理论实践，形成了自己独特的教育优势和宝贵经验，形成了自己独具特色的少先队制度文化。

少先队制度文化主要是由少先队组织拥有特别的礼节和仪式所决定的。少先队的章程、党团组织以及教育部门关于少先队工作的规定、少先队工作和少先队活动的相关制度等，用一种适合的文化氛围，把少先队所倡导的文化理念，作有形的或无形的制度物化出来，这就是少先队的制度文化。少先队制度文化建设是少先队组织的重要保障。少先队理论文化渗透和折射着少先队组织独特的文化理念，指导并推动着少先队整个文化体系的不断完善和发展。

二、少先队制度文化教育的目的和意义

新时代少先队要坚定不移把政治启蒙和价值观塑造摆在首要位置，培育共产主义接班人是少先队的根本任务，要强化组织育人理念，发挥好少先队标志礼仪中政治内涵的教育作用，引导少年儿童在集体中逐渐形成共产主义道德，培养能够担当民族复兴大任的时代新人，不断提升少先队为党育人、为国育才的能力和实效。充分发挥少先队作用，是党中央、国务院对少先队工作的要求。充分发挥少先队作用是素质教育内在的必然要求，符合少年儿童的主体需求，符合儿童教育的客观规律，也是我国优良的教育传统。一步实际行动胜于一打最佳纲领，文件规定不落实等于零。怎样落实"充分发挥少先队作用"的文件规定？首先要抓制度落实，把规定制度化，这是最先要跨出的一步，这是基础性的一步。制度是为大家必须遵守执行的权威性法规性规定，它具有固定性、常规性和执行性。制度是法规、政策的保证。少先队工作的核心就是要充分发挥少先队组织的主体作用。发挥主体作用要靠组织主体的自主运作，这就需要有制度保证。要深入学习贯彻习近平总书记关于少年儿童和少先队工作的重要论述，牢记新时代少年儿童事业的政治方向，牢记党的少年儿童工作的战略地位，牢记中国少年儿童运动的时代主题，牢记新时代少年儿童健康成长的正确道路，牢记新时代少先队工作的职责使命，增进事业心。充分领悟党中央的深远政治考量、重大政治寓意和特殊政治关怀，进一步增强为党做好少年

儿童工作的荣誉感和信心决心。要紧紧抓住当前少先队工作的重大机遇，乘势而上、勇于担当，加快推动少先队工作实现大发展、真变革。这也是少先队制度文化教育的目的和意义之所在。

三、少先队制度文化教育的方法和途径

（一）少先队大队辅导员职责

（1）根据上级有关少先队工作的批示和学校德育的要求，制定全学期少先队工作计划，期末做好总结。

（2）根据少年儿童特点，通过少先队的组织形式，组织丰富多彩的少先队活动，配合学校做好队员的思想品德教育工作，并积极组织少先队员参加社会实践活动。

（3）定期召开中队辅导员会议，研究布置少先队工作学习和讨论有关少先队工作的文件、交流经验，虚心听取中队辅导员的意见，不断改进工作。

（4）及时做好中队辅导员、校外辅导员的聘请工作，协助指导他们开展中队工作，组织中队活动。

（5）建立健全大队委组织及少先队值勤工作。认真做好大队委员的改选和分工协作及大中队干部的培训工作，定期召开队干部会议。定期举行少先队员代表大会。

（6）认真做好宣传工作，定期出好宣传画廊、黑板报等，做好红领巾广播。

（7）做好队室布置并经常保持整洁，认真做好资料积累，不断充实队史。

（8）加强少先队工作研究，探索少先队工作规律。

（二）少先队中队辅导员职责

（1）中队辅导员一般由班主任兼任，专职中队辅导员要协助班主任做好各项工作，共同组织和开展好班、队活动，做好家访工作。

（2）日常工作：做好中队委的组织工作。做好教室、环境布置（办好黑板报等）。配齐教室内应备用具。填写好点名册、队员花名册等。对学生进行学校常规训练（抓好学生一日常规：上学、两操、上课、课间、用餐、午休晚睡等）。每天上好所在中队晨会课。参加本班队干部会议和部分学生座谈会。结合学校活动高质量地出好黑板报。开展好主题队会活动。组织队员们定期参加卫生区打扫工作。按时跟班出（课间）课，维护好集体纪律。经常与家长取得联系，家访率达100%。

（三）少先大队委员会职责

（1）制定大队工作和教育活动计划。

（2）组织、管理、检查、评定中队的工作和教育活动。

（3）定期向全体队员汇报大队委员会的工作情况。

（4）及时向有关部门反映少先队员的意见、建议及呼声。

（5）向队员及中、小队宣布有关大队委员会的倡议、决议、和决定，并执行。

（6）按规定坚持评选表彰先进集体和优秀个人。

（7）培训中队、小队干部。

（8）做好小同学的队前教育活动、组织好新队员的入队活动。

（9）认真搞好大队各种队务工作，并发挥其教育作用，督促和检查中队、小队的各种队务。

少先队的干部是少先队的核心，是队组织的骨干。培养好队干部，不仅有利于队干部素质优化，也有利建设优秀少先队集体，促进少先队工作的发展。培训少先队干部，主要是指对少先队干部进行的队的知识和工作技能的教育和训练。队组织经常对干部进行培训，目的是提高他们的工作水平。少先队干部培训的形式与方法是多种多样的。

（四）队前教育制度

队前教育是少先队组织对队龄前儿童进行的"准备参加少先队"的教育。少先队组织要帮助儿童初步了解少先队的知识，明确入队的意义，提高他们争取入队的积极性和主动性，并且以入队为动力，帮助他们在入队前在各方面打下较好的基础。

队前教育是少先队进行组织教育的最佳时机之一。成功的队前教育往往会对今后七年的少先队生活产生良好的影响。

选派小辅导员。即由队员对队前儿童进行教育。这种方法不仅符合低年级儿童的愿望，而且对当小辅导员的队员也是一种很好的锻炼。

队前教育应该有比较具体的内容和目标，我们把它总结为队前教育"十知道"：

（1）知道队的名称，理解"先锋"的意义。

（2）知道队旗的图案和含义。

（3）知道队员的标志是红领巾，了解红领巾的意义，学会系红领巾，爱护红领巾。

（4）知道怎样敬队礼及队礼所表示的意义。

（5）知道队的呼号。

（6）学会写入队申请书。

（7）知道入队的时候为人民做一件好事。

（8）会唱队歌。

（9）知道入队誓词的内容。

（10）知道一个合格的少先队员要做到"五自"（自学、自理、自护、自强、自律）。

【附】少先队入队规程

第一章　总则

第一条　为进一步规范少先队入队工作，保证适龄儿童充分接受队前教育，切实增强新队员的光荣感和组织归属感，根据《中国少年先锋队章程》和有关规定，制定本规程。

第二条　坚持"全童入队"组织发展原则，按照教育充分、程序规范、执行细化的总要求开展少先队入队工作。依据入队标准进行科学评价，达标一批、吸收一批。

第二章　新队员的确定和培养教育

第三条　凡是6周岁到14周岁的少年儿童，愿意参加中国少年先锋队，愿意遵守《中国少年先锋队章程》，就可以向所在学校少先队组织提出入队申请。

第四条　学校少先队组织要高度重视队前教育，加强领导，以政治启蒙、价值观塑造、组织意识培育为重点，根据少年儿童身心发展规律有计划地进行。要从一年级入学开始重点持续开展队前教育，为一年级第二学期开展入队工作打下良好基础。

第五条　学校少先队组织要以"少先队应该是少年儿童学习中国特色社会主义和共产主义的学校，应该是建设社会主义和共产主义的预备队。新时代少先队员要热爱祖国，热爱人民，热爱中国共产党，树立远大理想，培养优良品德，勤奋学习知识，锻炼强健体魄，培养劳动精神，从小学先锋、长大做先锋，努力成长为能够担当民族复兴大任的时代新人"为总目标，在"六知、六会、一做"的入队基本标准基础上，根据实际情况，制定公正、公平、公开的学校入队工作细则。入队工作细则要围绕政治启蒙、价值观塑造、组织意识培育等方面设定具体指标，针对教育过程和成果进行量化评价。入队工作细则须征求家长意见，并进行公示，经学校少工委审议通过后实施。有条件的学校可制作入队手册。

第六条　在适龄儿童完成规定时间和内容的组织教育后，通过自评、互评、他评进行量化评价，将达到学校入队评价指标的少年儿童名单进行公示。根据公示结果确定新队员名单，上报学校少工委审核批准。批准入队后，根据学校实际，分批次或集中统一举行入队仪式，填写《队员登记表》，由大队组织进行队籍档案管理。

第七条　首批入队队员一般不超过班级总人数的30%，入队后参加大队、中队、小队的组织生活。暂未入队的少年儿童，要根据学校入队评价指标，继续接受队前教育，同时也可以参加本年级少先队活动（选举、评优活动除外）。

第三章　入队基本程序

第八条　开展入队工作基本流程

学校少工委审议通过学校入队工作细则，根据细则，对拟担任中队辅导员的人选进行岗前培训，向学生家长做好学校入队工作说明。入队工作基本程序如下：

1. 开展队前教育；

2. 适龄儿童向所在学校少先队组织正式提交《入队申请书》；

3. 开展过程性评价，并根据评价结果，公示确定达到入队要求的儿童名单；

4. 学校少工委审核批准新队员名单；

5. 新队员填写《队员登记表》，少先队大队组织进行队籍档案管理；

6. 分批次举行或集中统一举行入队仪式，仪式要庄重、规范、形式丰富，鼓励家长参加；

7. 成立中队、小队，民主选举中队委员会和正副小队长；

8. 对暂未入队的少年儿童继续根据学校入队评价指标开展队前教

育，按照标准和流程分批次吸收入队，在二年级第二学期结束前完成全童入队。

第九条　入队仪式基本程序

队员入队要举行入队仪式，一般由共青团组织代表或少先队大、中队长主持。基本程序如下：

1. 全体立正；

2. 出旗（奏出旗曲，全体少先队员敬礼）；

3. 唱队歌；

4. 大队委员会宣读组建一年级少先队组织的决定；

5. 大队委员会宣布新队员名单；

6. 为新队员授红领巾；

7. 新队员宣誓（由大队辅导员或大队长领誓）；

8. 为新建中队授中队旗；

9. 为新建中队聘请中队辅导员；

10. 党组织、团组织代表或大队辅导员讲话；

11. 呼号；

12. 退旗（奏退旗曲，全体队员敬礼）；

13. 仪式结束。

第四章　工作保障

第十条　新队员和新聘任的少先队辅导员，首次佩戴的红领巾、队徽、队委队长标志等由学校统一采购配发，所需经费从学校公用经费中支出。

第十一条　《入队申请书》、《队员登记表》由省级少工委监制、学校少工委印制。

第十二条　新中队辅导员上岗前须经学校党组织考察，由学校少工委聘任。应以提升思想政治素质和专业能力水平为主要目标，开展中队辅导员任职前培训。

第十三条　中小学党组织要把入队工作作为少年儿童思想政治教育的重要载体，提供必要的支持保障。

第五章　附则

第十四条　本规程由全国少工委办公室负责解释。

第十五条　本规程发布后，各省级少工委要按照本规程结合本省（区、市）实际开展试点，2020年9月全面施行。

（四）少先队规范的礼仪

中国少年先锋队礼仪，即少先队的礼节和仪式。少先队礼仪是少先队理想和情感的体现，是队旗、队礼、队歌、红领巾、呼号等标志的综合运用，要求规范、严肃。

1.大、中队队会仪式

这是少先队的基本仪式。共青团中央对此有过统一规定。

仪式分预备部分和正式部分。

预备部分：集合列队，整理队伍。

中队会时，由小队长分别向中队长报告人数。小队长向本小队队员发出"立正"的口令，然后跑步到中队长面前，敬礼，报告："报告中队长，第×小队原有×人，实到×人，报告完毕。"中队回答："接受你的报告！"小队长返回原位，发出"稍息"的口令，全小队稍息。各小队长报告完毕。由中队长向中队辅导员报告。中队长向全中队发出"立正"口令，跑步到中队辅导员面前，敬礼，报告："报告中队辅导员，本中队原有×人，实到×人。队会准备工作已经完毕，请您给予指导。"中队辅导员回答："接受你的报告，希望（根据队活动的内容提出简要希望或祝贺）"中队长回原位，发令："稍息！"全中队稍息。

大队会时，报告人数与上述类同。可以免去小队长向中队长报告这一项，由中队长直接向大队长报告。如果中队很多，也可以免去中队长向大队长报告这一项，由大队长直接向大队辅导员报告。报告人与接受报告人对答时声音要清楚、洪亮。

正式仪式部分，程序如下：

（1）全体立正。

（2）出旗。（奏乐、敬礼、礼毕。全体队员必须立正目送队旗行进。）

（3）唱队歌。（或放队歌唱片或录音）。

（4）队长讲话，宣布活动内容。

（5）进行活动。

（6）辅导员讲话（活动结束后的简短讲话）。

（7）呼号（由辅导员、共青团干部或最受尊敬的来宾领呼）。

（8）退旗。（奏乐、敬礼、礼毕）。

（9）队会结束。

2. 新队员入队仪式

与上述仪式基本一致。只是把队会仪式中的四、五两项改为宣布新队员名单。

授予队员标志。（授予者双手托红领巾授给新队员，新队员双手接过，披在自己的颈上，授予者为新队员打上领结后，互敬队礼。）

宣誓。（由共青团组织的代表或大、中队长领导，领誓人读一句，新队员重复一句。宣誓时右手握着拳，举在耳侧。）

在新队员宣誓时，队旗和护旗手要站到新队员的面前。这样就做到了誓词说的"我在队旗下宣誓"。

3. 少先队检阅式

这是少先队进行组织教育的一项大型传统性活动。检阅式上，在队旗的引导下，伴着催人奋进的鼓乐声，少先队员迈着矫健的步伐，高呼着口号，接受领导、英雄模范和老师们的检阅。通过检阅，少先队向领导者和长辈汇报成绩，显示团结奋发、步调一致、天天向上的精神风貌。

（五）学校红领巾奖章评选细则

坚持"全童入队"组织发展原则，按照教育充分、程序规范、执行细化的总要求开展少先队入队工作。依据入队标准及评价细则进行科学评价，达标一批、吸收一批，通过分批入队，激励少年儿童不断提高自己，切实提高少先队员光荣感。

发展少年儿童加入少先队要经过充分的队前教育，达到"六知、六会、一做"基本标准。

（1）"六知"：知道少先队的名称；知道少先队的创立者和领导者；知道队旗的含义；知道队徽的含义；知道少先队的标志；知道少先队的作风。

（2）"六会"：会戴红领巾；会敬队礼；会呼号；会唱队歌；会背入队誓词；会写《入队申请书》。

（3）"一做"：入队前要为人民做一件好事。

认真落实《"红领巾奖章"实施办法》，以红领巾奖章为载体，聚焦少先队政治启蒙和价值观塑造主责主业，根据少先队员获得基础章、特色章和星级章的情况，构建人人可行、天天可为、阶梯进步的"红领巾奖章"评价激励体系，以此作为分批入队的晋级依据。

1. 基础章（必选章）

基础章章目共设红星章、红旗章、火炬章3大章目类别，下设12种基础章，分别对应不同的年级。各年级每学期开展一次基础章的争章评定活动，每位队员只评定一次，获得该章目后以后每学期开展一次基础章的护章评定，评定不合格的收回相关基础章。

2. 特色章（选修章）

根据本校学生实际工作，围绕"德智体美劳全面发展"设定5枚特色奖章，作为基础章的有益补充。学校各年级每学期开展一次特色章的争章评定活动，每位学生只评定一次，获得某项特色章后按照每个年级的新标准进行护章评定，评定不合格的收回相关特色章。

3. 星级章（进阶章）

由校级少工委评定颁发，分为个人和集体两个类别。个人一星章由学校少工委根据少先队员获得基础章和特色章的情况，进行考察、评定、颁发。集体一星章面向中队组织，由学校少工委根据各中队开展"红领巾奖章"争章活动的成效和影响力来进行考察评定。

（六）学校"红领巾奖章"争章细则

1. 定章

每学期开学初根据学校的实际情况，学生的成长需要确定好不同年级所要争得的章目，并进行公示。

2. 争章

（1）首先利用少先队活动课、班会时间使队员们了解争章要求及过程。争章尽可能与体验教育活动、各学科教育活动、兴趣小组活动和假日小队活动相结合。各中队辅导员应结合争章，有意识地辅导学生开展相关活动，协调活动实践课教师为队员争章创造条件。

（2）争章以队员自主争创为主，各中、小队制定争章计划，每月要有重点争章目标，围绕此目标，每月至少开展一次相关队活动。

3. 考章

考评由各中队辅导员与相关任课教师共同进行，要体现小型、灵活，强调简便易行，重在激励，结合学校一日常规要求，围绕文明、安静、有序，参考中队班级优化大师积分，进行考章。考评在中队辅导员的指导下，在中队委员会的带领下，以中队委员、小队长、队员自主考评为主。

4.颁章

（1）大队委每两月利用升旗仪式公布一次获章情况，各中队辅导员将队员们所得奖章做好统计，记录于队员的成长手册上。

（2）各中队每学期评出达到目标的获章队员，并于每学期放假前上报于少先大队，逾期将不能参加星级奖章评选。

（3）大队部将各中队获章情况于学期末在学校公告栏进行公示。

（4）争章活动开展情况和结果将与优秀文明中队、优秀少先队员、校三好学生、十佳、美德少年评比相挂钩。

（5）累计获得八枚奖章的队员，由中队推荐，学校大队部统一颁发"一星章"。

中国少年先锋队××学校工作委员会

（七）××学校小学生一日常规细则

1.安静

（1）升旗仪式或集会无特殊情况时穿校服，少先队员戴红领巾，大队干部佩戴队标志。遵守会场秩序，唱国歌时肃立。

（2）听到上课铃声，静候老师上课。

（3）艺术课学习时，各级部提前10分钟有序由班主任带进艺术楼并安静进各功能室，专业教师提前候课，艺术课结束后专业教师送学生回教室。

（4）抬头挺胸，抬起脚走路。行进过程中不能停顿，如遇拥堵，原地踏步。

（5）路队要靠右边走，注意安全，不在队伍中说话、打闹。

（6）课间操要快、静、齐，做到集合迅速，队列整齐，动作标准，口号响亮。

（7）分餐要迅速、保持整洁。就餐节约、不浪费。收盘子整洁、高效。

（8）午休不要讲话，严格按照午休时间执行。

2.文明

（1）准备好上课用的一切用品并摆放整齐。

（2）老师走进教室，中队长喊"起立"，全体队员立正，师生相互问好，中队长喊"坐下"，要求动作轻，声音小，以免影响上下楼层学生上课。

（3）回答问题或向老师发问时，要请举右手。老师允许后方可回答，回答时立正站好，声音洪亮。回答结束后，经老师允许后坐下。

（4）下课铃响后，老师宣布下课，中队长喊"起立"，全体队员起立，师生相互再见。老师走出教室后，学生方可出教室。如遇到观摩课时，礼貌让观摩老师离开后，方可下课活动。

（5）出入教室，上、下楼梯，要靠右边走，不跑跳、不拥挤、不滞留、不喧哗，更不准在楼梯或走廊打闹、玩耍，不在墙裙、墙角、教室门窗、厕所门等地乱涂、乱画、乱写。

（6）不乱扔垃圾，不乱扔物品，不做激烈、危险的活动，课后可到室外向远方眺望缓解眼部疲劳，做一些放松大脑的舒缓运动。

（7）上厕所，不拥挤，大小便入池，记得冲厕所，注意公共卫生。

（8）校园公共卫生区。保持公共卫生区整洁，主动捡拾校园垃圾、字纸。

（9）爱护校园公共设施，不攀爬国旗台、篮球架、板报架、宣传栏等，不在公共设施上乱涂乱画。爱护花草树木，不折枝叶不摘花，不往花池投放垃圾。

（10）要求教室内四无两整齐，即地面无垃圾，抽屉无杂物，桌面无刻画，墙壁（内外）无印迹；桌椅及劳动工具摆放整齐。讲台整洁，黑板槽内无粉笔灰。班级所对的楼道内无尘土、杂物。

（11）积极参加学校、班级组织的各项兴趣活动，遵守活动纪律，听从指挥。

（12）学校举行的集体活动或安排的事项，准时到集合地点。始终保持队形整齐，场地整洁，认真聆听，鼓掌致谢，集会期间不离队，不走动、不喧哗，有事告知班主任。

（13）坐校车时，要自觉排队上下车，保持车内整洁，车内不做危险动作，不吃东西，不写作业、安静就坐，有序下车。

（14）整理好书包，带齐学习用具，佩戴好红领巾，衣着整洁，有礼貌的辞别家长上学校。

3. 有序

（1）读写姿势要端正，握笔姿势要正确。

（2）听到预备铃声，要迅速走进教室；下午午休结束后，各班文娱委员在教室组织开展好课前一支歌活动。

（3）上午、下午眼保健操要按照节拍认真做操，要求秩序好，坐姿端正，按摩穴位准确，不可无故不做眼保健操。

（4）下操后，各中队要按照要求，保持安全距离整队带回。

（5）进校门自成一队，见到老师要行礼问好。不在校园逗留、不喧哗，按规定路线进入教室。因病因事不能到校的，请家长提前向班主任请假，班主任要及时与家长做好沟通。

（6）倡导值日生提前到校，整理教室，打扫室内外卫生。（路线按就近原则）

（7）艺术课课间休息时，不允许私自离开艺术楼，因病因事请及时告知专业教师。

（8）中午排练同学，请提前告知班主任，排练的同学下午上课前的安全由专业老师负责。不允许中午排练学生无老师监管单独在教学楼逗留，只要参与中午排练的学生一律不再回公寓，只可在艺术楼排练，中午排练时老师、学生不允许大声喧哗，追逐打闹。

（9）课后社团时间，请严格按老师要求准时由生活老师带领去艺术楼参加社团，特殊情况请向专业老师说明并请假，社团活动期间，学生不允许大声喧哗，追逐打闹，安静有序开展社团活动，不可离开艺术楼。

第三节　少先队阵地文化教育

一、少先队阵地文化教育的概念

少先队阵地是指少先队员们自己参与或创设建设和管理，并经常开展少先队活动的场所，它是中国少年先锋队组织对少年儿童进行思想教育渗透和实践体验的主要途径和基本形式。少年先锋队阵地文化是少先队文化的依托，是以显性的方式在通过一定的形式、载体来彰显少先队文化建设的成果。少先队阵地是少先队员和少先队小干部得以经常活动和工作的固定场所。对少先队阵地的管理和使用，只有坚持"面向全体，规范管理，制度完善，人人参与"的方针，才能最大限度地发挥少先队阵地的教育作用。少先队的阵地一般可分为组织教育类、宣传教育类、科普文体类、实践体验类等几类。

少先队组织教育类有队室、队角、鼓号队、红领巾监督岗、光荣榜、红领巾信箱等。

少先队宣传教育有黑板报、广播站、电视台、网站（网页）橱窗、展览室等。

科普文体类有科技馆、图书馆、阅览室、武术室、操场等。

实践体验类有各种校内外劳动实践体验基地、公益劳动阵地、爱国主义教育基地等。

二、少先队阵地文化教育的目的和意义

少先队阵地文化建设应把握好少先队阵地建设校本化、人文化。利用好少先队的各宣传阵地，使校园文化活动丰富多彩。通过队员自我参与，自我设计，自我激励和自我管理等形式，让队员充分施展自己的才华，发挥队员的自主能动性，才能创设好少先队文化阵地。少先队阵地具有多元的独特和效应的功能。它能辐射于德、智、体、美、劳教育和各学科教学中；又因阵地所处领域不同，活动建设管理程度不同，教育目标不同，而辐射于少先队教育的各个方面。少先队阵地文化教育的目的和意义主要体现在可以提升辅导员的辅导潜力，培养少先队员的动手动脑能力，挖掘队员的创新能力，扩展校园文化建设的内涵。通过少先队阵地文化教育使队员们能力得到培养、辅导员技能不断提升、校园文化特色进一步彰显。

三、少先队阵地文化教育的方法和途径

（一）少先队队室

队室是少先队大队部的所在地，是少先队组织教育的阵地，也是大队委员会的办公地点。每个少先队大队都应该有队室。

要充分利用队室，发挥队室的教育功能：组织参观、提供资料、举办讲座、交流经验。

【案例】

××学校少先队活动室布置与使用基本要求

一、总体要求

1.室内建设

（1）布置规范、有品位，忌设计低档随意化。

（2）体现教育性、观赏性，富有童趣，忌内容抽象成人化。

（3）结合本校实际，突出个性特色，忌"千校一样"模式化。

2.使用与管理：坚持经常性、实用性原则

（1）要及时补充各类作品，忌多年不变陈旧化。

（2）要按计划组织活动，定期使用，忌终日不开摆设化。

（3）要加强管理，保持室内整洁有序，忌放任不理闲置化。

二、基本布置标准

（1）一般应以1间普通教室大小为宜，门前要悬挂"少先队活动室"标牌，专室专用。

（2）墙面基本布置。活动室正面主墙上有：呼号、队徽、誓词、队歌、组织、大队学期或年度活动计划安排表等（均可制成展牌）。

1）呼号设置在队室的正面墙最显眼处（呼号：准备着，为共产主义事业而奋斗！）。

2）队徽悬挂在呼号下面中央位置。

3）入队誓词一般放置在队徽下（誓词：我是中国少年先锋队队员。我在队旗下宣誓：我热爱中国共产党，热爱祖国，热爱人民，好好学习，好好锻炼，准备着：为共产主义事业贡献力量！）。

4）队歌和大队活动计划安排表一般在誓词两侧对称摆放，左边为队歌，右边为活动计划安排表。

主墙之外三面墙上：根据空间大小，可适当设置以下内容：

1）一般在主墙的对面墙上面张贴少先队的"八字"作风（诚实、勇敢、活泼、团结）或本校当年少先队教育的主题口号。

2）其余墙面可设计不同主题的专题版块内容，一般包括：

一是党的关怀：以几代中央领导人关心少儿教育的照片、题词为主。

二是多彩的活动：布置动态专栏，可更新。内容是宣传、展示本校大队组织开展的各种有意义活动，一般以张贴图片，并附文字说明的形式呈现。要定期更换有关内容，每学期至少更换两期，突出时效性。

三是光荣的历史：以少先队历史挂图为主，也可布置队知识，如《中国少年先锋队章程》的摘要内容等。

四是光辉的榜样：以各历史时期的优秀少先队员赖宁等以及英雄模范雷锋等榜样为主线，亦可布置本校的先进少先队员个人事迹或特长学生的做法与获奖等情况。

五是可爱的家乡：为对少先队员进行爱家乡以及革命传统教育，可自行设计体现本地特色的版块，如学校所在地域内的名人故事、革命烈士事迹、学校德育基地等，要附图片和文字介绍。

六是我们的组织：以学校大队辅导员、中队辅导员，大、中、小队干部为主体，用姓名、照片、队别展示学校少先队组织知网。

以上版块要因地制宜，灵活掌握，如活动室墙面面积不足，可合并布置或选择其中几个重点部分布置。

（3）室内主要陈设：

1）队旗：旗架一般摆放在正面主墙下的两侧，旗架上中间插大队旗，两边插中队旗。一般制有1面大队旗、6或8面中队旗，安放在旗架上。旗杆配备要标准，大队旗杆高度2米，中队旗杆高度1.8米。大、中队旗配备率达100%。

（少先队组织：一所学校建立一个大队，大队下设中队，中队下设小队。小队由5至13人组成，设正、副小队长。中队由两个以上的小队组成，成立中队委员会，由3至7人组成。大队由两个以上的中队组成，成立大队委员会，由7至13人组成。一般规模的小学建立一个大队、六个中队，即每个年级为一个中队。）

2）会议桌：安置在活动室中央，并按到会人数配上椅子或凳子。开会时摆上座牌，根据本校少先队工作需要设置领导组织（一般设大队辅导员、大队长、学习、劳动、文娱、体育、组织、宣传等委员和旗手）。

3）展台（或柜橱）：设置在活动室四周，有序摆放各类展品。展品分类要清楚,分块摆放不同名称的标示牌。一是学生书画、小制作、校报、手抄报,二是记录少先队活动的文字、图片的档案盒、装帧影集等作品；三是学校获得的匾牌、奖杯、证书等。另有军乐队器材的学校要把鼓、钗、号等上架或入橱摆放。

4）书、报架：室内还可有放置一定数量的队报、队刊和有关少儿教育书刊、读物等。如爱国主义教育、科技、文化、道德修养、英雄故事等方面的图书,《辅导员》《火炬》《中国少年报》《少年智力开发报》等报刊杂志。

三、使用与管理

1.组织各种活动

（1）召开队会:定期在少先队活动室召开大队委会议、中队长会议、少先队员代表座谈会和中队辅导员会议。

（2）组织参观：每年一年级新生入学后,组织他们到少先队活动室参观学习,进行队前教育,使他们了解少先队的基本知识,热爱少先队,喜欢红领巾。在"六一"儿童节、建队日等重要节日,组织少先队员参观队室,利用各种挂图、照片、图书、资料等对队员进行思想品德教育,使队员回顾队史、重温要求,接受队的组织教育,要注重留存照片、文字记录。

（3）举办展览:定期将少队的活动图片、报纸剪贴、科技制作、动手实践作品、书法绘画等作品展出,供观摩学习。还可在学校科技节、艺术节期间,充分利用队室,举办科技小制作、小发明、小创造、小收集和书画、征文等实践成果展等活动。

（4）举行活动:可经常举行小型文艺演出等少先队活动,丰富队集体生活。

2. 规范日常管理

要建立完善的管理制度，搞好少先队活动室日常管理。管理员要做到：

（1）要保管好少先队活动室内各种用品和活动资料。

（2）定期收集各类学生作品，及时整理和更新。

（3）组织少先队员利用课余时间轮流值日，定期打扫队室，保持室内物放有序，卫生清洁。

（二）学校鼓号队

鼓号队是少先队组织文化的标志，是少先队开展一切活动的重要载体，体现着少先队组织的精神风貌和集体作用。少先队鼓号队对于活跃少先队员组织生活，丰富少先队员健康成长内涵，增强少先队活动的仪式感和严肃性具有重要作用。少先鼓号队主要用于少先队的集会和活动，承担党和政府及共青团交办的重要礼仪活动。少先队鼓号队不用于与青少年工作无关的会议或场合。少先队鼓号队具有教育性和严肃性，不得当成民间鼓乐队，不得用于任何个人或商业活动。

少先队鼓号队一般以大队为单位组建，根据声部音量配比合理、队列整齐并便于设计队形的原则，具体编制如下：

大型鼓号队编制 66 人，指挥、副指挥各 1 人，小号（经济条件有限制的地区可将小号统一换成少年号）28 人，大队鼓 8 人，小队鼓 16 人，大镲 8 人，小镲 4 人。

【案例】

××学校鼓号队训练组建计划

一、鼓号队成员招收范围

（1）凡中高年级学生自愿报名,经测试符合要求者,均可参加鼓号队。

（2）少先队员应具有团队合作精神,尊重指导教师、积极、自觉、认真、按时参加鼓号队的培训、排练与演出等集体活动。遵守纪律，有事有病要请假。如队员无故多次不参加训练，将取消其参加鼓号队的资格。

（3）招收人数：

1）鼓号队编制：共计74人。包括旗手护旗手3人，小号8人、萨克斯16人，小军鼓24人，大军鼓8人，大镲8人、小镲8人，指挥1人。根据鼓号队编制再招收队员38人。其中小军鼓20人，大军鼓4人，萨克斯6人，大镲小镲8人。

2）花环队编制：共计40人。预计招收20人。

注：原鼓号队队员不再次参加测试。

二、测试内容

1. 技能展示：现场模唱一条节奏。

2. 协调性展示：双手配合模打节奏。

三、评委及评分标准

1. 评委成员

2. 评分标准

项目	分值	细则	说明
技能展示	60	节奏	节奏正确，速度稳定
		表现力	精神饱满，表情好
协调性	40	双手配合	准确的打出正确的节奏

××学校鼓号队训练方案

一、学生情况分析

（1）各声部人员编制情况：校鼓号队从中高年级的队员中挑选，队员74人，其中，打击乐：大鼓手8人，大镲手8人，小镲手8人，小军鼓24人。管乐：小号手8人，萨克斯手16人。指挥2人。

（2）师资配备情况。

二、鼓号队活动计划安排

排练时间：每周四下午进行集中排练。

冬季时间：4：10-5：30

夏季时间：4：40-6：00

（1）时间：2020年9月17日—2021年1月21日（节假日除外），每周一次排练学习。

（2）地点：学校操场。

四、鼓号队工作重点

（1）组织社员开展以鼓号队为主的多种学习活动，以提高队员的打击乐器的技巧、音乐素养、演出比赛等专业技能，培养队员团结合作精神，促进学生的全面发展。

（2）积极参加校内外各种形式的演出、比赛等活动，活跃校园文化生活，加强艺术、文化、信息和思想交流，扩大社团的影响，创建并弘扬学校的人文精神。

（3）通过各种形式的学习活动及艺术实践，提高学生的艺术修养和艺术兴趣，推动学校精神文明与校园文化建设。

五、教学内容

（1）加强相关视频的欣赏，培养学生兴趣。

（2）加强科学基本功训练，激发鼓号队的演奏兴趣。

六、课程内容

	周次	教学内容
教学进度	1	分配新队员到各声部、回顾上学期内容
	2	鼓号队出旗退旗间奏鼓学习分排
	3	鼓号队出旗退旗间奏鼓学习分排
	4	鼓号队出旗退旗间奏鼓学习分排
	5	进行曲学习分排
	6	开场曲学习分排
	7	检阅曲学习分排
	8	欢迎曲学习分排
	9	队形编排
	10	队形编排
	11	队形编排
	12	队形编排
	13	义勇军进行曲精细训练
	14	义勇军进行曲精细训练
	15	综合练习
	16	综合练习
	17	综合练习

（三）少先队队报

队报的形式很多，属于大队的队报就有墙报、黑板报、手抄报、电脑包等。队报是少先队重要的宣传阵地，也是队员们开拓知识视野、锻炼编辑能力的活动阵地。

如何办好队报呢？办好队报首先要建立两支队伍：小编辑队伍和小通讯员队伍。队报主编由宣传委员兼任，小编辑队伍和小通讯员队伍的负责人担任副主编，吸收各中队宣传委员或队报负责人组成编委会，负责队报工作。

队报的内容要丰富多彩，突出少先队特色和童趣，注重思想性、组织性、知识性和趣味性，反映队的生活和队员们的成长进步。队报可以在版面的编排上设置专栏，专栏要有一个醒目的标题。

（四）红领巾广播站、红领巾电视台

红领巾广播站是大队部主办的校内宣传阵地，通过有线广播的形式进行宣传，开展工作。

【活动案例】

×× 学校红领巾广播站实施活动方案

一、指导思想

红领巾广播站是宣传窗口，是学校德育少先队工作的一个重要阵地，是少先队大队部主办的，是对少年儿童进行思想道德教育的途径，对提高学校德育少先队工作的针对性和实效性起到较大的作用。丰富学生课余生活，传播正能量，宣传学校的新人、新事、新风貌，丰富、活跃少先队员们的课余生活，反映蓬勃向上的校园新风，全面提高少年儿童的素质，创建健康活泼的校园文化氛围，特制订本实施方案。

二、组织机构及职责

1. 组织机构

学校少工委、少先队大队委主要负责监督红领巾广播站的活动开展

2. 广播站站长

要富有责任心，组织能力强。负责红领巾广播站全部活动的开展。

3. 广播站副站长

要有责任心，协调能力。协助站长管理广播站的运转。

4. 广播站播音组长

副组长：要普通话标准，语言可塑性强。广播栏目的主持人的敏感性应变能力要强。

三、广播站播出时间及投稿要求

周一至周五早 7:35—7:55。

（1）在广播站首行写上班级、姓名、栏目、周次；

（2）稿件文档要写题目；

（3）稿子篇幅页数在1页之内；

（4）每周四上午交下周稿子；

四、主要栏目

分别是新闻天下行、知识袋袋裤、音乐伴我行、英文趣事、美文欣赏。

六、广播模式

××学校广播站广播稿：

大事小事，事事关心。老师们，同学们早上好，今天是××年××月××日，欢迎大家收听每周三的新闻走天下，我是主持人×××。

首先关注校园新闻：

本站消息：在××年度 CCTV 英语风采大赛中，我校学生表现优异，又传捷报。本次共有64人参加，2人获省一等奖，7人获省二、三等奖，12人获淄博市特等奖，38人获市一等奖，23人获市二、三等奖。通过参加此次活动，既让同学们有了锻炼和展示自己的机会，并在校园再掀英语学习热潮，同时也是我校英语优秀教学成果的一次展示。

再来关注一条新闻：

近日，省、市文明办、市教育局日前发出通知，今年"六一"期间继续在全市未成年人中广泛组织开展"学习雷锋，做美德少年"网上签名寄语活动。

通知要求，5月16日至6月15日，要以"学习雷锋，做美德少年"为主题，以网上签名寄语活动为载体，引导未成年人向道德模范、最美人物和身边好人学习，见贤思齐，从力所能及的小事做起，培养社会责任感、创新精神和实践能力，培养实现中国梦的人生志向，自觉在家做一个好孩子，在学校做一个好学生，在社会做一个优秀小公民。

活动期间，××市将举办全市"学习雷锋，做美德少年"网上签名寄语活动启动仪式，组织未成年人登录中国文明网，开展网上签名寄语，抒写学习、崇尚和争当美德少年，弘扬雷锋精神的心得体会。留言寄语要求主题突出、健康向上，反映真情实感，可以个人名义，也可采用小组、团队、班级或家庭等方式进行。

最后关注一下今天的天气情况，今天淄博白天到夜间多云，最高温度33℃，最低温度20℃。

大事小事，事事关注，周三的新闻走天下到这儿就结束了，明天再见。

（五）红领巾执勤监督岗

"校园红领巾执勤监督岗"是由学校少先队员发起的、以协助学校维护校园周边的治安环境、维持学校纪律、维护校园卫生环境协助老师搞好安全值班工作的少先队自治组织。

红领巾执勤监督岗检查要点：

1. 行为习惯

（1）是否佩戴红领巾。

（2）检查带零食、玩具危险品进校的现象。

（3）检查在学校内有无不良行为举动。

（4）检查在校园内追逐、骂人、打架、大声叫喊、做不正当游戏的现象。

（5）检查损坏学校公物、乱爬体育设施（乒乓球台、篮球架等）、攀折花木等现象。

2. 眼操、课间操、集会

（1）课间操做操队列整齐、态度认真，班主任到位。按秩序解散时是否列队朗诵诗词或国学经典。

（2）眼保健操时保持安静并闭上眼睛认真做眼保健操。

（3）升旗仪式、大型主题活动时的集合速度与纪律。

3.卫生

（1）检查教室卫生

（2）检查各班的公共卫生区。

（六）爱国主义教育基地

使用爱国主义教育基地要注意：

（1）努力营造弘扬和培育爱国主义情怀的浓厚文化氛围。挖掘特色资源,凸显地域特征。充分利用校内教育资源进行少先队爱国主义教育。

（2）依托基地成立特色中队、小队，寻找爱国人物、讲述爱国事件、做一件体现爱国主义的事，将培育爱国主义精神与少先队活动相结合。

（3）开展红领巾走进爱国主义教育基地"五小"（小讲解、小保洁、小记者、小保安、小宣传）志愿者服务活动，充分发挥基地教育作用，让队员在实践中体验、在体验中成长。

第四节　少先队实践文化教育

一、少先队实践文化教育的概念

少先队实践文化教育是指为促进学生全面发展，通过探究、实验、服务、制作、体验等方式，以认识和了解人类社会、培养学生综合素质为目标进行的各类社会性实践教育活动。少先队活动文化不仅是少先队文化内涵的体现，也是少先队文化的内在本质。

（一）少先队实践文化教育产生的背景和特点

少先队实践文化教育与传统学校教育既有联系又有区别。随着时代的进步和社会的发展，传统的教科书式的静态理论教育模式已经无法满足人们的需求，灌输式教育已经落后于时代的发展要求。构建理论与实践相结合的全方位教育体系势在必行。实践文化教育就是在这样的背景下应运而生。

少先队实践文化教育依托各种实践基地和企业、公司、农村、部队、政府部门、社会团体、图书馆、展览馆、历史博物馆、爱国主义教育基地、各行各业的杰出人物等物质条件，通过亲自动手做实验、模拟、观摩、参观、考察、走访与社会调查等实践方式，使教育充满源于实践的乐趣、不断创新生命活力。

（二）少先队实践文化教育的基本理念

1. 以培养学生综合素质为导向

坚持学生的自主选择和主动探究，聚焦社会生活、职业世界和个人自主发展的实际需求，鼓励引导学生走出课堂、走进生活，在实践中发现问题、认识问题，综合运用各学科知识分析问题、解决问题，以提升学生的综合素质为目的，着力强化社会责任感、创新精神和实践能力等一系列核心素养。

2. 聚焦学生的生活世界

推进学生对自我、社会和自然之间内在联系的整体认识与情感体验，在自主选择、主动实践中树立正确的世界观、人生观和价值观。将知识运用于生活实践，在生活实践中印证知识，引导学生从生活的细节中感悟生命的真谛，探索成长的乐趣。

3. 倡导自主参与式实践学习

鼓励学生自主选择、自定计划、主动实践，将学生的心理建设、学习动力、兴趣爱好等实际需求置于核心地位，帮助学生完善、健全自主意识和自我能力，助力学生的成长和发展。

4. 坚持多元评价和综合考察

二、少先队实践文化教育的目的和意义

鼓励引导队员通过实践活动，进一步丰富队员的实践、生活经验，增强生活技能和适应社会、适应自然的能力，形成并逐步提升对自我、社会和自然之间联系的整体认识，具有价值体认、责任担当、问题解决、创意物化等方面的意识和能力。

（一）少先队实践文化教育的目的

1. 价值体认方面

通过参与少先队实践文化教育活动，使少先队员获得有积极意义的价值体验，在教育学习中树立远大理想，在探索实践中培养优良品德，努力成长为德智体美劳全面发展的社会主义建设者和接班人。教育引领少先队员从热爱集体、关心他人、团结友爱、乐于奉献、遵纪守法做起，在日常生活中培育全心全意为人民服务的精神，逐渐养成共产主义道德观。

2. 责任担当方面

鼓励引导学生在生活中聚焦热点，自选主题，自主开展服务活动，大力培养为人民服务的奉献精神和强国有我的自强精神。

3. 问题解决方面

在教师的引导下，能够发现并提出实践活动中自己感兴趣的问题，

同时结合所学知识，能够有针对性地提出自己的想法和观点，形成对问题的初步解释。

4. 创意物化方面

通过实践活动，能够初步掌握初级的生活技能和常识，学会运用科技手段和器材设备，设计制作简单的创意作品，逐渐培养将信息技术、科学技术服务于学习和生活的良好习惯，学会用创新的方式、科技的手段解决实际问题。

（二）少先队实践文化教育的意义

1. 提升综合素质

青少年成长过程的大部分时间是在学校里度过的，缺乏生活体验和实际知识。开展少先队实践文化教育，能够促进学生理解和消化教师传授的知识和技能，丰富理论认识的内容，培养学生的动手能力、社会活动能力、发现与解决问题的能力、创新能力和认识能力；使学生亲身体验我国各方面巨大变化的事实，从而更加坚定社会主义信念，增强实现社会主义现代化的信心，不断提高思想觉悟水平。

2. 培养爱国情操

大力培养少先队员对党和祖国的朴素情感。引导广大少先队员发自内心热爱党、热爱祖国、热爱人民，发自内心拥护中国特色社会主义，在少先队员心中埋下为共产主义事业而奋斗、为实现中华民族伟大复兴而奋斗的理想种子。

3. 完善教育体系

少先队实践文化教育是素质教育的重要组成部分，是低学龄段人才培养的重要环节，能够有效地弥补课堂教育缺少实践应用的短板，打通课堂和社会、知识和创造、学习和探索之间的沟通壁垒，解放学生的思想，激发学生的兴趣，在实践中丰富知识结构，增强知识储备，夯实素质基础。

4.树立价值观念

坚持立德树人，把培育和践行社会主义核心价值观贯穿少先队实践文化教育之中，帮助少先队员明德修身，树立正确的价值观念，教育引导少先队员心有榜样，学习英雄人物、先进人物、美好事物，从小做起，从自己做起、从身边做起、从小事做起，养成好思想、好品德，在积极的氛围中健康成长，扣好人生第一粒扣子。

三、少先队实践文化教育的方法与途径

为贯彻落实全国和山东省教育大会精神，根据教育部《中小学综合实践活动课程指导纲要》《中小学德育工作指南》等文件要求，淄博市青少年宫抢抓机遇，在对全市中小学生德育工作和社会实践活动发展现状进行考察调研的基础上，结合"五自"教育要求和全市教体文旅融合发展新趋势，对少先队实践文化教育在系统性、品质性、时效性以及文化赋能等方面提出了一系列的思路和措施，持续开展各类实践文化教育活动。逐步形成学校教育、家庭教育和实践文化教育"三位一体"、协同共促的发展优势。通过与社会资源和基地强强联合，优势互补，提升带动全市实践文化教育整体发展水平。打造全市中小学生实践文化教育新窗口、文旅教体融合新范本、创新教育发展模式，为推动全市教育行业整体发展创造新需求、打造新标杆、注入新动力。

（一）红领巾跳蚤市场

"跳蚤市场"起源于19世纪末的法国，是旧货交易市场和便宜商品集散市场的统称。"红领巾跳蚤市场"就是让小学生把自己不用的东西交换或者出售的场所。市青少年宫立足我市青少年社会实践发展需要，

积极落实党的十九大关于"倡导简约适度、绿色低碳的生活方式"和"建设美丽中国"的重要指示，旨在通过开展市场交易活动，推广循环利用、生态环保的理念，实现学生之间的资源共享，增强学生的团队意识，培养和加强合作、动手、交流、创造等能力。

1.品牌特色

"红领巾跳蚤市场"活动开展以来，吸引了极高的社会关注度，大量学生、家长、学校和教育机构参与其中。火热的"交易"氛围极大地提高了孩子们的沟通交流能力。活动现场特设爱心捐款环节，筹得的爱心善款将直接捐赠给重庆市石柱县鱼池镇白江小学家庭困难的孩子们，给他们带去学习用品和爱心物资。别出心裁地设计不仅充分体现了淄博市青少年宫的公益性职能，更激发了孩子们内心深处巨大的爱心和奉献精神，引导他们懂得感恩，懂得珍惜美好生活。

2.活动效果

据统计，"红领巾跳蚤市场"活动于××年启动实施，直接参与人数达千余人次，交易物品千余件，共筹集善款××万元，宣发稿件××余件，发布微信公众号文章××余次，产生了良好的社会影响，极大地推动了淄博青少年社会实践活动的开展。

【活动案例】

××市"红领巾你我同行"跳蚤市场活动方案

为充分发挥××市青少年宫的公益性职能，培养青少年儿童的公益爱心，激发他们内心深处巨大的爱心和奉献精神。"红领巾你我同行"跳蚤市场活动即将开展。此次活动将有爱心捐款环节，筹得的爱心善款将为重庆市石柱县鱼池镇白江小学家庭困难的孩子们购买学习用品和爱心物资，让我们手拉手共建美丽家园！活动方案如下：

一、活动主题

××市"红领巾你我同行"跳蚤市场

二、活动时间

6月1日（周六）上午 9:30—11:30。

三、活动地点

××市青少年宫篮球场。

四、活动对象

全市青少年儿童。

五、活动物品类别

图书、学习用品和资料、玩具、手工及绘画作品等。

六、活动交易形式

出售、购买、捐赠等。

七、活动前期筹备

（1）制定活动方案和起草《致家长一封信》征求领导意见；

（2）对活动现场进行规划布置；

（3）在青少年宫网站、微信、LED屏等电子信息平台上进行宣传，制作活动宣传片、制作活动宣传海报及展板；

（4）印发《致家长的一封信》及报名表；

（5）收集活动报名表、录入电子表、报名登记等工作；

（6）安排相关工作人员的分工。

八、活动具体形式

（1）通过各班教师提前跟学生和家长做好宣传工作，发放《致家长一封信》及报名表，准备活动物品。

（2）将报名表填写好，并投放到××市青少年宫教育服务中心和青少年宫保卫室的报名表回收箱。

（3）学生可提前自行或共同设计特色招牌、广告宣传语等，制作宣传海报。

（4）工作人员做好学生的入场登记。

（5）学生捐款前，先到工作人员处签字登记，之后投币照相留影，领取小纪念品。

凡是参与活动的同学每人均可获得由共青团淄博市委颁发的证书一张。

活动结束后，所得善款全部放在"××市青少年宫跳蚤市场爱心基金"里，用来购买学习用品以资助贫困家庭的少年儿童，捐助情况将及时向广大家长和学生予以公示。

九、活动规则

（1）本次活动交易物品为私人的二手物品或全新商品。

（2）严禁诋毁其他人的同类产品。

（3）在交易过程中，买卖双方要保护好自己的财物，如有损失自行承担。

（4）买卖双方的物品价格由物品本人自己估计，物品买卖价格由双方协商自愿购买。

（5）跳蚤市场买卖双方应本着公平、诚信、自愿的原则进行交易，严禁不正当的竞争。交易中买卖双方对物品价格、质量如存在异议，应协商解决，切不可发生争执甚至打斗。

（6）买卖方在收取现金时，要自行确认其货币的真伪。

（7）进行交易期间，工作人员要维持好现场秩序。

（二）少年军校

少年军校是共青团、少先队组织在全国少年儿童中开展思想意识教育、社会主义核心价值体系教育、国防教育和综合素质教育的品牌活动与重要载体。它是新形势下围绕少先队组织的根本任务，推动"三观""三热爱"主题教育活动的重要研究实践阵地。它是加强少先队活动的普遍性、针对性、适用性的重要突破口，是实施素质教育和加强未成年人思想道德建设的重要抓手和载体，也是共青团、少先队组织进行工作社会化的探索，成为少先队活动品牌。多年来，少年军校活动在解放军、武警部队、公安部门、教育部门和国防教育机构的大力支持下，经过不断探索和实践，取得了良好的教育效果和显著的社会效益。近年来，少年军校活动发展迅速，有效延伸了共青团、少先队工作的手臂，团结、凝聚了全国众多热心国防教育及未成年思想道德建设事业的校长、教师、辅导员和社会有识之士，壮大了少先队工作者队伍的力量。少年军校活动影响力和吸引力不断增强，深受广大青少年的热情欢迎和积极参与，也越来越受到社会各界的广泛支持和肯定。

1. 品牌特色

军校模式，文明精神，野蛮体魄。采用军校管理制度，要求学员定时起床，操练，用餐，就寝，军容须整洁，站有站相，坐有坐相，走路要挺、要走直线，内务须横平竖直，言行举止文明有礼，从日常生活中贯彻条例，从细节和小事当中培养学员严谨细致，雷厉风行的军人作风。专业军事课程研发，以军事训练为基石，设定八大军事课程，摒弃传统枯燥军训模式，开展野外求生，军事演习，军事体验，战争分析，团队拓展等一系列紧张有趣的体验式教育活动，将学员带入情景，激发其内心潜能。专业军训资质，清洁食堂，独立安全，全程监控，标准保险，保障有力，家长安心。

2. 活动效果

突出思想品德和行为规范的养成教育；强化对营员进行体能和初级军事技能的训练；让孩子以"军人为榜样，夯实自我；以军营为起点，凝练自我；以军旅为参照，实现自我"。引导营员培养团结一致、密切合作、克服困难的团队精神，树立敢于面对困难和战胜困难的信心，增进成员之间的情感交流，增强团队凝聚力。

3.体验主题

"我阳光"——行为习惯养成；"我文明"——礼节礼貌培养；"我能行"——自救自护学习；"我勇敢"——高空拓展挑战；"我健康"——体能体质锻炼；"我快乐"——军事趣味游戏。

【活动案例】

少年军旅夏令营——行程安排

第1天——军营集结、破冰启航。

上午:营地报到、发放服装、用品，编班造册、教官见面、分配宿舍、参观营地、熟悉营地生活设施与训练设施。

下午:开营仪式、授旗仪式、教官代表作开营动员讲话，并提要求，营员代表发言表决心，集体宣誓，签军令状；教官自我介绍、教官军容军纪示范、教官队列表演；军容军纪、仪容仪表与队列训练。

晚上：第一次班会：组建团队、起队名、选队歌、定制口号、营员自我介绍、选队长、制定值日官制度。军旅日记。

第2天——我是一个兵、行为习惯养成。

早上："拉响警报"、紧急集合。早操。

上午:军事训练——单个军人队列动作（立正、稍息、跨立、蹲下、起立、敬礼、礼毕）、行进与停止（齐步的行进与立定、正步的行进与立定、跑步的行进与立定）

下午：队列大比拼，队列表演与队列考核；授衔仪式，颁发肩章，成为一名光荣的中国少年军校学员。

晚上：内务训练：叠被子、打背包、物品摆放。军旅日记。

第3天——团队协作、沟通能力培养。

早上：内务整理、物品摆放。早操

上午:防恐演练:警棍盾牌、防冲撞术、围困术、护卫术、盾牌人墙、自我防护训练。

下午：团队协作训练：无敌风火轮、多人同步、捆绑行动、能量传输。

晚上：歌声飞扬：学唱军歌。军旅日记。

第4天——勇敢机智、思维模式拓展。

早上：军容风纪检查。早操。

上午：武器训练：枪械知识讲解，枪械实操，枪械运用；战术训练：高姿匍匐前进、低姿匍匐前进。

下午：我是特种兵：野战游戏、士兵突击、穿越火线、红蓝军对抗。

晚上：设置暗号、布置岗哨：站岗、巡逻、暗号、查哨。军旅日记。

第5天——强健体魄、挑战自身极限。

早上：体能训练、跑步。

上午：队列训练，汇报表演彩排。

下午：邀请家长观摩汇报表演、表彰评比；颁发结业证、荣誉证书、奖章、纪念品；告别战友、告别教官、告别军营；愉快返回。

（三）超体重学生健康夏令营

超体重学生健康夏令营是淄博市青少年宫为落实上级指示要求，利用暑期时间进行的一项长期的社会性公益活动，坚持以"运动快乐，享'瘦'生活"为主题，秉承"安全第一、健康第一"的理念，目的在于通过科学的训练，矫正超体重少年儿童的饮食习惯，帮助他们树立正确的饮食观、生活观、运动观和健康观，提升我市少年儿童身体素质和健康水平，进一步引导社会、家长关注肥胖少儿群体，倡导健康生活方式。

1. 品牌特色

市青少年宫组织优秀一线教师、专业教练员、优秀志愿者辅导员成立师资团队，结合营员身质体能、心理现状等因素精心编制训练计划，科学设置活动课程，以体验式活动为载体，以良好生活习惯养成为目标，通过户外有氧训练、健身操、武术操、球类运动、团队素质拓展训练及健康教育课程等集科学性、趣味性于一体的活动，让孩子们在全封闭的体验环境中，感受团队的力量、体验运动的快乐。邀请健康教育专家和营养专家为营员进行健康教育及健康饮食讲座，并为营员制定了科学合理的膳食结构和餐饮食谱，根据每日所需能量和三餐分配比例调整营员日常饮食结构，满足正处在生长发育期的肥胖青少年的营养需求，从而建立超体重中小学生群体健康教育的长效机制，逐步改善、提高超体重少年儿童身心健康。同时辅以非物质传统工艺和科技制作等综合实践活动，让孩子们身体得到锻炼、意志得到磨练的同时，对传统文化和科技产生浓厚的兴趣。

2. 活动效果

自 2015 年启动以来，活动得到了团市委、市体育局、市教育局、市财政局、市卫计委、山东理工大学、市青少年示范性综合实践基地等部门和单位的大力支持。10 余家主流媒体持续关注并深入报道，共进行推广宣传 300 余次，信息触达人数 8000 余人，得到了社会、学校、家庭和学生的一致认可，在突出公益职能的同时，产生了良好的社会效益和示范带动作用。

3. 特色课程

卫生与救护：通过学习，使营员了解掌握个人卫生、训练伤防治以及救护的基本知识和技能，为日常生活中防治训练伤和开展自救互救奠定基础。

定向越野：培养营员独立分析问题、解决问题的能力和良好的逻辑思维能力。强健体魄，培养独立思考，独立解决所遇到困难的能力及在体力和智力受到压力下做出迅速反应、迅速决定、准确判断的能力。

野战游戏：通过模拟战场情景下进行实兵对抗演练，增进团队协同配合，提升个人运动能力和判断能力，在游戏中感受军人战斗的真谛。

无线电猎狐运动：使营员能够了解无线电猎狐运动的基本情况，并且能够熟练地使用无线电测向设备，培养营员独立分析问题、解决问题的能力和良好的逻辑思维能力。强健体魄，培养独立思考，独立解决所遇到困难的能力及在体力和智力受到压力下做出迅速反应、迅速决定、准确判断的能力。

活字印刷：与语文课堂古诗词结合，在进行活字印刷的同时可结合古诗词展开背诵竞赛等环节，与课本知识衔接，培养学生文学素养，激发学生学习语言的兴趣。

烧饼制作：通过周村烧饼为学生简单延伸商埠文化，学生亲自动手制作烧饼并品尝，传递劳动光荣的意识，引导学生分享劳动心得和体会。普及劳动教育，让学生体会劳动后收获的喜悦，培养学生积极劳动的意识，让学生形成家乡文化认同感。

航模无人机：学习无人机飞行技术，让学生进行无人机操控的初体验。

绘制脸谱：介绍中国国粹京剧的发展历史，以及不同行当脸谱的特点、代表性演员等，播放经典京剧片段。指导学生完成脸谱绘制，引导学生发挥想象力绘制专属脸谱。传播传统文化，激发学生绘画乐趣，提高学生观察力和创新思维能力。

户外中低空拓展：锻炼上肢和下肢的协调能力、四肢力量；培养挑战自我的精神和勇气，增强胆量和毅力；培养团队合作精神和协调能力，增进责任感和自我牺牲精神；树立面对困难永远向上，勇攀高峰的信心。

团队熔炼拓展：开展管理金字塔、数字城堡、盗梦空间、管理七巧板、挑战150、鼓舞向上等项目。团队各组成部门在互动过程中，理解不同层次之间沟通与协作关系、培养学生全局观念与责任意识、体会团队合作的重要性，营造良好的工作氛围、学会在众多问题中，抓住主要矛盾，解决主要问题。

【活动案例】

××市中小学"超体重学生健康夏令营"实施方案

为一步提升我市少年儿童身体素质和健康水平，引导社会、家长关注肥胖少儿群体，倡导健康生活方式，团市委、市体育局、市教育局、市财政局、市卫计委决定于2018-2020年暑假联合举办××市中小学"超体重学生健康夏令营"活动，方案如下。

一、指导思想

坚持以习近平新时代中国特色社会主义思想为指导，秉承"健康第一"的理念，以体验式活动为载体，以感受传统文化为主线，以健康生活习惯养成为目标，建立超体重中小学生群体健康教育的长效机制，逐步改善、提高超体重少年儿童身心健康。

二、参与对象及要求

（1）年龄在9—18周岁（小学三年级以上中小学生）。

（2）BMI指数应达到《中国学龄儿童青少年超体重、肥胖筛查体重指数分类标准》确定的超体重标准。

（3）报名时必须持县级以上医院健康体检证明，体检项目主要有身高、体重（计算BMI体质指数）、肺活量、心电图、血糖、是否为遗传性肥胖症等。

（4）无残疾、无过敏史、非特异体质、无心脑疾病，对超肥胖学生建议到相关医疗机构进行专门医疗。

（5）统一办理活动期间的学生意外伤害保险。

三、活动时间及培训人数

1.活动时间

10天。

2.计划培训人数

150人左右。

四、承办单位

××市青少年宫、××市青少年示范性综合实践基地。

五、报名地点

××市青少年宫教育培训服务中心。

六、活动课程安排

时间		内容	备注
第一天	上午	报到	
		乘车到基地	
		入住、换营服	
		熟悉基地、学习基地管理规定	
		餐前饮食习惯养成教育、午餐	
		午休	
	下午	军事训练（基础队列训练、纪律训练）	
		餐前饮食习惯养成教育、晚餐	
	晚上	徒步行进	
		坐姿、徒手游戏	
		洗漱、熄灯	

时间		内容	备注
第二天	上午	起床、洗漱	
		武术操及有氧健身操	
		餐前饮食习惯养成教育、早餐	
		扑克牌分组	
		开营仪式	
		搭帐篷	
		餐前饮食习惯养成教育、午餐	
		午休	
	下午	团队熔炼（挑战150、大风吹、指压板）	
		餐前饮食习惯养成教育、晚餐	
	晚上	徒步行军	
		应急救护（心肺复苏、三角巾、绷带）	
		洗漱、熄灯	
第三天	上午	起床、洗漱	
		武术操和有氧健身操	
		餐前饮食习惯养成教育、早餐	
		学习健身操组合	
		餐前饮食习惯养成教育、午餐	
		午休	
	下午	团队拓展培训、中空、激光射击	
		餐前饮食习惯养成教育、晚餐	
	晚上	徒步行军	
		应急救护（心肺复苏、三角巾、绷带）	
		洗漱、熄灯	

续表

时间		内容	备注
第四天	上午	起床、洗漱	
		武术操和有氧健身操	
		餐前饮食习惯养成教育、早餐	
		有氧耐力训练（篮球、足球、跳绳等运动）	
		餐前饮食习惯养成教育、午餐	
		午休	
	下午	团队拓展培训、中空、激光射击	
		餐前饮食习惯养成教育、晚餐	
	晚上	徒步行进	
		应急救护（心肺复苏、三角巾、绷带）	
		洗漱、熄灯	
第五天	上午	起床、洗漱	
		武术操和有氧健身操	
		餐前饮食习惯养成教育、早餐	
		有氧运动	
		餐前饮食习惯养成教育、午餐	
		午休	
	下午	团队拓展培训、中空、激光射击	
		餐前饮食习惯养成教育、晚餐	
	晚上	徒步行军	
		电影晚会	
		洗漱、熄灯	

时间		内容	备注
第六天	上午	起床、洗漱	
		武术操及有氧健身操	
		餐前饮食习惯养成教育、早餐	
		有氧器械训练、台阶试验	
		餐前饮食习惯养成教育、午餐、	
		午休	
	下午	沙画虚拟现实（VR）、脸谱、烧饼制作体验（5D 电影）	
		餐前饮食习惯养成教育、晚餐	
	晚上	徒步行进	
		感恩教育课堂、写一封家书	
		洗漱、熄灯	
第七天	上午	起床、洗漱	
		武术操及有氧健身操	
		餐前饮食习惯养成教育、早餐	
		花样跳绳、耐力跑、定时定距跑步	
		餐前饮食习惯养成教育、午餐、	
		午休	
	下午	沙画虚拟现实（VR）、脸谱、烧饼制作体验	
		餐前饮食习惯养成教育、晚餐	
	晚上	徒步行军	
		安排篝火晚会任务、写日记	
		洗漱、熄灯	

时间		内容	备注
第八天	上午	起床、洗漱	
		武术操及有氧健身操	
		餐前饮食习惯养成教育、早餐	
		徒步凤凰山（步行 8000 米）	
		餐前饮食习惯养成教育、午餐	
		午休	
	下午	沙画 VR、脸谱、烧饼制作体验	
		餐前饮食习惯养成教育、晚餐	
	晚上	徒步行军	
		篝火晚会	
		洗漱、熄灯	
第九天	上午	起床、洗漱	
		武术操及有氧健身操	
		餐前饮食习惯养成教育、早餐	
		趣味定向	
		餐前饮食习惯养成教育、午餐	
		午休	
	下午	体能测试	
		餐前饮食习惯养成教育、晚餐	
	晚上	徒步行军	
		形成个人减重报告、揭晓国王与天使	
		洗漱、熄灯	

时间		内容	备注
第十天	上午	起床、洗漱	
		武术操及有氧健身操	
		餐前饮食习惯养成教育、早餐	
		闭营式、合影	
		返程	

（四）"我的童年我做主"快乐成长体验营

体验营活动是实施素质教育的有效途径，也是提高未成年人思想道德教育的重要渠道。"我的童年我做主"快乐成长体验营是由淄博市青少年宫主办，为队员精心打造的暑期高品质示范性少先队实践教育活动。活动坚持育人导向，充分利用暑假时间，在强化校本课程教学的基础上，科学合理地融合特色实践课程，让学生带着知识去实践，通过实践去验证和巩固知识，不断加强学生的文化知识储备和提升自身素质。

1.品牌特色。

"我的童年我做主"快乐成长体验营通过课堂学习和实践活动相结合的组织形式，整合研学教育、综合实践活动和特色品牌课程资源，让队员走进社会，走进自然，走进课堂以外的世界，引导学生在实践中树立正确的世界观、人生观和价值观，养成良好的学习、行为习惯，在寓教于乐的同时，达到启蒙立志、培养情操和健康成长的目的。在丰富学生假期生活的基础上，全面实施素质教育，突出校外教育阵地的思想引领和服务功能。同时，学校通过年级推荐、公开竞聘、公开选举的方式，选拔活动负责人和智囊团成员，严格按照"高标准策划、精细化实施"的活动组织要求，不断深化师资队伍建设基础。

2.活动效果。

"我的童年我做主"快乐成长体验营目前已成功举办了15届。据统计，每届参与队员300～400人次，先后为5000余名队员提供了实践体验服务，使队员的个人成长在学习实践中获得了显著提高。主办方积极对接市广播电视台、大众日报·融媒体中心、腾讯网等官方权威媒体，依托电视、网络、自媒体等多种宣传手段，对活动进行宣传报道。2020年××月××日,广播电视台《旅游天下》直播间"阳光少年营在当夏"节目组进驻体验营活动现场，进行为期一天的全程网络直播，当日线上观看人次突破10 000余人次，累计观看人数63 000余人次，在社会上取得了良好的反响，极大地提高了学校的社会关注度和认可度。

【活动案例】

"我的童年我做主"快乐成长体验营活动方案

为丰富假期生活，培养学生兴趣，不断提升学生综合素质，定于2020年7月7日至8月7日，在××市青少年示范性综合实践基地组织开展"我的童年我做主"快乐成长体验营活动，具体方案如下。

一、活动主题

"我的童年我做主"快乐成长体验营

二、活动时间和地点

时间：7月7日至8月7日（周六周日休息）

地点：市青少年示范性综合实践基地

三、参与人员

7—12岁少年儿童

四、人员及物资配置

（1）分为12个班，每班预计35人；

（2）每班2名班主任老师，活动配班1名老师。

（3）提供安全舒适的活动场所，按活动的需求配置相关材料、教材、教具等。

（4）老师所需的活动物资统一申报，由德育处统一配置。

五、教师职责

（1）以高度负责和敬业奉献的精神，为学生提供安全、科学的学习与生活管理。

（2）负责督促学生完成暑期作业，有针对性地巩固和强化课业知识，养成良好的学习习惯。

（3）挖掘个人兴趣爱好和创新能力，安排实践课程七节（周村烧饼、激光射击、中空拓展、软陶、脸谱、沙画、应急救护），丰富学生的体验营生活。

六、活动亮点

1. 开营仪式

通过生动活泼的形式，让营员理解暑期夏令营的目的是为了丰富学生假期生活，培养学生兴趣，拓展学生素质，知道夏令营的活动安排，度过一个快乐并且有意义的夏令营，每一营员发一身营服，作为夏令营的纪念。

2. 文化课

玩中乐学，语数外的课程都是自己老师上课，带领营员不仅温故知新，而且提高学生们的阅读能力。

3. 综合实践课程

了解传统文化京剧脸谱、周村烧饼、齐文化的渊源。沙画、射击、低空训练、软陶课程的开展，不仅是对学生体能的训练更是自理、自立能力的培养。

七、体验营日程安排

班级	时间	周一	周二	周三	周四	周五
一营一班	8:20—11:30	开营仪式 领袖风范	中空拓展	语文 9DVR	快乐英语	语文
	14:30—17:10	脸谱、沙画	排球动起来	数学	数学	快乐英语
	18:30—20:00	内务整理	知识乐园	知识乐园	倾听大自然的声音	返程休息
一营二班	8:20—11:30	开营仪式 领袖风范	快乐英语	中空拓展	语文	语文
	14:30—17:10	排球动起来 9DVR	脸谱、沙画	快乐英语	数学	数学
	18:30—20:00	内务整理	知识乐园	知识乐园	倾听大自然的声音	返程休息
一营三班	8:20—11:30	开营仪式 领袖风范	数学	排球动起来	中空拓展	语文
	14:30—17:10	语文	快乐英语	脸谱、沙画	快乐英语	数学
	18:30—20:00	内务整理	知识乐园	知识乐园	倾听大自然的声音	返程休息
二营一班	8:20—11:30	开营仪式 领袖风范	排球动起来	语文	快乐英语	中空拓展
	14:30—17:10	快乐英语	数学 9DVR	数学	脸谱、沙画	语文
	18:30—20:00	内务整理	知识乐园	知识乐园	倾听大自然的声音	返程休息

续表

班级	时间	周一	周二	周三	周四	周五
二营二班	8:20—11:30	开营仪式领袖风范	应急救护	数学 9DVR	排球动起来	语文
	14:30—17:10	激光射击	快乐英语	语文	快乐英语	数学
	18:30—20:00	内务整理	知识乐园	知识乐园	倾听大自然的声音	返程休息
二营三班	8:20—11:30	开营仪式领袖风范	快乐英语	应急救护	语文	排球动起来
	14:30—17:10	数学 9DVR	激光射击	快乐英语	数学	语文
	18:30—20:00	内务整理	知识乐园	知识乐园	倾听大自然的声音	返程休息
三营一班	8:20—11:30	开营仪式领袖风范	快乐英语	数学	应急救护	数学
	14:30—17:10	语文	语文 5D电影	激光射击	快乐英语	传统文化馆
	18:30—20:00	内务整理	知识乐园	知识乐园	倾听大自然的声音	返程休息
三营二班	8:20—11:30	开营仪式领袖风范	数学	语文	传统文化馆	应急救护
	14:30—17:10	快乐英语	语文 5D电影	快乐英语	激光射击	数学
	18:30—20:00	内务整理	知识乐园	知识乐园	倾听大自然的声音	返程休息
三营三班	8:20—11:30	开营仪式领袖风范	软陶	数学	语文	传统文化馆
	14:30—17:10	周村烧饼	快乐英语5D 电影	语文	快乐英语	数学
	18:30—20:00	内务整理	知识乐园	知识乐园	倾听大自然的声音	返程休息

续表

班级	时间	周一	周二	周三	周四	周五
四营一班	8:20—11:30	开营仪式 领袖风范	快乐英语	软陶	数学	快乐英语
	14:30—17:10	传统文化馆	周村烧饼	语文低空训练	语文	数学
	18:30—20:00	内务整理	知识乐园	知识乐园	倾听大自然的声音	返程休息
四营二班	8:20—11:30	开营仪式 领袖风范	数学	快乐英语	软陶	语文
	14:30—17:10	语文低空训练	传统文化馆	村烧饼	快乐英语	数学
	18:30—20:00	内务整理	知识乐园	知识乐园	倾听大自然的声音	返程休息
四营三班	8:20—11:30	开营仪式 领袖风范	语文	传统文化馆	语文低空训练	软陶
	14:30—17:10	快乐英语	快乐英语	数学	烧饼	数学
	18:30—20:00	内务整理	知识乐园	知识乐园	倾听大自然的声音	返程休息

少年儿童就像一颗幼苗需要精心栽培，关怀是一种温暖，关怀是一种力量，一代又一代青少年宫人在社会各界的支持下凝心聚智、克难创新，攀登着一个又一个高度，创造着一个又一个奇迹。这情景、这诗篇时常在每一个青少年宫人的脑海里浮现。文化传承需要紧跟时代步伐，适应时代变迁，踏着时代节拍，一步一个脚印躬身实践，担当作为。相信在以习近平新时代中国特色社会主义思想的指引下，青少年宫人会更加努力，为实现中华民族伟大复兴的中国梦贡献智慧力量。

后记

在青少年宫这片育人沃土耕耘几十载,既有摸爬滚打中的苦苦探索,也有攻坚破难后的欢欣鼓舞,更有与同行互相学习交流的强烈愿望,早就想写一本这样的书,总结在青少年宫教育事业中的几许经验和点滴体悟,但由于多种因素未能落实。经过充分的积淀准备,反复斟酌完善,《少儿教育文化的探索与实践》终于与大家见面了!

本书承蒙全国各地众多专家和权威人士的亲切关怀和精心指导。北京师范大学教授、博士生导师徐斌老师深切关注,专门为本书作序,肯定本书中的积极探索和思考。中国科学技术协会青少年科技中心副研究员肖燕老师,多次进行指导和修改,提出了很多宝贵的修改意见。山东理工大学教授张越老师不辞辛劳,多次亲临现场给予耐心细致的指导,从本书最初的选题立意到交付印刷,都有了不可或缺的贡献。淄博市青少年宫党总支书记、教授车玲老师毫无保留地贡献出自己多年的工作心得,并多次对文稿提出了重要的修改意见。对于各位专家、教授的大力支持、帮助,在此一并表示衷心感谢!

同时,本书的成稿也离不开诸多同行的热忱帮助,鹿子锋、董维山、孙玉琢、金颜玉、李靖、王娟、张洁、马道华、牟蔚蔚、崔健、宋颖、郑春霞、李秀红等老师无私支持,积极提供各自在工作中积累的经验和案例资料。际此成书之时,谨表谢忱!

《少儿教育文化的探索与实践》能否对青少年宫事业有所推动、对广大同行有所启示,还待接受实践和历史的检验。由于缺乏经验,加之受水平限制,错漏难免,恳望广大同行和各界人士评说指正。

2021 年 8 月 15 日